変動期における投票行動の全国的・時系列的調査研究(JES Ⅳ)

池田謙一

統治の不安と日本政治のリアリティ

政権交代前後の底流と国際比較文脈

木鐸社

目　次

序章　日本政治のリアリティを解く三つの視点：
　　　令和に至る社会の変化の底流をとらえる……………………… 9
　序.1　本書を構成する三つの視点　(9)
　序.2　タテ・ヨコ・補助線となる複数の大規模データ　(10)
　序.3　短いプレヴュー　(11)

1章　社会関係資本・政治的アクターと投票選択：
　　　2009年の政権交代を焦点として ……………………………… 15
　1　政治選択の社会環境的要因と政治的アクター　(15)
　2　2009年政権交代，2012年政権交代を巡る潮流　(17)
　3　社会環境的要因の先行研究：ネットワークへの注目　(20)
　4　1976〜2018年の政治心理的・社会関係資本的状況　(24)
　5　投票行動の社会関係資本的要因・
　　　政治的アクター要因の比較分析　(44)
　6　結論　(56)

2章　政党選択の幅と意味ある選択の理論：
　　　日本の国政選挙1996年〜2013年 ……………………………… 59
　1　人間行動の二重の制約と投票行動　(59)
　2　政党布置の歴史的文脈　(60)
　3　意味ある選択と政党支持に対する態度の幅理論　(62)
　4　仮説の構成　(70)
　5　用いるデータ：1996年〜2013年　(73)
　6　マイクロレベルでの分析：投票選択の幅の基本的検討　(73)
　7　マクロレベルでの分析　(91)
　8　結論　(95)

3章 「インターネット選挙」導入がもたらした変化と国際的文脈 …… 100
  1　能力拡張メディアとしてのインターネットが
    　政治行動において果たす4つの役割　(100)
  2　日本初の「インターネット選挙」：2013年参議院選挙　(109)
  3　インターネット選挙とネットのアクティブユーザ：
    　2013年と2016年の参院選　(125)
  4　CSES 4の世界38選挙のインターネット関連分析：
    　プッシュ要因の検討　(151)
  5　2017年衆院選：CSES 5データの分析　(166)
  6　結論：現時点のインターネット選挙　(172)

4章　社会関係資本と文化的価値観：日本の特異性は析出されるか…… 175
  1　「日本特異論」　(175)
  2　日本特異論を二つの国際比較文脈の中で実証する　(177)
  3　政治文化と社会関係資本・民主主義の評価に関する仮説　(183)
  4　データと分析方法　(188)
  5　アジアンバロメータ調査の分析結果　(193)
  6　世界価値観調査の分析結果　(201)
  7　結論　(211)

5章　統治の不安と政治意識・行動：
    　日本人の不安の国際的文脈……………………………………… 212
  1　統治の不安とは　(212)
  2　日本人の統治の不安の国際的な位置と客観データが持つ意味　(213)
  3　統治の不安の構造　(220)
  4　統治の不安を形作る要因のロジック　(221)
  5　統治の不安：二変量間の関連性　(224)
  6　統治の不安の多変量解析：日本を対象とした分析　(228)
  7　統治の不安のHLM分析：日本を世界の比較の中で見る　(231)
  8　結論　(235)

終章　不透明な政治のリアリティと先行き感覚の喪失‥‥‥‥‥‥‥ 237
　終. 1　短いレヴュー　(237)
　終. 2　出口が見えない：統治の不安と不透明なリアリティ　(242)

付表　分析に用いた日本の全国調査の一覧‥‥‥‥‥‥‥‥‥‥‥ 246

引用文献‥‥‥‥‥‥‥‥‥‥‥‥‥‥‥‥‥‥‥‥‥‥‥‥‥‥ 248

あとがき‥‥‥‥‥‥‥‥‥‥‥‥‥‥‥‥‥‥‥‥‥‥‥‥‥‥ 257

索引‥‥‥‥‥‥‥‥‥‥‥‥‥‥‥‥‥‥‥‥‥‥‥‥‥‥‥‥ 262

統治の不安と日本政治のリアリティ

政権交代前後の底流と国際比較文脈

序章
日本政治のリアリティを解く三つの視点：
令和に至る社会の変化の底流をとらえる

　本書は三つの視点から平成後期の日本政治のリアリティの構造を鳥瞰する。
　第一に，日本人の中長期的な政治参加・投票行動の底流にある社会環境的・政治環境的・社会文化的な変動を実証的に浮かび上がらせ，第二に，その変動を重層的な理論的視点から検討し，第三に，日本／日本人の現在をアジア規模，世界規模の国際比較調査の中で位置づけ，平成後，令和と呼ばれることとなった時代の展望を得ることをめざす。

序.1　本書を構成する三つの視点

　もう少し丁寧に説明しよう。
　第一に，平成後期，小泉自民党政権以後の政権交代とその後の政治の底流を有権者の視点から検討し，個人の視界と政治的環境の制約の下での投票や政治参加の姿を明らかにしたい。小泉政権以後の民主党政権とその失敗を巡る経緯は，小選挙区比例代表並立制の導入による政党布置の制約の変化を前提としている。そしてそれは社会参加・政治参加を巡る社会経済環境の変化，社会を巡る日本人の認識の変化，インターネットを含む社会的・コミュニケーション的制約の変化の中での投票選択の結果として生じている。これらの前提や背景が何をもたらしたのかを分析していきたい。
　ポイントは，この時期の研究を進めるために小泉政権以降のデータに限らず，可能な限り長いタイムスパンで実証を進める点にある。最大1976年〜2018年にわたる全国調査データを用いて，この底流の変化を眺望できるようにしたい。個々の選挙の分析に加えて，長期的な視点にたち，われわれはどこにいるのか，を明らかにする。
　第二に，各章それぞれの理論的視点，つまり投票や政治参加を巡る社会関係資本と政治的アクターの複合規定モデル，政党選択の幅と意味ある選択の

二重制約下での意思決定モデル，能力拡張メディアとしてのインターネットの重層的役割に関する政治コミュニケーションモデル，アジア的価値と世界カルチュラルマップによる政治文化の二モデル，統治の不安の概念枠組み，という視点から，理論的な予測と現実の政治認識の流れとの対応を検討し，理論的な貢献をしたい。

ポイントは，政治現象を説明するのに政治学の枠の中だけで研究を進めない，外に出よ，外から見よ，である。筆者の研究が社会心理学，メディア学，政治学，比較文化研究にまたがっている利を生かせば，インターディシプリナリな視点から日本政治の構図を読みとりうるはずである。

第三に，こうした日本の政治の底流とその理論的枠組みを越えて，日本ないし日本人は世界の中で，現在いかなる政治的な環境，いかなる政治文化的な位置，いかなる社会心理的条件の下にあるのか，それがどれだけ「特異」なのかを検討し，現在の日本ないし日本人はいったいどこに位置しているのか，を比較社会的・比較文化的に明らかにしたい。

ポイントは日本の政治を研究するにあたり，日本のみのデータだけで研究を進めないことである。当たり前のように響くがそうではない。日本特殊論または特異論は日本人に受けがよい。しかし明示的に他文化と比較したり世界の中での日本の位置づけを十分見ずに，日本は特殊だと断言してはばからないケースをしばしば目にする（先行する批判としてベフ(1987)など）。どこが特殊でなぜそうなのか，他国データとの比較・実証の上で解き明かさなくてはならない。その上で，仮に特殊性が見えたとしても，いったいそこでなにが起きているのか，なぜ起きているのか，解明しなくてはなるまい。こうした配慮の上で日本の占める位置をアジアと世界の中から考えることを試みたい。

序．2　タテ・ヨコ・補助線となる複数の大規模データ

本章では可能な限り，時間的な視野を広く，政治を取り巻く環境の多元性を視野に入れた上で，理論的に，かつ比較研究的視座を獲得するためにタテのデータとヨコのデータを用いる。これらを補助線となるデータによってさらに支える。

タテのデータを用いるとは，日本で実施された選挙や政治参加，政治意識に主に関わる全国調査のタイムスパンを最大限活用することである。1976年のJABISS調査からJESの諸調査を経て2018年のCSES5調査までの幅であ

る。巻末資料には，略称の説明に加え，それぞれがカバーする選挙調査を各時点での選挙結果とともに記載する[1]。こうした基本データを踏まえて続く主要な分析は，1996年から2013年（2章），2005年から2013年（1章），というように長短はあるものの，政治の変化の底流をとらえられるよう，長いタイムスパンのデータを検討していく。

ヨコのデータとしては，タテのデータも含めて国際比較調査として実施された複数のプロジェクトから，日本人の意識と行動とを国際比較の文脈において検討する。アジアンバロメータ調査（ABS）は2003年から2017年までの4波に渡り，東アジア・東南アジアの14ヶ国延べ48調査の比較を可能にする（4章で用いる）。世界価値観調査（WVS）で今回分析の対象とするWVS6（2010〜2014年実施）は世界60ヶ国の比較を可能にする（4章，5章で用いる）。選挙制度のインパクトの国際比較調査（CSES）は，自由な選挙が実施される多くの国の主要国政選挙をカバーするもので，今回分析の対象とするCSES4は36ヶ国，延べ38の選挙調査（2011〜2015年実施）を対象とする（3章で用いる）。

補助線となるデータとは，目的を特化して行われたタイプのインターネット上の調査データであり，主にインターネット選挙との関わりの進展をみる分析でこれを用いる（3章）。

序.3 短いプレヴュー

各章で何を検討していくか，前もって見ておこう。

1章では，2009年の自民党から民主党への政権交代を，それ以前の2005年の郵政民営化選挙，それ以後の民主党政権下の2010年，自民党の政権復帰後の2013年選挙の分析と対比させながら検討するために，長期的な変化を視野に入れた分析を試みる。ここでは政治選択の社会環境要因としての社会関係資本がもたらす投票へのインパクトを焦点とし，次いで，政治選択の客体の持つアクター的側面として，政党アクター論に基づき，政党の能力評価，リーダーの魅力，政策力，動員力がもたらす投票への貢献度を精査する。4回の選挙を通じてアクターがもたらす安定的な効果に比して，社会関係資本の効果は2009年に特異な様相を呈することが浮かび上がる。

この章では選挙の分析に先立ち，1976年から2018年に至る，社会関係資

---

1 各調査の仔細は，それぞれの調査データを用いる箇所で説明する。

本の変動,政治的アクターの変容を時系列データで検討し,近年の有権者の政治に対する両面的な認識,エンパワーメントの意識の小さな伸び,政治参加・社会参加・社会的寛容性の減少,ソーシャルネットワークの特徴の変化を析出する。その上で,政権担当能力評価や投票への動員・マニフェスト評価において2005年〜2013年に見られる変動を明らかにし,これらの中長期的な変化が政治選択と結びついているのかどうかを検討する。

2章では,分析のスパンを1996年から2013年とし,この18年間の政党の離合集散,民主党の発展と政権交代,そしてその転落を,選択という視点から明らかにする。人々が政党を選択する意思決定において,諸政党によって構成されるマクロな政党布置の「幅」という制約と,その中で実際に選択対象となる許容可能な選択の「幅」というミクロな制約がいかに投票行動を規定し,投票選択の有意義感を規定するのか,検討する。政党選択の幅は,マイクロには三宅による政党の支持の幅の理論(三宅,1985)マクロにはシュミットらの「meaningful choices」(Schmitt & Wessels, 2005)で議論されていたが,両者を理論的に整理した上で統合し,有権者の選択の意思決定の全体像が見える形では検討されてこなかった。それをこの期間の投票行動の分析で明らかにしようと試みる。この分析を通じて,人々が自らの投票を意味のある選択と認識したかどうかが政党選択の幅によっていかなる形で規定され,それはこの期間に主要政党であった自民党と民主党でいかに異なるのかを明らかにし,マイクロな選択の幅で自民党への許容と拒否以外の選択肢のセットが2013年には消失していることを浮き彫りにする。

3章では,はじめに,インターネットが人間の「能力の拡張」をどれだけサポートするのか,その重要性を論じる。そしてインターネットを,拡張されたプルメディア,拡張されたプッシュメディア,インタラクティブなメディアとして分節化して仮説を立てることで,マスメディアの持つ意味とも関連づけながら「インターネット選挙」の分析の枠組みを導入する。

実証はまず,「初のインターネット選挙」と呼ばれた2013年の日本の参院選を対象とするCSES4の選挙後全国面接調査によって,インターネットの利用が投票行動に果たした役割を検討する。また,同選挙と次の参院選(2013〜2016年)を対象としたインターネット利用コア層のパネル調査によって,インターネット選挙の発展型を探索する。続いてCSES4の36ヶ国

38国政選挙の国際比較分析の中で，インターネット選挙の世界的な比較鳥瞰と日本の位置づけを明らかにする。筆者は2010年にテル・アビブで開催されたCSES4の企画会議（Planning Committee[2]）において，当時まだ日本では「インターネット選挙」が解禁されていなかったことを話すと，どの国の選挙研究者も大いに驚いたことを鮮明に記憶している。この分析と合わせて最後に，直近の2017年衆院選対象のCSES5日本調査の分析を行うことで，情報環境の変化に伴う日本のインターネットと選挙のあり方が世界に追いついたのか，まだ発展途上にあるのかを明らかにする。

　4章，5章は，これまでの章とスタイルを少し変え，より探索的色彩と国際比較的色彩を強める。

　4章では，日本の文化的特異性に関する主張を垣間見た後，東アジア・東南アジア14ヶ国・地域をカバーする4回のアジアンバロメータ調査データ，および世界60ヶ国をカバーする世界価値観調査第6波データをもとに，それぞれアジア的価値観，世界的な価値のカルチュラルマップ上での日本の位置を確認した上で，これらの価値がリベラルな政治文化を育む社会関係資本や民主主義の認識に対して，いかなる関連性を持つか仮説を立て，実証を進める。

　垂直性強調と調和志向を重要な二軸とするアジア的価値，自己表現価値と世俗的価値の二軸から成るカルチュラルマップのそれぞれの軸が，一般的信頼，制度信頼，政治参加，民主主義の評価に対していかなる傾向性を示すかを予測するのである。またそうした中で，日本がアジア的価値観から乖離して異なる傾向性を示すのか，カルチュラルマップ上の特殊な位置によって他国と異なる傾向性を示すのかを吟味する。このことで，1～3章とは異なる視点から，日本が現在占める位置を考察する。結果としては，日本がアジア的価値に影響される部分を残しつつも，自己表現志向や世俗性を持つリベラルな価値への親和性を持つことを明らかにする。

　5章はもう一つスタイルの異なる章立てとした。世界価値観調査の結果を総覧すると，日本人の回答パターンが他国と比べて特異な点がいくつか発見される。よく知られたものでは，「自らの国のために戦うか」に対して世界

2　CSES4の企画会議は2011～2016年に年2回ベースで開催された。

最小の肯定的回答が寄せられる。権威や権力が尊重される社会を最も嫌悪する，というのも同様の例である。そうした中で，日本の政治的潮流の行く末に浮かびあがる「統治の不安」を取り上げる。

　統治の不安は，よく言われる政治不信とは異なる。日本人の政治不信は根深いが，不信は日本の政治の過去の問題に根ざしている。統治の不安は過去にではなく，将来に向けられた不安のまなざしである。戦争やテロや内戦に日本人が巻き込まれるような統治のミスが起きるのではないか，自分が失職したり子どもが十分に教育を受けられなくなるような日常生活の屋台骨を脅かす事態に陥るのではないか，すなわちそうした危機的事態が発生したときに統治が機能不全を起こし事態の収拾がつかなくなるのではないか，という漠然とした不安感が日本人に突出して高い。それは客観データから見れば妥当とは言えないほど高く，政治不信における日本の国際的位置づけとは異なる。

　この統治の不安が何に基づいて生じているのかを検討し，世界の中で日本人の意識を位置づけ，日本人の行く末に統治の不安が持つ意味を終章にかけて検討する。そうするのは，統治の不安が1章での日本人の社会関係資本と政治の関わり合いの変化，2章での政党選択の幅の変化，4章の文化的価値観で日本人が世界で占める立ち位置の非アジア化といったことといかなる連動性を持つか，全体の俯瞰を考えるよすがとしたいからである。これら全体を終章で考察することを通じて，令和の幕開け時点での日本の政治のリアリティの鳥瞰を論じる。

1章
社会関係資本・政治的アクターと投票選択：
2009年の政権交代を焦点として[1]

1 政治選択の社会環境的要因と政治的アクター

　政治と社会の変化のあり方をとらえる際に，投票行動の社会的帰結として社会変動をとらえる方向性と，社会変動の政治的帰結として投票行動の変化をとらえる方向性があろう。投票行動は政治的選択，政権の選択であり，政策と行政の担当者の選択であるから，それが社会を「動かす」ことは当然の前提として研究の対象である。しかしその反対，つまり後者の方向性についてはそれほど研究は多くない。そこで本章は，社会変動の内実にあたる社会関係資本要因の変動に一つの焦点を絞り，社会関係資本要因が投票行動を変化させた背景があるのかどうか，二度の政権交代を通じて検討しようとする。

　より具体的には，本章では21世紀初めの社会環境的な側面に対して社会関係資本の観点から注目すると同時に，選択の客体である政党の持つアクター的側面(池田・西澤，1992)を並行して吟味し，コントロールすることで，2009年衆院選がもたらした政権交代において社会環境的要因が及ぼした効果を浮かび上がらせ，なおかつその後の再度の政権交代以後第二次安倍政権による2013年参院選までの4回の国政選挙の変化を見据える。「何をいまさら，そんな時宜を得ない過去の分析を」と言う議論には，選挙という選択における社会環境的要因の持つ普遍的な意味と，それがこの時期に持った特異な条件とともに考察することに重要な意義があると判断したからだ，と答えよう。

　1　2010年の日本政治学会での大会発表論文「制度信頼，ネットワーク，2009年の政権交代」を大幅に改稿・増補した。あまり原型をとどめていない。

第一に注目するのは，社会関係資本(social capital)である。これは，制度信頼，ボランタリーな集団・団体のネットワーク，日常のインフォーマルなネットワークでのコミュニケーションのあり方，さらには社会的寛容性といった社会環境的要因である。以下では社会的なアクターとしての市民が生み出した社会関係資本が投票行動にインパクトをもたらした背景があるのかどうか，1970年代から2010年代までの長期的な変化をデータの上で吟味しつつ検討を進めたい。

　第二の注目点として，選択の客体が持つアクター的側面を合わせて分析する。人々の持つ社会関係資本がどこまで選択や行動の規定因なのか，あるいは政党の持つ能力，リーダーの魅力，政策力(マニフェスト)，働きかける力(動員力)といった政治客体のアクターとしての側面に決定的な規定力があるのかを比較検討する[2]。社会の変動がもたらす政治的帰結を主目的として検討するとしても，政治の側の要因によって，選択の帰結そのものが大きく左右されることはありえて当然である。政党は能動的なアクターとして，有権者に働きかけ，その社会関係資本を自らに有利なように活性化させようとし，そしてまた選択肢を積極的に提示し，自らの政権運営能力とリーダーの魅力をアピールするからである。そうした政党の力をコントロールした上でも社会関係資本には政治を左右する力はあるのだろうか。

　分析では，まず2009年に民主党政権を出現させた政権交代選挙における自民党，民主党それぞれへの投票の貢献要因を検討し，これを小泉首相による2005年総選挙，また二度目の政権交代を挟んだ安倍政権下の2010年と2013年の参院選挙における投票パターンと比較し，社会関係資本要因の働きを明らかにしようと試みる。2005年が比較の対象であるのは，同年の「郵政民営化」選挙が小選挙区制度導入後の1つのハイライト(ないしは到達

　2　第2の点の発想の元になった池田・西澤論文(1992)と本論文では，アクターの持つ認識要素がやや異なる。前論文では1990年代の日本社会を背景に，政党のアクター的側面として長期的な過去の実績(＊＊党は日本の戦後を支えてきた等)，行動様式(金銭に弱い，批判しかしない)，支持基盤や派閥意識などに注目していたが，それから四半世紀を経た今，これらは既にアクター認識の主要な側面ではなかろう。ここでは以下で見るようなJES III, JES IV, WASCの各調査で共通して取得できたデータの制約も含めて，4種の要因をアクター的側面として設定する。つまり，政党の能力評価，リーダーのアクター的魅力，政策的サブスタンスであるマニフェスト評価，動員という政党からの行動的接近要因である。

点)であり，かつ自民党が大勝した点で一時期を画したこと，また2010年，2013年はともに参院選であるが，再度の政権交代が生じる過程で自民党と民主党への投票という同一セットの政党の対比が検討できること，という条件を有しており，比較に好適だからである[3]。主として用いるデータは，JES III，JES IV，WASCとそれぞれ略称される全国面接パネル調査データである。それぞれ2001〜2005，2007〜2010，2010〜2013年の間に数度にわたり同一人物に対して政治や社会について，また選挙と投票について，原則として選挙前と選挙後に面接調査を行ったデータである[4]。

2 2009年政権交代，2012年政権交代を巡る潮流

2009年の政権交代は55年体制成立後の1つの大きな転機であった。それが生じる日本政治の地殻変動はいくつかのレベルで語りうるはずである。

政治過程レベルでは，55年体制の制度疲労，「失われた10年」以後の雇用システムの崩壊，急速な高齢化，産業の国際競争力低下，公共事業の行き詰まりと巨額の財政赤字，行政のほころびの露見といった事態によって，政治が時代の変化に対応しえず，民意をくみ上げるパイプが詰まり，政治不信を

---

3 以下で検討する諸変数がこれら4つの選挙でほぼ揃っているのも好適である。2005年までの選挙の検討は1997年，2007年の著書で形を変えてなされていることも個人的な理由である(池田，1997，2007)。残念ながら2012年末の自民党への再政権交代のあった総選挙についての分析可能で十分な調査データは手元にない。

4 JES III (Japanese Election Study 3)は池田謙一(研究代表者)・小林良彰・平野浩による文部科学省科学研究費特別推進研究「21世紀初頭の投票行動の全国的・時系列的調査研究」(2001〜2006年度)に基づく。JES IVは2007〜2011年度の平野浩(研究代表者)・小林良彰・池田謙一・山田真裕による「変動期における投票行動の全国的・時系列的調査研究」(文部科学省科学研究費特別推進研究)による。WASCは，池田謙一(研究代表者)・山田真裕・前田幸男・山崎聖子・谷口尚子・安野智子・繁桝江里・小林哲郎・稲増一憲による2009〜2013年度の「国際比較のための価値・信頼・政治参加・民主主義指標の日本データ取得とその解析研究」(日本学術振興会科学研究費基盤研究(S))による。WASCの略語はここで行った4つの調査の頭文字をとったものである。すなわち，世界価値観調査(WVS6)，アジアンバロメータ調査(ABS3)，ソーシャルネットワーク調査(Social Network Survey)，選挙制度の国際比較調査(CSES4)で，ソーシャルネットワーク調査以外は国際比較調査の日本調査である。3つのパネル調査データの公開先および詳しい仕様は下記にある(URL内のeidの次の番号のみ異なる)：https://ssjda.iss.u-tokyo.ac.jp/Direct/gaiyo.php?eid=0530，0999，0995

亢進させる出来事が頻発した一方で，現状を打破する政党的枠組みへの期待が高まった，ないしはそうした選択に賭ける以外になくなった，その行き着く先にこの選挙が位置したという見方が可能であろう。

また，政治システムレベルで制度改革を行ったことによって政権交代を可能にする条件が揃いつつあったのも，変動の生じた一因である。衆議院の選挙制度において中選挙区制から小選挙区比例代表並立制への制度変更が1996年総選挙から実施されたことは，振り返ってみれば短期的には二大政党化への促進剤となった，ないしはそうした方向への社会的な期待を著しく高めた[5]。他の制度改革と相まって，自民党においては多頭的なリーダーシップの形態が崩されて総裁への権力の集中化が進み，政策実現の機動性が増した一方で，予期せざる帰結として党内のダイナミックスが弱化し，ひ弱なリーダーでも多大な権限が集中する脆弱性も派生的に進んでいった。

より時系列的に現象レベルで，この時期の経緯を見よう。民主党は1996年の結党後，1998年の金融危機に際して同党の金融再生法案を小渕内閣に受け容れさせ，2003年には率先してマニフェストを伴った総選挙を先導し，数回の国政選挙を経ることで，同党の政権担当能力が徐々に高く認識されるようになり，有権者の側での政権交代による不確実さへの憂慮を徐々に低下させた。もちろん小選挙区制度下の二大政党化が両党のイデオロギー的位置を近づけたのももう一つの要因であった[6]。

このような状況の下で，小泉政権以後の自民党は脆弱性を露わにして失速，安倍晋三，福田康夫，麻生太郎と総選挙を経ないまま，1年単位で首相を交代させざるを得ず，麻生は10％台までの支持率低下に見舞われたあげく，2009年7月，任期満了直前に衆議院の解散に踏み切った。「がけっぷち解散」（山崎拓自民党副総裁）と自虐が出るほど，政権転落を目前にした遅れ遅れの解散であった。100年以上なかったという8月の選挙で，民主党は308議席を獲得，自民党は119議席に転落し，劇的な政権交代が行われた。

華やかなマニフェストをひっさげて鳩山由起夫民主党政権は誕生したが，政治主導を錦の御旗にした強引な政権運営とその蹉跌，普天間基地移設問題への対処の失敗，首相の政治資金問題の浮上など幾多の失策を重ねて翌年6

---

5 しかもそれは，政権交代によって頓挫するというシニカルな帰結を生み出した。
6 有権者の認知による政党間のイデオロギー位置は1983→1995→2003と大きく接近した（蒲島・竹中，2012, p.150）。その後の有権者のイデオロギー認識の地殻変動は本書の枠をはみ出すが，遠藤・ジョウ（2019）を参照されたい。

月には菅直人首相に交代した。鳩山内閣の支持率急落を受けた後，大きな支持とともに成立した菅内閣であったが，成立後1ヶ月あまりの選挙は，新首相の消費税率関連発言の迷走によって内閣支持率が4割台に急落する中で行われた。野党となった自民党では分裂騒ぎが起き，派生した，たちあがれ日本や新党改革などの少数野党も選挙に臨んでいた。選挙結果は，民主党が後退したものの参院での第一党は維持，しかし一人区で圧勝した自民党の復調を印象づけるものであった。結果として民主党は衆参勢力の「ねじれ国会」を招き，さらに政権運営を難しくした。

　こうした中で生じた，2011年3月の東日本大震災・福島原発事故に対する民主党政権の対応は混乱し，厳しい批判を呼び，「菅おろし」の嵐を浴び続けて菅は秋に退陣。これを引き継いだ野田佳彦首相は消費税増税法案を可決させたものの，党首討論での発言をきっかけに衆議院を解散，2012年末実施となった総選挙では民主党は負けるべくして負け，自民党安倍政権の再登場となった。自民党は294議席，民主党は2009年に比して四分の一の53議席であった。

　「負けるべくして」とは，民主党政権の間，政権交代前までの民主党への期待が暴落したからである。「国民との契約」（鳩山）と称しながら過大な数値を振りまいた民主党マニフェストへの失望，マニフェストからさえ逸脱した鳩山の沖縄普天間基地の県外移設表明を巡る紛糾，事業仕分けプロジェクトの尻すぼみ，「政治主導」の暴走や国家戦略局設置の失敗を重ねることによる政権担当能力評価の失墜，東日本大震災・福島原発事故や尖閣問題での日中衝突に対する危機管理能力の欠如の露呈，消費税増税に対するスタンスの大きなぶれ，リーダー間の終わりなき対立と魅力の急降下など，民主党による政権運営に大きなリスクが潜んでいたことを，有権者は実感せざるを得なかった。

　こうして政権奪還を果たした自民党であるが，コーポレートガバナンス改革，子育て支援，消費税増税，対外・防衛政策は，民主党からの政策を連続的に引き継いでいるとの指摘がある（竹中，2006, 2017序）。一方で新しく成立した第二次安倍内閣は「アベノミクスの三本の矢」と自称する金融政策・財政政策・成長戦略によって民主党政権との違いを見せようとし，2013年参院選はその評価が1つの大きな争点となった。

　それは自民党による政権与党の奪還後初の国政選挙であり，安倍内閣に対する支持は当初よりやや落ちたとは言え57%と高く（NHK 2013年調査によ

る),選挙結果も自民党の圧勝,野党に下った民主党の惨敗であった。またこのとき,参院選に初めて挑んだ日本維新の会も話題化・健闘し,比例票の1割以上を獲得した。

3 社会環境的要因の先行研究：ネットワークへの注目

二度の政権交代のめまぐるしい変化の底流として,日本社会の変容として語りうるレベルの様相を次に見ていこう。本節で先行研究に触れた上で,次節で時系列データを詳細に検討する。

先進国共有の問題として,パットナム的な社会関係資本の弱化を引用するまでもなく(Pharr & Putnam (eds.), 2000),近年の日本人の社会関係の流動化とコミュニティの弱体化,中間集団とそのネットワーク力の縮小への疑念,政治制度に対する信頼の低下といった問題はつとに気づかれていた。

だが,政治がこれに対して有効な手立てを講じえたとは思われない。社会関係資本の低下は社会の危機として認識される(Putnam, 2000)が,この社会関係資本レベルの危機への対応として,地域コミュニティの復活や家族制度の強調といった視点には復古主義的な感覚がときに潜んで空砲となる一方,「新しい公共」による市民セクターの活性化などは社会的には生煮えで,未熟なままに民主党が政権から下りるとともに看板を下ろした。

これらは政治から社会環境的要因へのアプローチであるが,逆の方向性として,社会関係資本レベルの要因のあり方や変動が選挙結果を左右するかどうかについて,近年は必ずしも網羅して検討されてこなかった。社会関係資本と政治参加の関連性は広く議論されてきた一方で(池田,2007など),政治参加の方向性という点での政治選択・選挙選択は社会関係資本の視点からはそれほど強調されてこなかった。

少ない例であるが,蒲島(1998)は,国や地方自治体への信頼が1993年の衆院選には自民党と3新党への投票に,1996年の衆院選では自民党投票に結びついていることを示している(比較対象は棄権者)。また池田(2002)は2000年の衆院選時の全国スノーボール・パネル調査データを用いて,政治・行政制度信頼が与党の自民党投票にプラスに働き,民主党に対してはマイナスであることを明らかにしている。与党と制度信頼との結びつきが明らかであり,一般的(対人)信頼ではそのようなことは生じていなかった[7]。

---

7 綿貫・三宅(1997)は政治制度信頼(政党・選挙・国会に対する肯定的意見)と政党

一方，身近なソーシャルネットワークが構成する対人的情報環境の持つ政治的バイアスの効果は幅広く検討されてきた(例 池田，2007，5章)。社会関係資本論では，パーソナルネットワークの重要性を強調していた。人々は周囲の他者と日常的に幅広い話題を能動的に語るのみならず，他者への対人的な情報環境を形成する。そこでは，政治に直接関わること以外にも，社会的な出来事やニュースについて話題に上らせるといったことが，ネットワークの中で政治的なバイアスを形成したり，政治的な志向性をもった情報のやりとりを生じさせる。モノの値段の話，子どもの通学環境の問題，異常気象の話題，隣国とのもめごとへの気づき，というような日常の話題が政治につながり，党派的な意識を喚起したり，ときには議論や説得といった行動が派生する。つまり政治参加や政治意識の醸成に関わる要因となる。筆者の1990年代からの研究もこうした点を強調し，また日米比較，日本とニュージーランドとの比較，東アジア内での比較を通じて，ネットワークの持つ政治的な意味を検討してきた(Boase & Ikeda, 2012; 池田，2002, 2004; Ikeda & Boase, 2011; Ikeda & Huckfeldt, 2001; Ikeda & Kobayashi, 2008; Ikeda et al., 2005; Ikeda & Richey, 2005, 2011; Ikeda & Takemoto, 2016; Liu, Ikeda, & Wilson, 1998)。先ほどの研究例に戻れば(池田，2002)，スノーボールで指名された他者本人による回答という客観データを用いた分析においても，対人的な政治情報環境がそれと一貫した投票をさせることが示されている。

振り返れば，古典的には団体・組織やパーソナルネットワークが持っていた政治的バイアスないしは政治的コミットメントの意味を探る日本政治研究

評価の関連性に触れ，自民党・新進党の支持と制度信頼が弱いプラスの関連性にあることを指摘しているが，投票との関連では投票か棄権かとの関連性を検討したに留まっている。本章で対象にしている政治制度信頼(後述：国，都道府県，市区町村の各政治の信頼)を彼らは単に「政治信頼」と名付けているが，それは詳細な分析の対象からは外れている。

善教(2013)は認知的な政治への信頼と感情的な政治への信頼を概念化し，そのそれぞれが投票方向(投票政党，投票参加)に与えた効果を1976年から2004年までの8回の国政選挙の分析で検討している。その結果，1990年代を境に認知的な政治信頼が投票方向に与える効果が低下していることを見いだし，それが「自民党離れ」と連動していることを指摘している。非常に詳細な分析であるが，ここで信頼の指標になっている変数は本書で扱う政治制度信頼とは異なっている。善教の言う認知的な政治信頼の一部は，本書では外的な政治的効力感として，図2 (26-7頁)においてその推移を2016年まで扱った。

はいくつもあった。ファー（Pharr, 2000）は社会関係資本論が隆盛を極めだしたときに，日本では古くから団体・組織やパーソナルネットワークが人々に対して持つ政治的インパクトがよく研究されており，その意味では新しく研究するよりも，どんな変化がこれらの社会関係資本的な要因において生じているのかに注目していく必要がある，と述べているほどである。

古典的な知見は，参加している団体や集団に政治的なバイアスがあるとき，それが「集票マシーン」として機能し，政治や選挙，投票への動員行動を活性化させ，有権者との政治的コミュニケーションの回路が確立する，と考え，それを代表性ある日本人の面接調査の中で明らかにしようとしてきた。1976年衆院選時のJABISS調査をまとめてよく知られた著書 *The Japanese Voter* の冒頭で，リチャードソン（Richardson, 1991a）はその意義を強調している。そしてより分析的には，影響力のコミュニケーション（influence communication）と名付けて検討している（Richardson, 1991b）。「影響力のコミュニケーションは……対人的・組織的コミュニケーションであり，その社会集団に特有の（特定の選挙を越えた）個人的な義務感，服従感情などの活性化を通じて，投票への支持を直接的に動員し操作するものである」（p.339）。そして，本書で筆者が以下にキャンペーン活動を通じた動員，政治家の後援会による動員，社会参加している組織や団体の持つバイアス（による要請や圧力など），インフォーマルな集団（友人，家族，親戚など）からの働きかけというように概念的に区別しているコミュニケーションを全て合わせてこう呼んでいる。

筆者は，少なくとも選ばれる客体（政党や候補者）からの働きかけと，社会関係資本を構成する集団や団体あるいはソーシャルネットワークが持つ働きかけを区別して検討すべきだと考えるが，リチャードソンは全てを一体化して議論していた。そして何らかの形で影響を受けた人々は77％に達するものの，マスメディアでの選挙情報接触ほどの浸透力はない，としている[8]。

さらにその後，これを引き継いで1983年の2選挙を対象としたJESデー

---

[8] 同書で，フラナガン（Flanagan, 1991）は異なる形でソーシャルネットワークの持つ影響力を分析しようとしている。彼はネットワークの中のコミュニケーション・メッセージが「政治的内容に富む」かどうか，長期的効果か短期的効果かを区分した4カテゴリーを設定して分析を進めたのである。だが，概念的にはともかく，選挙調査の中でこの4区分を行うことは容易ではない。彼はそれを試みているが，十分に果たせているとは読み取れない。

タの分析を行った綿貫(1986 5章)は，多くの集団・団体が特定政党の支持候補を持つこと，パーソナルネットワークからの依頼も相当量に上っていたことを示している．三宅(1998)はJES IIデータの分析において，そうした集団や団体の党派色が1990年代にはすでに弱化しているものの(1993，1996ともに全サンプルの12%が党派色を持つ集団や団体に加入していた)，それでも投票には効果を持っていると指摘した．同データを分析した蒲島(1998)は，「組織加入そのものが人々を投票に動員するのではなくて，組織に加入することによって人々の政治関心度や候補者との接触が高まり……組織加入は政治心理的要因を通して有権者を投票に動員する」(p.250-251)と，リチャードソンの定式化からの微妙な変化を指摘している．しかしながら，社会関係資本レベルでの日本社会の変容の姿は，長いタイムスパンでは正面から検討されてこなかった．

　本章では改めて，社会関係資本論的な視点から，政治の客体，社会参加している団体・組織，パーソナルネットワークのそれぞれにおけるコミュニケーション的な効果を区別しながら，そのそれぞれが投票の方向性にバイアスをもたらすのかどうか，21世紀初頭の政権交代を挟んだ時期にどのような役割を果たしたのか，を検討したい．従来の研究が注目してきたのは主として団体・組織・パーソナルネットワークの持つ意図的な働きかけが多く，社会参加・政治参加することそのもののバイアスであったとは言いにくい．また社会関係資本論にとって不可欠な制度信頼や寛容性といったテーマがその重要性にもかかわらず，詳細に扱われていなかったことも，本書において改めて分析する理由である．

　さらに，社会関係資本という市民の側の社会的な資産，あるいは利用可能／発動可能／頼りうる資源に対し，政治アクターである政党の能力認知という，選ばれる客体側の要因，またこの客体からネットワーク的に市民へのアプローチの手が伸びてくる動員要因にも団体・組織への参加から切り離して注目するのが，本章である．市民から見れば政治アクターの選択には次章で見るような，政党の側のイデオロギー的な位置や政策的な評価，能力評価，リーダーの資質，選びうる政党の選択の幅といったポイントが重要であるが，ここではとくに客体側の持つ統治能力を含んだアクター的側面を整理して扱う．下記に見るように，このレベルの変化として，1990年代から四半世紀の間に3期の区分を持って政党に対する能力評価が激変しており，動員の持つネットワーク・キャピタル的な側面が弱化していることと含めて，こ

の時期の客体の側のレベルの変動について，有権者の認識を分化しつつ，コントロールしながら社会関係資本のもつ規定力を検討する。

4　1976～2018年の政治心理的・社会関係資本的状況

4.1　エンパワーメント認識の二面性

まず，小泉政権下であった2005年以後を中心にいくつかの特徴的な背景データを見ていこう。次章で詳しく検討することになる「選挙で誰に投票するかで違いがあるか」，「誰が政権を担うかで違いがあるか」，という「意味ある選択」の指標は1996年衆院選以来2017年衆院選までCSES（The Comparative Study of Electoral Systems）の国際比較研究を含め，他調査でも継続的にデータが取得されてきた。この指標は，投票参加することで有権者がエンパワーメントされたと感じることができるかどうかを測定しており，そのエンパワーメント認識の推移を見たのが，図1である。この2変数は高い相関を持っているため(0.50, 1996; 0.64, 2004; 0.64, 2007; 0.67, 2009; 0.70, 2010; 0.72, 2013; 0.64, 2018)，変化のあり方も類似している[9]。

図を一覧すると，2009年の投票時には，小泉の郵政選挙であった2005年とほぼ同レベルでの「違い」の認識をもたらしていたことがわかる。その時点で選挙や政権交代の持つ意味は大きく受け取られ，有権者のエンパワーメント認識も最大であった。データのある1996年以来，2005年の郵政民営化選挙と並ぶかそれ以上の水準に達しており，「政権政党のもたらす差異」でも「選挙のもたらす差異」でも75%までもの有権者が「大きな違いがある」と認識していたのである。この時期は政治選択の重要さが多くの人々に共有されていたと推測されるが，その後の民主党政権の失敗，自民党の再度の政

---

[9] 1996年データはJEDS調査による。JEDS96 (Japanese Elections and Democracy Study 96) は選挙とデモクラシー研究会（内田満，田中愛治，池田謙一，西澤由隆，Bradley Richardson, Susan Phar）による1996年総選挙前後調査で，JEDS2000と合わせて日米共同研究（米国National Science Foundation (SBR-9632113)，文部省科学研究費国際学術研究（共同研究），同基盤研究(A)，同基盤研究(B)）として実施され，CSES1のデータを内包している。また2018年データ（2017年10月末の総選挙がターゲットで2018年初に調査実施）はCSES5データを内包するもので，日本学術振興会科学研究費基盤研究(A)「民主主義の分断と選挙制度の役割」として山田真裕（研究代表者）・前田幸男・日野愛郎・松林哲也により取得された。筆者は連携研究者の一人であった。

図1 「意味ある選択」の指標の時系列変化

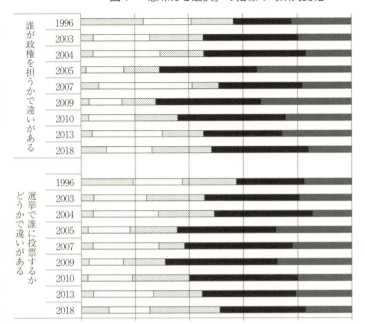

権奪取，安倍政権の長期化と有効な野党の急激な劣化といった過程を経て，政治選択の重要度の認知は2017年末の選挙（調査は2018年初）では小選挙区比例代表並立制の始まった1996年の水準まで逆戻りしている。

　この民主党への政権交代選挙にいくぶん呼応するように，この時期には政治的効力感も増大していた。図2に見るように，1976年から始まり[10]，1993年の最初の自民党一党体制崩壊を経たデータを見渡すと，「自分一人くらい投票しなくても」という認知や，「自分には政府のすることを左右できない」という意見を否定し，自らの選択の効力を感じる内的政治的効力感は，「意味ある選択」と同様，2009年まではゆるやかに全体的に増大している。前者はそれ以後も意味ある選択と同じパターンをとり，効力感を落としている。しかし後者の回答は2016年にかけても高さをキープしていた。それと並ぶように，政治的環境に関する自らの認識力である「政治とか政府とか

10　1976年データはJABISS調査（Flanagan, et al., 1991），1983年データはJES調査（綿貫ら，1986），1993〜1996年データはJES II 調査（蒲島ら，1998）に依っている。

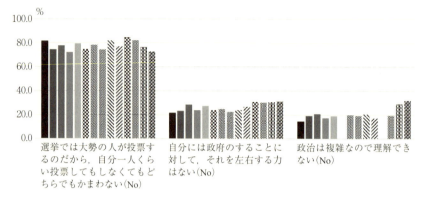

図2　1976〜2016年の

は，あまりに複雑なので，自分には何をやっているのかよく理解できないことがある」についても，2009年以後に投票に対する意識の成長の様相がうかがえる（同質問に対する「ノー」回答が増大）。無力感を強めず，理解できないとも思わないのである。

　これらから，長期的に見て政治を動かしたという感覚の学習と同時に，「意味ある選択」をしながらもその結果には失望しているような二面性を見て取ることが可能だろう。

　さらに，政治的アクターの行動に対する一般的な認識の一つとして，政治家や国会議員の応答性の認識を見ると，もう一つの失望の側面が見える。つまり，図2の右側2つのデータに見るように，「今の日本の政治家は，あまり私たちのことを考えていない」「国会議員についてはどうお考えですか。大ざっぱにいって当選したらすぐ国民のことを考えなくなると思いますか」といった問いかけに対して（しばしばデータの欠損があるものの），それに「ノー」と回答できず，1970年代から政治的アクターへの信頼は弱いままというだけではなく，むしろ後退し続けていることがわかる。

　全体をまとめて見えるのが，政治は動かせることがあっても政治家は動かせない，という二面的な認識である。

政治心理的背景

今の日本の政治家は，あまり私たちのことを考えていない(No)

4.2 社会関係資本の変化
4.2.1 政治制度信頼

当選した国会議員は国民を考えない(No)

⦸2007　⦸2009　⦿2010　⦿2013　⦿2016

次に，社会関係資本の変化の様相を見よう。まず，政治制度信頼の変化を見ると，55年体制による自民党の連続政権担当が途絶えた1993年から小選挙区比例代表並立制が初めて実施された1996年の総選挙を底として，その後，国から地方に至るまで政治に対する信頼は，2010年代には1970年代，80年代の水準に戻してきたように見える（図3：「かなり信頼できる」と「やや信頼できる」の計を表示）。

一般的に言って，制度信頼が社会の中で果たす役割は大きい。たとえば，私たちは政治制度を信頼し，それが設計通りに，また公正に機能することを多かれ少なかれ前提としなければ，投票して私たちの代表を選ぶという仕組みそのものが崩れ落ちる（制度信頼については池田他(2010, 13章)，池田(2010)を参照）。政治的な効力感も政党の政権担当能力認知も，全て政治に対する制度信頼が前提となる。

その数値について，「国の政治への信頼感」においては小泉政権期の郵政民営化選挙の時期をピークに，2007年には10％ほどゆれ戻して落ち，これは「都道府県」や「市区町村」のわずかな政治信頼の低下と対照的であった。しかしその後は2013年にかけて全体として戻り基調となった[11]。いずれも，1990年代と比べて高くなっており，東日本大震災という未曾有の危機，二度の政権交代を経たにも拘わらず，そうだった。

合わせて考えると，政治心理的な現象として，全体的に政治を巡る「意味ある選択」が2009年以後低下し，政治家の応答性に問題を感じているのとは対照的に，人々の内なる政治的効力感の緩やかな上昇と政治制度信頼の復

11　2016年のデータはあるが10段階の尺度なので比較に無理があり，提示していない。2018データはない。

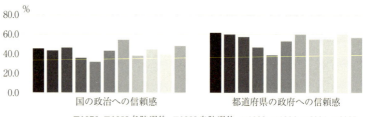

図3 1976〜2013年の国，都道府県，市区町村の

活基調が存在している。ここにも二面性が見えているといえよう。

4.2.2 中間集団

次に，人々の社会的・政治的な行動を含む社会関係資本の変化を見よう。結論を先取りして言えば，中間集団的な要因である社会参加や政治参加の中長期的な減少が観察される。社会関係資本の原資となる人々の，社会への関与が低下しているのである。

まず組織・団体への参加を指標とする社会参加は，選挙研究の枠組みにおいても投票へと動員する媒体としてのみ検討されるべきではなく，よく知られたように「民主主義の学校」として機能することに固有の意味がある(Putnam, 2000)。それは異質な意見を持つ人々の間の議論や組織内／組織間の意思決定の調整や組織運営のスキルの向上などに多面的に寄与すると同時に，社会を安定的に機能させる中間集団(Kornhauser, 1959)としての役割を

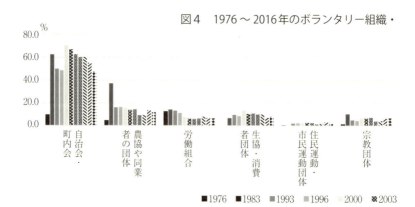

図4 1976〜2016年のボランタリー組織・

政治に対する信頼感の変化

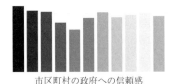

市区町村の政府への信頼感
■2007 ■2009 ■2010 ■2013

担う点で，動員の担い手であるだけではなく，必ずしも政治的バイアスの乗り物としてではなく，政治参加一般に貢献する。そうした政治参加のあり方が政治的バイアスを帯び，投票方向を左右するかどうかはここでは当面，副産物的な問題である。本章はその副産物を，因果の方向を逆に見るために，最終的な分析対象とするのではあるが，この点については後述する。

そのような役割を担う，社会的に重要な団体・組織への参加であるが，図4で40年間の変化を見ると，参加比率の高かったいくつかの団体で長期的な減少が見られ，かたや比較的新しいタイプの団体もその勢いを伸ばしていない。

より具体的には，地域に根ざした自治会・町内会，農協や同業者の団体への参加が減少していた[12]。同様の減少は労働組合や政治家の後援会において

---

12 なお，1990年代の回答のカテゴリーはやや異なるものがあり，そうしたところは空白（0％）になっている。また，1990年代までの自治会・町内会の数値の低さはデータ取得のフォーマットによると思われる。1993年，1996年衆院選後では，加入団体を尋ねるのみならず，その団体の人たちが主に何党を支持しているかを尋ね，それを同じ回答票の中で示している。さらに1976年の質問は加入のみならず，集会参加・団体の支持政党・支持候補まで尋ねる詳細なものであった。これらは受動的な加入を回答しにくく，政党バイアスまで尋ねることとも相まって，巨大な回答票

団体への社会参加の変化

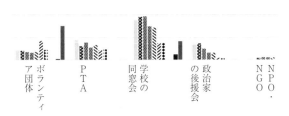

ボランティア団体　PTA　学校の同窓会　政治家の後援会　NGO　NPO・

■2005　■2009　■2010　■2011　■2016

も生じていることが見て取れるだろう。これらのカテゴリーの全ての団体が政治的な動員をかけているわけではないが，選挙時などに動員のベースとなりやすい団体でおしなべて減少が見られる。他にも団体活動が減少したものにはＰＴＡや学校の同窓会がある[13]。

このように職業系の団体，教育をめぐる団体，政治関連の団体が軒並み参加の減少を招いている一方，生協や消費者団体，住民・市民運動団体，ボランティア団体に勢いは見られず，全体として組織や団体の活力は落ち，社会参加の指標となるボランタリー組織・団体の増大につながるものは見えてい

が回答を抑制したのではないかと考えられる。他のカテゴリーでも値が低くなっている。1983年，1996年のそれぞれのJESとJES IIでは，加入団体を尋ねるのとは別途に，諸種団体のどれから動員があったかを尋ねている。

[13] 同窓会に比較的近い団体として受けとめられる「スポーツ・趣味のグループ・同好会・学習サークルなど」についてはJABISS，JESではこのカテゴリーで尋ねられていたが，JES IIでは消滅して尋ねられていなかった。JES IIIになると「仕事を離れたつき合いのある職場仲間のグループ」「習い事や学習のグループ」「趣味や遊び仲間のグループ」という3分類で改めて尋ねられており，さらに2011年と2016年のアジアンバロメータ調査（ABS3，ABS4）では国際比較研究のためカテゴリーが異なっており，まとめることが困難なので，これらに関しては不掲載とする。参加の数値はそれぞれ高いが，共通した項目間ではJES IIIでは比較的安定，ABSの2調査ではいずれも減少傾向を持っていた。したがって掲載した図の全体の傾向から外れているとは言えない。ABS3はWASC調査の一環として取得され，ABS4は日本学術振興会科学研究費基盤研究（Ａ）「社会ネットワークに組み込まれた価値観構造」（2014～2017年度，池田謙一（研究代表者）・安田雪・柴内康文・稲増一憲）によって取得されている。なお善教(2019)も同様の知見を示している。

図5　1976～2018年の政治参加行動報告率の変化

ない。田中(2009)はすでにこうした団体や組織自体の弱体化を指摘していたが，その流れがさらに進行してきていることが浮かび上がった。

同様の様相は，政治参加にも現れている。過去5年間の政治参加行動が軒並み減少していることが見える(図5)[14]。選挙政治参加(投票，選挙・政治関連集会出席，選挙運動関与)，また有力者や政治家への接触・陳情といった統治型の接触系の政治参加，潜在的には抗議を含むような統治政治参加(請願書の署名，市民運動やデモ)など，ところによって上方向への外れ値はあるものの広範にわたって参加の縮小が見られる。

4.2.3 パーソナルネットワーク

次に，人々の最も身近な影響力や情報環境形成要因である，パーソナルネットワークの変化について見ていこう。1993～2012年までのデータである。類似した手法(ネットワーク・バッテリ)でデータを取得するようになったのは，アメリカではGSS (General Social Survey)によって1984年に全国調査が行われたのを嚆矢とする(Burt, 1984)。日本では1993年からであり，CNEP国際比較調査(1992年Comparative National Election Studies)やアメリカの大統領選挙調査(ANES2000)に対応している[15]。

---

14 「選挙で投票した」は1993年までのデータは前回国政選挙で投票したかどうかを尋ねた設問の回答である。2000年のJEDSデータでも測定をおこなったが，「過去5年間」について尋ねているのではなくて，「これまでに一度でも」と問うており，質問した時間のスパンが異なってしまっているので，ここでは表示しない。

15 1976年(JABISS)，1983年(JES)では異なる尋ね方をしていたので比較できない。

(「過去5年間の政治参加行動」として回答)

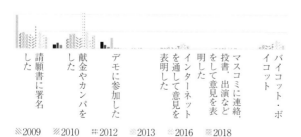

まず，表1は調査で尋ねたネットワーク他者の尋ね方の形式と，挙げられた他者の人数の％を表示した上で，各年の平均回答人数を示している。調査年によって尋ねる他者の形式が重要他者(日ごろ重要なことや悩みを相談する相手)，高頻度接触他者(よく話をする相手)や政治的会話他者(日ごろ政治について会話をする他者)となるため，一貫性にやや問題を含むが[16]，基本的にはネームジェネレータ手法を用いている点で共通したものをまとめた。ここで回答に挙がった他者をネットワーク他者と呼ぼう。回答に際しては，まずネットワーク他者の名前をニックネーム等で挙げてもらい(調査によって尋ねる上限人数の変動あり)，そのそれぞれの他者に関して社会的属性とともに，その回答者との関係性，上下関係，類似性／異質性，投票政党の推

表1　1993～2012年のネットワーク他者数の推移

ネットワーク他者の数

実施年	1993	1995	1996	2001	2003	2004	2005	2009	2010	2012
他者の定義	重要他者[*1]	重要他者	重要他者	政治的会話他者＋配偶者[*3]	政治的会話他者＋配偶者	高頻度会話他者	政治的会話他者＋配偶者	政治的会話他者＋配偶者	政治的会話他者＋配偶者	重要他者＋政治的会話他者
0人	34%	28	33	11	8	5	9	12	12	8
1人	35	27	26	41	41	17	38	44	45	12
2人	17	20	20	23	24	27	27	23	24	45
3人	8	25	21	14	14	21	15	13	11	21
4人	5	−	−	12	13	30	11	8	9	15
5人	2	−	−	−	−	−	−	−	−	−
平均回答人数	1.2	1.4	1.3	1.7	1.8	2.5	1.8	1.6	1.6	2.2
調査対象者N	1333	2076	2299	2061	1769	2115	1517	1109	1767	1127
ネットワークN[*2]	1620	2934	2969	3567	3233	5333	2746	1779	2821	2515
調査名	CNEP 93	JES II	JES II	JES III	JES III	JES III	JES III	JES IV	JES IV	WASC

[*1] 最後の相手は政治的会話他者
[*2] 回答者と対象となるネット他者とのペア単位データのN
[*3] JES IIIの2001年以後「＋配偶者」とあるデータは，政治的会話他者等について尋ねるが，そこで言及されない場合でも配偶者については必ず尋ねた

また2000年データは取得方法が異なるので掲載しない。2017～2018年にはパネルデータとして詳細なパーソナルネットワークデータを取得したが，特殊なインターネット調査であったため，対象から除外する。

16　尋ねる他者の形式を政治的会話他者と重要他者とする場合のいずれも政治行動に関する限り大きな差はないとする研究がある(Huckfeldt & Sprague, 2002; Sokhey & Dupe, 2014)。さらに筆者は政治的会話他者と高頻度接触他者のもたらす効果に差異がないことをJES IIIデータで示している(池田，2007, 5章)。

測等を尋ねるのである。

全体を通覧すると，1990年代は重要他者を尋ねているが，挙げられる人数が少なく[17]，その後，尋ね方の形式を変えて比較的類似した他者数が挙げられている。また，2012年は相手の他者を2種類に分けて尋ね（重要他者と政治的会話他者。重複あり），2004年は高頻度接触・会話他者について尋ね，これらでは人数が少し大きめに出ていることがわかる。

次いで，このデータに基づいて，ネットワーク他者との関係性を見たものが図6である。ここでは8つのカテゴリーにまとめて示す。うち「全家族」は配偶者および同一家庭内にいる家族構成員全体を指し，「家族親類計」はそれに親戚・親類を足したものである。また「グループ・団体」は社会参加

図6　1993〜2012年のネットワーク他者との関係性の推移

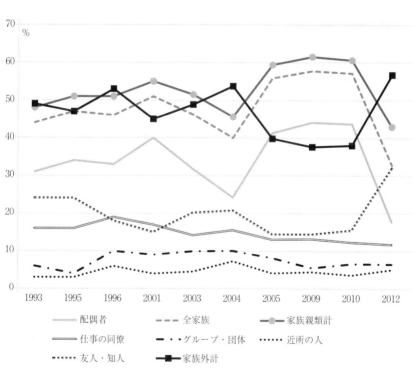

---

[17] 米国と比しても少なく，日本語の「重要なことや悩みの相談相手」というワーディングが重すぎたと考えられる。

においてつながっている他者である。これも含めて「家族外計」は家族や親類を除いた他者の計である。

全体として多少の入れ替わりはあるものの，家族外と家族内のパーソナルネットワークはほぼ同程度の規模で推移している。

さらに，ネットワーク他者が何党に投票しているかという推測をした推移を図7に示す。

直ちにわかるのは，「推測できない」(DK.NA) ケースが全期を通じて半数程度に達する点である。これはアメリカのケースなどと比べて極めて多い (1992 CNEP, 2000 ANESデータでは1割内に留まる)。日本人は身近な他者に政治的な志向性を見せない，あるいは多党制で少数野党が多くて確率的にも推測しにくい，ということが顕著な特徴となっている。

しかしその中でも，ネットワーク他者が自民党に投票しているのではないか，という推測は安定して2割以上見られ，小泉政権期には，苦境にあった2004年を除くと，3割を越えている。また，他で見たのと同様，民主党の盛衰に対応するようにこの党への投票の推測が2003年くらいから増大し，2009年，2010年には自民党を上回っていることが観測される。2012年に激減するのもその盛衰に対応している。他の小政党に関しては，根強い支持者を持つ公明党・共産党がある程度言及される程度に留まる。したがって二大政党的に見えた時期を除いて，パーソナルネットワークでは自民党が支配的であり続けたが，推測不能ケースの推移に見るように，ベースのトーンは非政治的なものであったと言うことができよう。もちろん，これまでの研究結果に見るように，他者の政治志向はこうした少数派であっても回答者の投票には重く関連しており，またスノーボール調査研究からも，これらが単に推測や認知に留まらず，実際の他者の政治的志向性を相当程度に反映していることに留意しておきたい[18]。

---

18 この「推測」はスノーボール調査によって正確さは6割程度(池田, 2000)であり，また不正確な場合にも投影の割合はそれほど問題にならないとされている。ネットワークバッテリを組み込んだサンプリング調査に加えて，調査困難なスノーボール調査を逐一追加するわけにはいかないので，他者の行動の代替指標としてこれらの比率を用いる。日本では政治行動に関しては，1993年に小規模なスノーボールサンプリングに基づく調査，2000年に全国スノーボールサンプリング調査が実現しているが，1993年のものは全国規模でなく，2000年のものは測定法がやや異なるので，本書ではデータを出していない(池田, 2002; Ikeda & Huckfeldt, 2001)。

図7 1993〜2012年のネットワーク他者の政治志向性の推測の推移

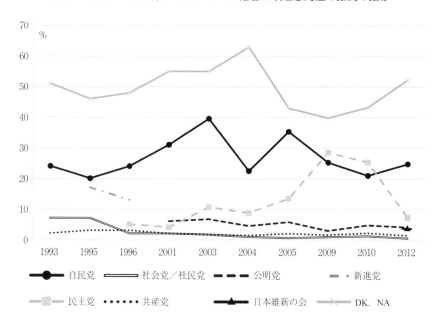

4.2.4 社会的寛容性

　最後に，社会的寛容性について検討しよう。社会的寛容性は民主主義の実質を確保する重要な要因である。日常的な場面で他者との意見の相違を許容できなければ，政治的な意見の異なる他者とはなおさら折り合いを付けることができないだろう。異質な意見や立場の混在とそれらへの直面と議論の機会と可能性を許容できてこそ，社会関係資本が機能するのである（池田，2007）。それを測定する具体的な設問は2003年以後に全国調査で尋ねられ，2つの尋ね方のタイプがあった。2003年，2005年，2012年では「政治や社会のあり方について，次のような人と意見が食い違う場合，あなたはどう思いますか」，2009年，2010年では「世の中のあり方について話すとき，あなたは考え方や意見の違う人とも話ができますか」という問いを投げかけ，家族，上司や先輩，親しい同僚，親しい友人（2012年は「友人」）のそれぞれに対して，4点尺度で意見の差異の許容度を測定した。

　話がしやすい／しにくいは2009年と2010年のみに用いた選択肢であるが，これらのときに，他とは異なる結果がもたらされているのは，図8から明瞭

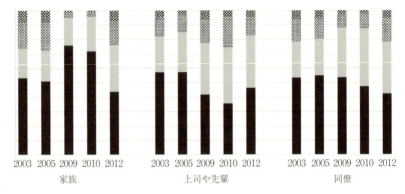

図8　2003〜2012年の社会的

※ 4 意見は同じほうがよい（意見が違っていると話をしたくない）
※ 3 どちらかというと意見は同じほうがよい（意見が違っているとあまり話をしたくない）
　 2 どちらかというと意見は違っていてもよい（意見が違っていてもまあ話ができる）
■ 1 意見は違っていてもよい（意見が違っていても話ができる）

に見える。つまり，家族とは異質だと感じても話がしやすく，同僚や親しい友人との間でもやや話はしやすいが，上司や先輩に対しては話しにくくなるという傾向がある。これらの異なる尋ね方による差異を勘案しても，データのある10年間で一般的に見える傾向は，全体として意見が違っていても話ができるという最も強い寛容性の値が，家族以外で緩やかに低下している，つまり非血縁的なネットワークの中で社会的寛容性の緩やかな低下が見られる，ということである。家族でさえ全体として低下傾向にあるのではないだろうか。

4.3　政治的アクターの諸側面の変化

次に一転して，政党という客体側の諸要因のレベルの変動を図示しながら概観しておこう。4点を検討する。

第1に，政党をアクターとしてみたときのポイントの1つは，リーダーの魅力，すなわち党首に対する評価である。党首の持つ重みは，小選挙区制の導入を1つの大きな契機として増大し，政党の意思決定の集中化が進み，小泉政権でインパクトが明確化した。とくに首相の役割と権限は大きく増大した（御厨，2006; 竹中，2006; 竹中編，2017序章）。

小選挙区制導入以前においても，三宅（1989）が1983年総選挙で自民党中

寛容性の変容

2003 2005 2009 2010 2012
親しい友人

曽根康弘と社会党石橋政嗣の党首評価の効果を検討している。また蒲島・今井(2001)は，2000年選挙において森喜朗首相と野党党首(民主党鳩山由紀夫，自由党小沢一郎)の評価が投票に効果を持つことを示している[19]。したがって，ここでは野党においても党首が誰であるかが政党に対する評価と並んでポイントとなると考えて，与党・野党党首に対する感情温度計を指標としてみていこう。感情温度計とは，政党や政治家に対して有権者が感ずる「冷たい感情」「温かい感情」を0～100点もしくは0～10点で回答してもらう尺度であり，アメリカの投票行動研究に起源を持つ。字義通り「党首評価」を考えれば，党首の政策実行能力や権力のあり方，リーダーシップの実態への意見なども考えられるが，感情温度計だけが長期にわたって継続して測定されているため，これを見る。

第2に，政権担当能力である。その重要性はつとに指摘されてきている。山田(2017)は2009年衆院選での自民党から民主党へのスウィングヴォーティングには，民主党の政権担当能力評価が寄与したことを明らかにしている。能力の低い政党に政権政党を期待することはできないが，権力を奪取した2009年前から民主党への評価がうなぎ登りであった。その後，民主党の能力評価低下などを反映して2014年には，どの政党にも政権担当能力を認めない，という判断が投票棄権の貢献要因となっている(山田，2017)。

第3に，マニフェストに対する評価を政策的要因の核として取り上げる。マニフェスト接触は動員の一部ともなるが(政党からのプッシュとしてマニフェストの内容を受け取ったとき)，一般的な争点やイデオロギーではなくこの評価を取り上げるのは，客体側の変数として21世紀冒頭の時期にのみ政策の集約／約束を示すものとして象徴的なポイントとなっていたからである(野中，2011; 平野，2011; 堤・上神，2011)。

第4は，政党からのいわゆる動員要因である。これは客体側からのコミュニケーションであり，古くは社会参加と合わせて検討されてきたことは，既に言及した通りである。これを社会関係資本的なネットワーク資源に対する

19　この分析はJES IIの第8波というやや特殊なデータ(蒲島・今井，2001)を用いているので，図9では表記していない。

政治客体からのアプローチを含むものとして扱う。選挙運動における葉書や電話は団体や集団のリストに基づくものであることも多く，後援会という団体を通じた働きかけもまた社会関係資本的なネットワーク・キャピタルの活性化である。もちろん，マニフェストや選挙運動の不特定多数への新聞やビラはこれらとは異質の要素を含むが，要は動員の中には客体からのネットワーク・キャピタル的なアプローチが色濃く含まれることに注目するのである。

では個別に各要因の変動を吟味しよう。

4.3.1　党首に対する評価

まず党首への感情温度の推移である。1976年からデータが存在するが，調査によって101点尺度であったり，11点尺度であったりするので，11点方式にまとめて図示したのが図9である（色が濃いバーが自民党党首）。目立つ変動は見えにくいが，強いて言えば1990年代の評価の方が小泉政権以後よ

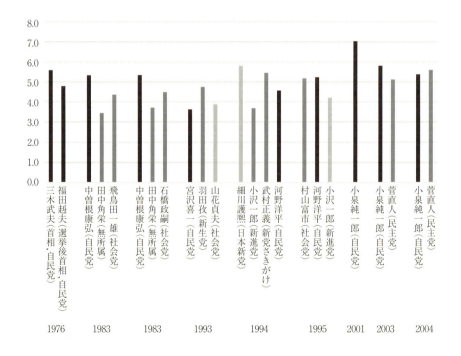

図9　1976〜2018年の党首

りもやや感情温度は低めであり，このことが党首への権力の集中と関連している可能性はあるが，違いは必ずしも明確ではない。ラフにまとめると，図中の数値は小泉政権以前で与野党の平均が4.6（ロッキード問題のあった田中角栄抜きの90年代以後でも4.6），小泉政権期で5.7，小泉政権後は4.8であった。また政権交代のなかった選挙・時期の与党党首や，選挙後政権交代が発生した選挙では主要野党の党首の評価が高いという傾向はありそうだが，例外もある（1995年の村山富市，2004年の菅直人）[20]。

4.3.2 政権担当能力評価

次に，やはり選択の対象である政党について市民から見た政権担当能力評価を検討しよう。図10に1993年以来の数値を示した[21]。党首への評価とは明

20　1993年の選挙では細川護熙の評価は取得できていない。首相のような地位に就くとは調査チームでは予想していなかった。歴史の皮肉である。2018年のデータはCSES5による。

21　蒲島（2004）によれば，政権担当能力評価の重要性は，JABISS, JESでの政党イメージに関する自由回答の分析を三宅一郎が詳細に行ったところから認識されたという（p.401）。以後，JES IIからは独立した質問項目として導入が進んだ。JABISS, JESでは「有権者の考える政策運営の最適任政党」として9項目のチェック項目を挙げる中の最後に「政権担当」の項がある。1976年の数値は自民党34%，社会党10%，1983年にはそれぞれ54%，6%であるが，「どれでも同じ」という選択肢があるので，1993年以後の尺度とは異なっている（蒲島（1998 p.196））。JES IIでは政権担当能力評価のみを独立して設問し，複数回答（MA）で回答を求める方式の設問があり，ここには「どれでも同じ」の選択肢はない（Q15（1993事前），Q13（1995））。ただし他方で，JABISS, JESと同形式の設問も含まれていた（Q17（1993事後），Q12（1996事後）。本章では独立の設問のみを集計した。なお，JES IIIではJABISSやJESと同型式のチェック項目は再採用されたが，政権担当能力評

評価の変遷

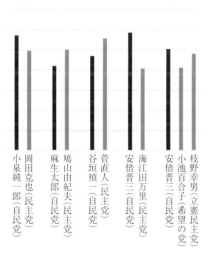

らかに異なる様相がここにある。

この間に能力の評価は大きく見て3期に別れて変動している。1990年代前半期には、55年体制成立後の初の政権交代後でさえ自民党への能力評価は安定的に高い。3新党(新生党、新党さきがけ、日本新党)に関しては社会党以上に能力評価が高いが、一か二分の一と言われた時期の与野党の勢力の構図を反映したような数値となっている。第二期は、1996年の民主党の誕生以後、2010年までの同党への能力評価の伸張と、自民党が小泉政権下の郵政民営化選挙を頂点にゆるりと評価を一割以上下げる時期である。第三期は2012年末に衆院選で自民党が再度政権交代を実現させる前から始まっていた、自民党一党のみの能力評価独占の時期であり、民主党の能力評価は暴落し、なおかつ他の野党も1990年代前半よりも低くしか評価されていないという構図である[22]。なお、野党の社会党／社民党、共産党、与党の公明党は、1990年代前半の政権交代後数年与党となった社会党を除き、全

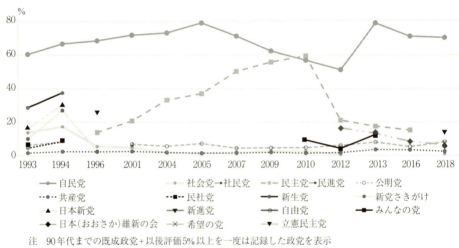

図10　1993～2018年の政権担当能力評価の推移

注　90年代までの既成政党＋以後評価5%以上を一度は記録した政党を表示

価に関しては省略されている。

22　本章で用いている2012年データは衆議院選の前月のデータである。2013年、2016年のデータはJES 5選挙事後調査(郵送調査)による。JES 5は科学研究費特別推進研究(小林良彰(研究代表者)・平野浩・谷口将紀・山田真裕・名取良太・飯田健)による調査である。下記のURLから単純集計を参照した：http://www.res.kutc.kansai-u.ac.jp/JES/jes5data.html)。

般に評価は10％に届いていない。政権を担うというよりは批判政党ないし与党の補完政党という位置づけであるのが大勢の認識である。

4.3.3 動員とマニフェスト評価

次に，市民から見て政治の客体である政党側からの市民に対する働きかけを検討する。選挙時の政党からの働きかけや政党・選挙への直接的関与といった動員要因の変動を図11に示した。マニフェストに関しても動員と同じ図表を用いて説明しよう。これら要因の多くは政治的コミュニケーションの回路として作動しており，その点で社会関係資本的なネットワークを含む。先に触れたように，団体や組織が「集票マシーン」になることもある。

図を見ると，まず分かるのは，参院選時より衆院選時に動員関連行動が明瞭に増大していることだろう。それゆえに折れ線のギザギザが多く見られる。そして，動員による働きかけが，全体の水準は高いながらも，葉書，電話などからのアプローチは2009年以後とくに，また後援会参加は2005年以後に低下傾向にあることが明瞭に見える。これらは数値の大きな自民党とともに民主党でも明瞭に生じており，政党からのターゲティング力の低下であるとも言える。後援会を含めた支持的中間集団や各種の名簿の保有が重要となることがあるからである（カーチス，1983; 朴，2000）。これに対して，人海戦術を駆使しやすい選挙運動である新聞・ビラの配布は数値に大きな低下は見えにくい。これらのデータは，選挙活動がソーシャルネットワークを通じて進行するよりは，マス的な要因の比重が大きくならざるを得ないことを推測させる。政治参加や社会参加の低下と連動している可能性が疑われる[23]。

さらに，マニフェストについては，これが一般的になった2003年以後（データもそれ以後しかない）はいずれの年もよく接触されており，政権交代が生じた2009年で民主党のマニフェストが最大値を占めている。マニフェストへの接触は有権者側のイニシアチブによるものであり，選挙政治参加の能動性への道がここで確保されている点は極めて重要である。換言すれば，動員する側からのプッシュ力は落ち，有権者側からの目的的なプルが上がっている。そして早くも2003年にはマニフェストへの接触は投票を支える重

---

[23] 鳩山政権直前までの日本の団体・組織対象の大規模な調査研究によると，2000年代半ばには10年前と比べて，団体のリーダーの中道化が進んでおり（竹中，2010），また団体自体の規模が縮小していることとともに，団体の選挙関連の動員活動も緩やかに低下してきている（森，2010）。

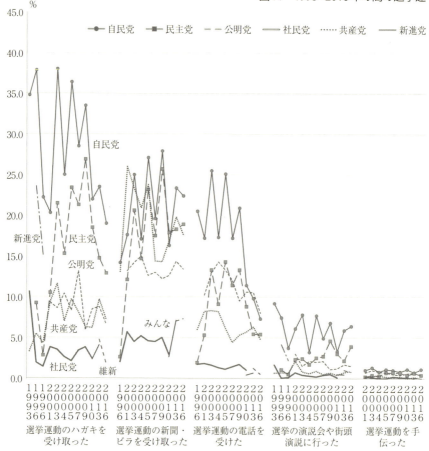

図11 1993~2016年の間の選挙運

要な要因の1つとなっており，2005年においても同様のことが言える（池田，2007，2章）。

　しかしながら，インターネット関連の動員は，2013年に法的にインターネット選挙が導入されてからも弱い。もちろんマニフェストの閲覧が紙媒体とともにインターネット上で行われている可能性は高いが，ここで指摘しておきたいのは，政党の側がネット上で有権者をプッシュしたりプルする力が総体として弱い，という点である（本書3章の分析を参照のこと）。

動に直接関わる動員関連行動

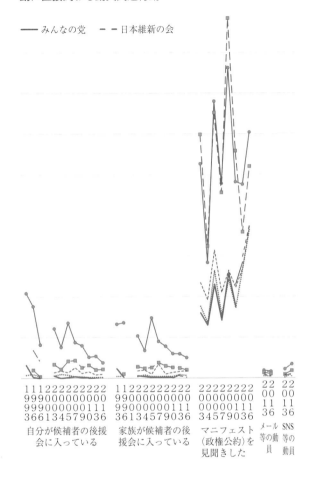

　以上をまとめると，社会関係資本論的には団体・組織が弱体化し，パーソナルネットワークの外縁では緩やかに社会的寛容性が低下している一方で，制度信頼は戻り基調にある。また動員には中間集団である団体・組織の弱体化と並行した変化が見られ，マス的な要因の比重が増したが，インターネットの利用は新たに動員をプッシュしていける力を持つところにまでは達していない。さらに民主党が自民党と並んで二大政党化した時期を除いては，主たるアクターとしては自民党のみが政治的客体として認識されている。動員

の数値はややそれらに逆らう形を見せてはいるが，それでも民主党の動員を除けば自民党の半分以下に過ぎない．党首評価も非自民党党首は健闘しているが，小泉を頂点とする自民党リーダーを上回ることは容易ではなかった．これらが2009年と2012年の二度の政権交代の背景である．

次節からは，ここまで見てきたような諸要因の値と変化が，2009年以後の投票行動に何らかの関連性を持っていたのかどうかを，2005年の投票の規定要因との比較において探索的に検討する．

5　投票行動の社会関係資本的要因・政治的アクター要因の比較分析

5.1　用いる変数群

2005年と2009年以後を目に見える形で比較するには，できるだけ規定要因をそろえて検討することが望ましい．ここでは，JES III，JES IV，WASCで基本的に共通して採用された変数群を選択した．

採用する変数を主にJES IVを中心に列挙し，それぞれ説明を加えよう．

（統制変数）

デモグラフィック要因にはまず，性，年齢，教育程度，有職，都市規模を用いる．さらに，当該対象選挙の1つ前の国政選挙での自民党・民主党へのそれぞれの投票数(選挙区・比例代表の計)を用いる．例示すれば，2009年の衆院選での投票は2007年の投票の上に生じるものであり，そこからの「ずれ」として2009年投票は分析しうる．他の要因の効果を検討する際には，2007年の投票を統制した上でなお，当該要因が2009年の投票に貢献したかを検討できることになる．JES III，JES IV，WASCのそれぞれがパネル調査であることの利点である．政党支持変数を用いない理由は2章を参照されたい．

（独立変数）

党首評価については，党首に対する感情温度計を指標とする．2013年が11点尺度である(0〜10)以外は101点尺度である．具体的な党首名は，自民党，民主党でそれぞれ，2005年は小泉純一郎・岡田克也，2009年は麻生太郎・鳩山由紀夫，2010年は谷垣禎三・菅直人，2013年は安倍晋三・海江田万里であった．

政権担当能力評価に関しては前述したように，1990年代以後，政権担当能力評価は3つの異なるパターンを示していた．ここでは第二期と第三期を検討し，そこに差異が生じていたのかを見ていく．

各党マニフェスト評価は政策に関連する要因の核であり，選挙時での接触がこの時期に高かったので，客体の側の重要な要因として投入する。2009年選挙を例に挙げれば，18の政策領域に対するマニフェストの評価を政党別に単純加算した[24]。これは当該有権者と当の政党との政策距離の近さの指標でもある。実際，回答者本人の保革イデオロギー自己認知とマニフェスト評価との関連性は，それぞれ自民党・民主党のマニフェスト評価との間に，2005年には0.23，－0.14，2009年は0.22，－.020，2010年には0.23，－0.13と弱いながらも安定して一貫した有意な相関が見られる。

　各党選挙時動員は，当該の選挙運動に関わる動員要因の単純加算である。すでに図11（42-43頁）で見たように，選挙運動の葉書や新聞・ビラ，電話の受け取り，選挙の演説会や街頭演説への参加，選挙運動の手伝い，後援会加入，マニフェストへの接触といった項目を自民党，民主党それぞれで集計・加算した。

　マニフェストの評価は各党に対する政治の方向性評価に関わる実質的な部分(「サブスタンス」)での選挙争点要因であるのに対し，選挙時の各党の他の動員要因は政党の側からの働きかけと有権者との接触によって動く「レース」的な要因である。

　社会関係資本に関わる要因は次のように設定した。

　政治参加は，参加カテゴリー数の計を尺度とする。政治参加は今回の対象期間において低下傾向にあるが，それでも何らかの党派的な役割を果たしているのか，検討する。自民党と野党で伝統的には政治参加によってプッシュされる形態は異なっているが(三宅, 1989)，ここでは区別できる質問はない。ただし，後に各党の選挙時動員との交互作用効果を検討する。

　社会参加(ボランタリーな組織・団体への参加)については，図4（28-29頁）で挙げたフォーマルなボランタリー組織・団体を積極さで重み付けして加算した尺度を作成した。ここでも，付随的に各党の選挙時動員との交互作用効果を検討する。

　社会的寛容性の尺度は先に述べたように，家族，上司や先輩，親しい同僚，親しい友人という4種の異なるタイプの他者との間で意見の食い違いが

---

[24] なお2013WASCデータでは党派色抜きのマニフェスト接触のデータに留まり，各党のマニフェストの評価は得られていない。このときのマニフェスト接触度は，より具体的には，選挙に関わる知識・情報の7つの項目において，役だった各種情報源のうちの一つとしてマニフェストを挙げるかどうかを累計したものである。

あるときに，それを許容できるか／できないか，あるいは異なっていても話がしやすいか／しにくいか，を問う合成変数である[25]。

政治制度信頼については，国・都道府県・市区町村に対する政治制度信頼の変数を用いる[26]。見てきたようにこの信頼は近年増大している。

周囲の各党支持は，ソーシャルネットワークのネームジェネレータを用いた変数である。見てきたように，最大4人までの「政治的会話他者」「高頻度接触他者」「重要他者」を記録し，そのそれぞれに対して先方が何党に投票するかを推測させた。その中での自民党投票者，民主党投票者それぞれの比率を用いる。2013年参院選のパネルデータとして用いる2012年調査では重要他者と政治的会話他者をそれぞれ2人ずつ尋ね，その後の投票者の比率の算出は他調査と同様とした。

以上の社会関係資本要因には，政治的に色の付いているものといないものの差異がある。つまり，政治的バイアスが測定されているのはソーシャルネットワーク要因のみである。他の要因では政党色を尋ねなくとも，社会変動要因としてどの党に対してインパクトがあったかを検討するのである。政治参加や社会参加は，見てきたように，古い研究では調査の中で参加している行動や団体・組織が持つ党派性を明示的に尋ねていた。その後そうした明示的な質問はなされなくなった。これには「集票マシーン」の弱化が背景にある可能性がある。今回の対象も党派性を尋ねていないデータを用いる。しかし最低限同方向を向いた分析を付加するため，党派色の効果を間接的に検討する方法として動員×社会参加ないし動員×政治参加の交互作用項の効果を吟味する。

最後に，従属変数は当該選挙における自民党，民主党に対する選挙区，比例区の計2票までの投票数とし，順序ロジット分析を行う。多変量解析の実施時にはサンプルウェイトをかけ，データの歪みの補正を行った。

5.2 社会関係資本に留意した2009年衆議院選投票の分析：

表2（48-49頁）は2005，2009，2010，2013年の投票行動の分析結果であ

---

25 2012年は「親しい友人」ではなく「友人」として尋ね，全体を通じて該当する同僚などがいない場合は「いたらどう思うか」で尋ねた。

26 2013年調査とパネルデータを構成している2012年調査では，他と形式が少し異なり，政府，政党，国会，行政に対する信頼を尋ねており，そのスコアの計を政治制度信頼の尺度とした。異なるために図2には記載がない。

る。前二者は衆院選であり，後二者は参院選での投票行動を対象としている。まず，政権交代を引き起こした2009年の衆議院選挙の投票行動を検討しよう。次いでこれを2005年と比較し，さらに2010年以後に議論を進めることとする。

全体として投票の説明率はまずまず高いが，2013年ではかなり落ちる。そして表の全てで一貫しているように，当該選挙の投票に対する前回国政選挙の投票政党（2005年投票なら2004年，2009年は2007年，2010年は2009年，2013年は2012年）の効果は大きくプラスに有意であるが，この前回投票要因を統制して個別の独立変数の効果を見ていく。なおデモグラフィック要因は，自民党の政権復帰後の2013年参院選での自民党投票に対してのみ貢献している[27]。

2009年の分析結果は表の右上部分に示されている。ここでの党首効果は，当時首相であった麻生の場合も民主党代表鳩山の場合も明らかにそれぞれ自民党・民主党に投票するプラスの貢献要因であった。このとき，両者への有権者の感情温度は鳩山が逆転した状況にあった。同様に拮抗していた自民党・民主党の各政権担当能力認知や選挙時のマニフェスト評価もプラスに寄与している。

一方，有権者と政党を直接つなぐ動員要因となると，それぞれの党に対しておおよそプラスの効果を持ってはいるが，強いとは言えず，統計的にも有意傾向を示したのみであった。

それでもこれら政党側の客体要因については，全て政党や候補者の活動が両政党において類似したプラスの効果を持っていることが確認できる。ただし，t値から見て，鳩山民主党の党首効果や民主党の政権担当能力評価の効果が大きめであった。政治的アクターとしてがっぷり組んだ選挙ではあったが，民主党がやや勝る一方，コミュニケーション手段を通じた説得，つまり動員には両党のどちらかへと引っ張るほどの差異は生じなかった。

社会関係資本に直接関わる要因群の効果はどうであろうか。

政治参加要因は，驚くことに両政党に対してマイナスに貢献している。このことの持つ意味は，ふだん政治参加していない有権者が投票に参加し，自民党に対しても民主党に対してもマイナスの効果をもたらした，ということであろう。大勝した民主党のみが政治的に不活発な人々を投票箱に導い

27　年少者ほど，小規模自治体居住者ほど自民党への投票が多い。

表2　2005~2013年国政選挙における自民党・民主党

	2005年衆院選 自民党投票 係数	t	民主党投票 係数	t	2009年衆院選 自民党投票 係数	t
性	0.106	0.56	0.494	1.93 +	0.345	1.15
年齢	−0.008	−0.84	0.001	0.08	−0.005	−0.53
有職	−0.079	−0.33	0.170	0.73	−0.036	−0.27
教育程度	0.063	0.62	−0.100	−0.93	−0.026	−0.08
都市規模（逆転）	0.094	1.38	−0.073	−1.07	0.074	0.62
前回投票(04,07)	0.814	7.20 ***	0.734	5.38 ***	1.165	6.42 ***
当該党首評価	0.036	10.61 ***	0.029	5.28 ***	0.021	4.02 ***
当該政党政権担当能力認知	0.732	1.83 +	0.786	3.92 ***	0.862	2.50 *
当該政党マニフェスト評価	0.094	4.30 ***	0.170	4.57 ***	0.134	4.48 ***
当該政党からの動員	0.127	1.60	0.170	1.48	0.185	1.90 +
政治参加	−0.094	−1.55	−0.117	−1.48	−0.172	−2.11 *
社会参加	0.070	2.00 +	−0.035	−0.91	−0.054	−1.15
社会の寛容性	−0.041	−0.35	0.072	0.81	−0.273	−1.80 +
政治制度信頼	0.232	2.11 *	−0.602	−4.70 ***	−0.253	−1.10
政治的会話相手数	−0.057	−0.61	−0.071	−0.70	−0.110	−1.58
ネット他者当該政党投票推測	1.348	5.66 ***	1.449	4.98 ***	1.248	4.42 ***
カットポイント1	3.986		3.450		3.316	
カットポイント2	5.523		4.653		4.794	
疑似R² （ウェイトなし時）	0.331		0.306		0.343	
N	625		611		632	

	2010年参院選 自民党投票 係数	t	民主党投票 係数	t	2013年参院選 自民党投票 係数	t
性	−0.145	−0.42	−0.006	−0.04	0.056	0.27
年齢	−0.001	−0.11	0.005	0.54	−0.023	−3.41 ***
有職	−0.215	−1.85 +	−0.054	−0.60	−0.093	−0.90
教育程度	−0.126	−0.50	−0.076	−0.32	−0.194	−0.91
都市規模（逆転）	0.142	1.85 +	0.021	0.21	0.246	3.14 **
前回投票(09,12)	1.107	8.19 ***	0.780	5.87 ***	1.597	6.24 ***
当該党首評価	0.035	5.11 ***	0.034	3.95 ***	0.407	7.81 ***
当該政党政権担当能力認知	0.629	2.35 *	0.793	4.90 ***	0.217	0.97
当該政党マニフェスト評価	0.084	2.90 **	0.101	5.49 ***		
マニフェスト評価（役だったか）					0.182	1.49
当該政党からの動員	0.159	2.36 *	−0.011	−0.16	1.157	4.57 ***
政治参加	−0.149	−2.01 +	−0.029	−0.43	−0.040	−0.67
社会参加	−0.010	−0.21	−0.010	−0.33	−0.069	−0.39
社会的寛容性	−0.133	−1.12	0.041	0.39	−0.069	−0.67
政治制度信頼	−0.070	−0.53	−0.222	−1.38	0.010	0.26
政治の会話相手数	−0.089	−1.34	−0.072	−0.77	−0.064	−0.84
ネット他者当該政党投票推測	1.284	4.94 ***	0.918	3.94 ***	0.049	0.39
カットポイント1	2.971		3.881		2.182	
カットポイント2	4.429		5.037		3.413	
疑似R² （ウェイトなし時）	0.347		0.263		0.230	
N	598		605		719	

.05<p=<.1 +, .01<p=<.05 *, .001<p=<.01 **, p<.001 ***

投票を中心とした順序ロジット分析

民主党投票	
係数	t
0.086	0.52
0.006	1.06
0.056	0.44
0.067	0.27
−0.043	−0.50
0.758	6.12 ***
0.026	7.11 ***
0.859	3.92 ***
0.112	5.20 ***
0.128	1.81 +
−0.113	−2.87 **
−0.013	−0.51
0.168	1.91 +
−0.206	−2.14 *
−0.145	−2.22 *
1.325	6.40 ***
3.148	
4.552	
0.294	
629	

民主党投票		日本維新投票	
係数	t	係数	t
−0.165	−0.60	0.253	0.78
0.001	0.07	0.001	0.09
−0.051	−0.39	0.241	1.50
0.095	0.34	0.329	0.93
0.154	1.61	−0.157	−1.55
1.603	4.54 ***	1.878	4.10 ***
0.230	3.23 **	0.248	4.06 ***
0.377	1.22	−0.196	−0.39
−0.455	−2.57 *	−0.210	−0.77
0.882	3.10 **	1.453	3.08 **
0.082	1.42	−0.013	−0.16
0.165	0.82	−0.723	−1.69 +
−0.107	−0.88	−0.044	−0.31
−0.116	−2.35 *	−0.007	−0.10
0.021	0.22	0.105	0.95
0.427	1.94 +	0.557	2.69 **
2.288		4.532	
3.331		6.186	
0.173		0.1643	
707		716	

たのではなかった。実際，全国の投票率は70％に届きそうな高さまで上昇し，平成の中では衆院選10回のうち2位で，20年ぶりの高さであった[28]。

事後シミュレーションによってその様相をチェックしてみると，図12に見るように，両党で効果の現れ方がやや異なる。2009年衆院選に関しては民主党は文字通り，ふだんの政治参加の少ない人ほど2票が投じられ，参加が多い人からは相対的には票を得にくいというクリアな結果であった。自民党にもそうした傾向はあるが，より明瞭なのは政治参加する人は自民党に投票しないという傾向であった。

かたや，ボランタリー組織・団体参加で表される社会参加については両党への投票に対して効果が見られない。日本社会ではかつて特定政党に方向付けを持つような政治参加を促進する活動を行ってきたボランタリー組織・団体の活動が，本章の前半で見たように鈍っていることと関連していよう。なお，社会参加と政党による動員との間の交互作用を検討したが，自民党・民主党からの動員とも有意な効果を示さなかった。加入組織や団体からとくに動員がかかるということがないことを示している。これは本章3節で見た古

---

28 なお，政治参加と動員の交互作用効果は見られなかった。次に見る社会参加と動員の交互作用効果の分析結果と同様である。

図12 政治参加度による自民・民主党投票数への効果:2009年衆院選

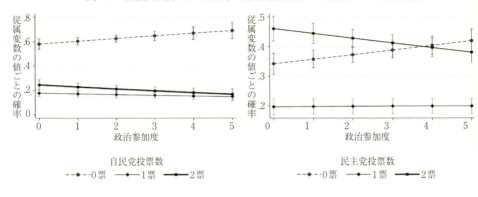

図13 社会的寛容性による自民・民主党投票数への効果:2009年衆院選

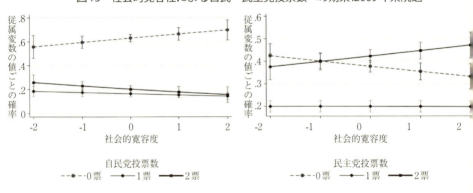

図14 政治制度信頼による自民・民主党投票数への効果:2009年衆院選

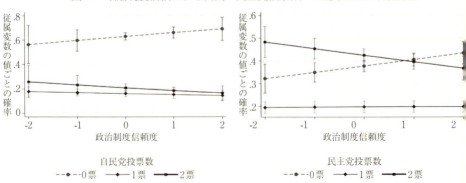

典的な研究とは異なる結果である。

　次に，社会的寛容性は自民党投票に対してマイナス方向に有意傾向を示し，民主党へはプラス方向に有意傾向を示した。つまり異質な意見に対する寛容性の低い人が自民党に投票している一方，民主党投票に対しては寛容性がプラスとなる方向性を示した。異質さを許容しない人が自民党投票者として残った可能性があるだろう。事後シミュレーションを行うと，図13に見るように傾向として自民党投票は寛容性の低い人々に多くなっており，民主党への2票投票者とは対照的であった。

　政治制度信頼の効果については，自民党投票とは関連性がなく，民主党投票にはマイナスであった。つまり，政治制度への信頼をもたない人々が民主党に投票したのである。当時の与党に対する批判的な投票行動の1つの表れであろう。図14から見ると，民主党への投票に対する効果は，政治参加のマイナスの効果のパターンとよく似ていることがわかる。

　周囲他者の効果については，政治的会話他者数の効果が両党投票に対してマイナス方向であり，民主党投票に対しては統計的に有意であった。ふだん政治の話をパーソナルネットワークの中でもしない人が民主党に投票しており，上記で見た政治参加変数の効果と一貫した結果である。じっさい，図15にみるように，民主党ではこの効果が明瞭であるのに対し，自民党では投票数に差をもたらしていない。

　社会関係資本的な要因の中で唯一政治的党派色を測定した周囲他者の各党支持の要因は，自民党投票者が周囲に多いほど自民党に投票し，民主党投票者が多いほど民主党に投票するという結果であった。この点は過去のデータ

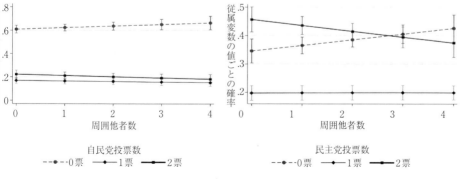

図15　周囲他者数による自民・民主党投票数への効果:2009年衆院選

図16 周囲他者の自民・民主党投票推測による民主党投票数への効果:2009年衆院選

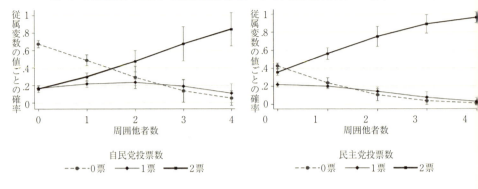

と一貫している(池田, 1997, 2007; Huckfeldt & Sprague, 1995)。t値と図16で見る限り，民主党での効果の強度の方が大きく，政権交代期にしばしば観測されるような沈黙の螺旋現象的な圧力となっているのかもしれない(Noelle-Neumann, 1993)。

　以上，政権交代をもたらした選挙においては，投票客体である政党側の効果については基本的に従来予想される方向と一貫していたが，社会関係資本的な要因の効果はそれとは異なっていた。日常的な社会参加はインパクトを持たず，また政治参加の多い人や政治についてパーソナルネットワークで語る人々が投票への方向付けを見せるというよりは，ネットワーク的に比較的貧しい人が投票をプッシュされており，それは自民党より民主党方向に吹く風となっていた。同様に政治制度信頼を持たない人が民主党への票をもたらしていた。

5.3　2005年・2009年の投票の規定要因との比較

　次に，2005年の郵政選挙の際の投票行動と比較して，2009年の投票行動に何らかの特徴的なことがあったかを見ていこう。2005年の投票の分析結果は表2(48-49頁)の左上部分に表示されている。
　結果を見てすぐさま理解できるように，表の上方からマニフェスト評価までは両者は，ほぼよく似た結果をもたらしている。若干異なるのは，2009年に比して2005年の方が自民党の政権担当能力評価の効果が弱く，他方で当時の小泉純一郎首相の党首評価が極めて高かったことである。それはt値

で見ると2009年の鳩山由起夫民主党首効果よりも高かった。指摘されてきたような小泉の党首力(竹中, 2006)を示しているように思われる。

政党側の効果について，唯一弱いのが当該政党からの動員の効果である。2009年では弱いながらも有意傾向であったが，2005年の郵政民営化選挙の際には動員のインパクトは有意にさえ達していない。郵政民営化関連法案に反対した造反議員であるため「抵抗勢力」とされて自民党公認を取り消された候補者を，小泉が差し向けた「刺客」候補が刺す，などと報道されたことに象徴されるように，利益集団の力は低下し，とくに自民党では従来型の選挙はできなかった。

次いで社会関係資本的な要因の効果を見ていこう。政治参加・社会参加では，2005年の自民党投票のみ，社会参加要因がプラスに弱く貢献している。自民党がこうした組織・団体参加者の「自発的」な行動によって投票を伸ばすという伝統的な知見は，2005年にはある程度の当てはまりを見せたが，2009年にはあてはまらないということである。自民党長期政権による団体・組織を通じた自民党への投票の効果の残滓は2005年で消えたかに見える。

社会的寛容性の効果は，2009年には自民党投票に対してマイナスとなっていたが，2005年はマイナス方向ではあるが有意水準からはほど遠い。言い換えれば2009年には社会的寛容性の低い人が自民党投票者として残ったという前記の解釈を裏付ける。これは永らく続いた自民党の一党支配の残照かもしれない。2009年には政権交代の強い予想を前にして，現政権とは全く異なると予期される人々が政権奪取することに違和感を覚え，そうした異質性への耐性の低い投票者が多く残り，それほど違和感を持たない人々は民主党へと向かったのではないか。2005年の選挙にも社会的圧力の要素はあったが，寛容性は関連していなかった。2009年に起きた，社会における多数派支配の逆転劇がもたらした，象徴的な結果である[29]。

政治制度信頼の効果については，2009年に比べ，勝利政党となった与党の自民党投票でプラスになっており，一種の与党効果が見える。逆に見れば，2009年の麻生内閣末期には政治制度信頼要因も自民党に票を導く力を失ったと推測される。図3(28-29頁)で見たように，国の政治への信頼は

---

29 2012年末の逆方向への政権交代劇で同じことが起きたかどうかは，分析可能な全国データがない(本章で2012年とあるデータは選挙前の平常時のデータである)。従来の政権政党への「復帰」であったため，寛容性の関与する余地はなかったかもしれない。

2005年と2009年の間に10%の開きがあり，2005年の方が高いことも関連しているだろう。

次に，政治的会話他者の効果は，他者数についてはいずれの党に対しても見られず，他者の投票推測の効果は2005年，2009年ともに類似していた。

以上の分析から，2009年の民主党への政権交代を導いた投票の構造は党首評価，政権担当能力評価，マニフェスト評価といった政党側の客体要因については，2005年とほとんど変わらないことが明らかになった。一方，社会関係資本的な要因には変化が見られ，2009年の敗者である自民党には社会参加の効果が効かなくなったこと，社会的寛容性の高い有権者の支持が同党から失われたこと，さらにふだんは政治参加や政治会話の少ない，政治と距離のある有権者が2009年には投票に参加し，それは自民党にではなく民主党に対して強く現れたこと，などの特徴が見られる。

5.4　2009年とそれ以後の投票との規定要因との比較

次に，2010年以後の投票を2009年のそれと比較しよう。表2の下半分がその結果である。

前回選挙の投票の効果や党首評価の持つ効果はここでも安定しているが，政権担当能力評価とマニフェスト評価のもたらすプラスの効果は2013年参院選には消滅している。民主党投票に対して，2013年にはマニフェスト評価はマイナスにすら転じている。これは正確には，役立った情報源としてのマニフェスト接触がマイナスであったことを示しており，マニフェスト接触が民主党に投票しない方向に力を及ぼしていたことを示している。政権担当能力評価の効果の消滅は，図10（40頁）の単純集計の変化でみてきたような，自民党と民主党との能力の認識の巨大な乖離が戻ったことに帰せられるだろう。それは民主党が政権を担当することを通じての能力認識への広範な幻滅であった。一方，政党からの動員は2010年の民主党以外はプラスになっており，2005年，2009年の選挙とは様相が異なっている。政党から有権者にコミュニケーションの手が届けば説得力を持つ状況が復活したと言えよう。

社会関係資本的な要因を見よう。政治参加が弱いマイナスの効果をもたらしているのは2010年の自民党投票までで，以後は効果が見えない。政治参加に積極的な人が与党寄りもしくは野党寄りに投票するという様相もない。また社会参加の効果も失われたままである。

政治制度信頼の効果も見えにくく，2013年の民主党投票にはマイナスで

すらあった。野党に転じた民主党には政治を信頼しない人が投票している，という与党批判的な投票のパターンが見える。長期的に政治制度信頼が復活している中でこのような現象が見られるのは皮肉であり，政権交代をもたらした2009年の投票とは明らかに意味が変わってしまっている。

パーソナルネットワークの効果については，2010年はこれまでの他者の投票政党の効果は維持されたが，2013年には消滅しかけている。民主党投票への有意傾向のみが認められる[30]。

5.5 意味ある選択

これまでの一連の分析結果が示唆するのは，政治行動における社会関係資本的な要因のインパクトの消滅や縮小なのだろうか。あるいは選挙という党派的な文脈において，社会関係資本の諸要素が特定の方向付けをもたずに作用しているだけなのだろうか。この点について追究する意味があるだろう。

そこで，「意味ある選択」を従属変数として，ここまでの投票行動と同じ要因が「意味ある選択」の認識，つまり有権者のエンパワーメント認識にインパクトを与えているかどうかを検討しよう。とくに社会的な関係が豊かなことや制度信頼の高さが，政治選択を意味あるものと認識させているのだとしたら，社会関係資本論的には整合的であり，歓迎すべきことであろう。

こうした意図のもとに行った分析結果を表3に示す。2007年は社会関係資本系のデータの多くが測定されていないので，これまでの分析では表示しなかったが，この表では示す。自民党・民主党に関する客体側の要因について今回は両党のそれを同時に投入してある[31]。総じて説明力は高くないが，社会関係資本的な要因を見てみよう。政治参加要因が5回のうち3回，政治制度信頼が統計的な有意傾向を入れれば4回，政治的会話他者数が4回のうち3回までプラスの貢献をしていることが見える。周囲他者の党派性認知もプラスに働いている。社会的寛容性の効果については明瞭ではないが，総じて弱いながらも社会関係資本的な要因は政治を意味あるものと認識するのに

30　ただし，2013年の投票データの分析はパネルデータではあるが他の分析と異なり，当該選挙直前の他者の投票推測は2012年に測定したデータ（つまり民主党政権下のデータ）なので，このために効果が弱まった可能性もある。他者の投票行動の推測の比率自体は（図7で見たように）自民党では2012年も高い。

31　2013年のマニフェスト評価事項であるが，この年には調査では党派性を尋ねず，役だったマニフェスト項目を尋ねているので，党派性はない。

表3　2005~2013年国政選挙における「意味ある選択」の規定要因

選挙年	2005	2007	2009	2010	2013
意味ある選択認識	係数	係数	係数	係数	係数
性	0.03	− 0.11	− 0.15	− 0.36 *	− 0.21
年齢	0.00	− 0.01 *	0.01	0.00	0.02 *
有職	0.04	0.17 **	0.19 **	0.18 *	0.29 **
教育程度	0.14 +	− 0.17 *	0.05	− 0.16	− 0.22
都市規模（逆転）	− 0.07	− 0.01	0.03	0.04	− 0.11 +
自民党投票	0.23 *	0.01	− 0.14	− 0.21 *	− 0.18
民主党投票	0.19	− 0.09	− 0.05	− 0.21	− 0.18
自民党首評価	0.00	− 0.01	− 0.01	0.00	0.14 **
民主党首評価	0.00	0.00	0.00	0.00	− 0.14 *
自民党政権担当能力認知	− 0.02	− 0.10	− 0.30 +	− 0.26 *	0.42 *
民主党政権担当能力認知	0.02	0.18	0.33	0.08	− 0.29
自民党マニフェスト評価	0.02	− 0.21	0.06 *	0.04 *	
民主党マニフェスト評価	0.04 +	0.35 *	0.02	0.00	
マニフェスト評価（役だったか）					0.28 **
自民党からの動員	0.04	0.05	− 0.06	− 0.08 +	− 0.41 +
民主党からの動員	− 0.07	− 0.04	0.13 **	0.04	− 0.04
政治参加	− 0.04	0.09 **	0.12 **	0.12 *	0.06
社会参加	0.04	0.00	0.00	0.01	− 0.01
社会的寛容性	0.00	0.17 *	− 0.10 *	0.00	− 0.01
政治制度信頼	0.14	0.28 **	0.46 ***	0.30 ***	0.06 +
政治的会話相手数	0.20 **		0.05	0.24 ***	0.18 **
ネット他者自民党投票推測	0.03		0.64 *	0.30	− 0.10
ネット他者民主党投票推測	− 0.03		0.75 ***	0.43 *	− 0.11
定数	6.73 ***	7.20 ***	6.10 0.00	7.20 ***	5.08 ***
疑似R^2（ウェイトなし時）	0.0613	0.0587	0.1694	0.117	0.1774
N	689	1,148	722	619	706

.05<p=<.1 +, .01<p=<.05 *, .001<p=<.01 **, p<.001 ***

貢献していることがわかる。まさしく社会関係資本は，パットナムが指摘したように，市民を社会的政治的な関与に導く働きをしているのである。なお，有職の効果が年々強くなってきていることも注目に値する。

6　結論

　本章では2009年衆院選がもたらした政権交代の要因を2005年や2010年，2013年の選挙と比較しながら検討してきた。なかんずく注目したのは社会関係資本にまつわる複数の要因である。政治的アクターの諸要因を投入した上でなお，団体・集団のフォーマルなネットワークの変化，日常のインフォーマルなネットワークでのコミュニケーションのあり方，そして制度信

頼や社会的な寛容性といった社会関係資本に関わる要因が投票行動を変化させたのか否かを検討した。本章の関心は社会関係資本の変化が政治の行方の方向性，つまり投票による政治選択に対して何らかの影響を及ぼすものかどうかにあった。

　結果は，社会関係資本は政治選択に対してフラットではないことを示していた。インフォーマルな日常のソーシャルネットワークにおいては，そのネットワークの持つ政治的バイアスと一貫した投票行動がもたらされることは既に確立された知見であり，本稿でもそれは確認された。一方，2009年以降はよりフォーマルな「社会参加」と呼ばれるボランタリー組織・団体でのネットワークは投票の方向付けに効果を持たなくなっていた。政党からの動員との交互作用を検討しても，「集票マシーン」として機能した痕跡を統計的に見いだすことは，少なくとも自民党，民主党への投票に関する限り，できなかった。

　さらに，政治制度に対する信頼感は，不信であるほど政権交代への促進力となり，民主党投票に結びついていた。信頼することが与党投票に結びついていたのは，2005年のみだった。一方，2009年の総選挙の敗者である自民党の側から見たとき，社会的寛容性の低い人々が支持者として残ったことは，政権交代という異質な変化への抵抗感が相当に強いものだったことを推測させる。

　以上のことは，2009年の政権交代において，社会関係資本の恩恵に与る上で選挙で負けることはプラスにはならないことを意味しているようである。動員によるコミュニケーションの効果は及ばず，団体・組織の政治バイアスに期待できず，寛容な人々を引きつけることもできず，制度信頼のプッシュももらえない。政治選択でマイノリティに陥ることが社会関係資本を失うことにつながる，ということでもある。

　一方，勝利した側も，社会関係資本論で素直に想定されがちなメカニズムの上で票を積み上げたわけではなかった。ふだん政治参加をしたり，政治について話さない人，政治制度の信頼ではなく不信を持つ人々の票が民主党に集まったことの意味を考えるべきだろう。その後の2010年，2013年の民主党の転落の1つの要因は，政治的な失敗のみならず，こうした脆弱な社会関係資本の上に勝利が立脚していたから，だとも解しうる。

　4節で見たように，有権者が政治を左右できるという内的な政治的効力感は向上しており，2009年，2012年と確かに政権交代という変化を引き起こ

したのであるが,その結果にも拘らず,市民が主体的に意味ある選択をしたという感覚が低下している(図1.25頁)。5.5の分析で見たように,意味ある選択感はかろうじて社会関係資本によって低下を押しとどめられている構図があり,社会関係資本そのものが弱化している側面が多いこと(4.2)に鑑みると,この国で「社会が政治を動かす」というダイナミックスの機能不全が大いに憂慮される。

2章
政党選択の幅と意味ある選択の理論：
日本の国政選挙1996年～2013年

1　人間行動の二重の制約と投票行動

　人間の行動は二重の制約を帯びている。

　第一は，自らがある態度対象に対して持つ評価と一貫した行動をとるように働く制約であり，いわば心理的な制約である。それは制約とは言いながら，態度そのものがある一定の幅の曖昧さを許容しているために，人間の行動を一意に決めるものではない[1]。投票行動の場合であれば，複数政党制の下で多くの有権者は態度の幅(latitude)を持っており，その幅の制約内で政党選択を行う傾向を持つ。日本の国政選挙は衆院選挙でも参院選挙でも選挙区と比例代表の2票を持つために，幅の中から2つの政党を選択して1票ずつ投票することもあり得る。

　第二に，人間は外的な環境によって，行動の代替選択肢をある一定数与えられている。外部環境上の制約である。政治においても時代の潮流のある特定の条件下では，その制約が劇的に打ち破られて革命が起きたり，より穏和な形では新党という新しい選択肢が出現することがある。とは言え，たいていの場合，たとえば投票では政党システムの再編成や脱編成(realignment or dealignment)を生み出す歴史的な条件が出現しない限り，制約の打破は試みられず，既成の政治環境内の政党ないし候補者の複数の選択肢の中から選択を行うことになる。たとえば21世紀はじめの日本には民族中心主義や環境保護にフォーカスした主要政党はなく，有権者の選択の範囲に入っていな

---

[1] 行動と意図との関連をメタ分析したシーラン(Sheeran, 2002)を参照のこと。ここでは行動意図は態度の強い関数であるが，意図は一意に行動に直線的に結びつかないことを示している。ただしシーランは，本書が焦点を当てる外的制約要因については全く触れていない。

い。それらを含まない政党群という制約の中から人々は投票先を選択せざるを得ない。それでもこの半世紀を振り返れば，日本でも新党がさまざまに誕生し，離合集散を繰り返してきた。新たに登場し，投票対象となりうる政党を含めた制約の下で日本人は選択，つまり投票せざるをえなかったことを前提として考察をしなければならない。

　本章の目的は，「政党選択の幅」の理論と，前章でも触れた「意味ある選択」という2つの概念的枠組みによって，日本の有権者の内的・外的制約の下での投票選択行動の動態を，日本の国政選挙の1996年から2013年までの間で明らかにすることである。

　この1996年から2013年のタイムフレームは二重の制約を検討するのに好都合である。政党の離合集散が生じ，1章の図10（40頁）に見たように民主党への政権担当能力評価が急上昇し，そして墜落した時期（1章では第二期としていた）であり，そうした変動がもたらす態度の幅とマクロな外部的制約の変化との連動や「意味ある選択」の評価へのインパクトが明らかに観察しうる期間である。

　前章では，日本の長期にわたる政治環境や社会環境に目を向け，かたや政治的アクターとしての政党が投票に向けていかなる働きかけとアピール力を持っていたか，かたや社会関係資本で総称しうる社会環境要因，つまり社会的アクターとしての市民の政治参加，社会参加，市民の有するネットワークや市民が抱く制度への信頼が投票の方向性に対していかなる意味を持ったかを，2009年の政権交代を軸に検討した。これに対して本章のフォーカスは「選択」である。投票という選択行動を取り巻く内的・外的な二重の制約が，選択そのものや選択が意味をもったという感覚に何をもたらしたか，を18年にわたるタイムフレームの中で検討する。

2　政党布置の歴史的文脈

　自民党は1955年の結党以来，1990年代初めまで，日本のマクロな政治環境の中に強力な対抗政党を持たずに来た。多くの有権者は経済が波に乗っていればそれを評価して自民党に投票し，失敗しても自民党以上に経済運営を果たせる政党はないと判断して自民党に投票する，などと揶揄されてきた。自民党の石田博英が「保守党のビジョン」を書き（1963年『中央公論』掲載），日本の産業や社会構造の変化が社会党への政権交代を招きかねないと警鐘を鳴らした時期もあったが，社会党はその機を利することができ

ず，自民党側からの対応，社会党の内紛と左傾化などを経て以後，多くの有権者にとって社会党は与党に対する異議申し立てのための政党と化していった。1989年の消費税導入と金権政治を巡るマドンナ旋風と呼ばれた選挙の際にも，それが参院選だったこともあり，決定的な政権交代の選択肢にはなり得なかった。「ダメなものはダメ」という当時の土井たか子党首の発言通り，異議申し立てとそれが持つ政治的な効力感以上の影響力を与えることはなかった。

　振り返ってみれば，1990年代になるまでには日本の政党布置が持っていた制度的な制約は徐々にほころびを来たしており，広範な範囲の有権者からの要求に応えきれなく成りつつあった（石川，2004）。政党の布置には空隙が生じつつあり，そこに新しい政党がゆるやかに芽を出し始めていた。1950年代には自民党と社会党以外の政党を支持する人々は都市圏でも2％しかなかったが，1972年には32％に増大していた。マクロな政党の布置が長い時間をかけて大きく変動し，民社党，公明党，新自由クラブ，社民連といった政党が空隙を満たそうとしていた。支持政党なしの増大も大きく，60年代前半は10％以下だったものが70年代後半にはすでに30％を越えていたのである（三宅・西澤・河野，2001）。

　1993年，ついに政党布置の流動化は再編成への胎動を生み出す。このときの総選挙で社会党は議席を半減させた一方で，政治改革の必然が叫ばれる中，自民党の党内抗争も相まって新たに誕生した保守系三新党のブームがその引き金となる。選挙後，細川非自民党連立政権が成立した。その後さらに中選挙区制から小選挙区比例代表並立制への制度的制約の移行を経て二大政党制に近い布置が形成され，制度変更を最大限に活用した小泉自民党政権を経て，1996年結党の民主党が2009年に政権を奪取するまでの変化が生じた。

　しかしこの政権交代は，皮肉にも，安定的な二大政党制の始まりではなく，民主党政権の失敗とともに，2012年末の総選挙で政権は再び自民党の手に戻る。そして対抗政党の分裂と消滅の中で，自民党への有力で対抗的で競合する政党を欠くマクロな政治環境が出現し，その下で自民党の安倍長期政権が成り立っている。それは平成から令和に改元された2019年7月の時点でも継続している。

　以下では，こうしたマクロな環境の転変の下で，日本の有権者のマイクロな投票行動の変化を，有権者の持つ選択のセット，有権者が投票や選挙結果に対して感ずる意義に焦点を当て，検討を進める。平成後期の歴史を政治的

アクターの闘争史としてたどるのではなく，内的外的な制約の下に置かれた有権者の選択の変化のダイナミックスのロジックとして吟味し，そこに投票選択行動として生じている通有性を発見しようとするのである。

3 意味ある選択と政党支持に対する態度の幅理論

二重の選択の制約下で，本章は二つの視点を提示する。マイクロな視点からは，有権者がいかに特定の政党を態度の幅の中から選択するのかを検討する。またマクロ視点からは，有権者に意味ある選択のセットを提供する制度的な制約を検討する。

3.1 態度の幅理論

まず，マイクロな視点から検討しよう。有権者は政党の布置のレンジの中から全ての幅を用いて投票選択をするのではない。全体の布置のうち，ある一定の幅の中で選択をする。

ツッカーマンら(Zuckerman et al., 2007)はイギリスとドイツの有権者の投票選択を検討し，いずれの有権者も選択可能なフルの幅を用いてはいないことを示した。イギリスにおける労働党投票者は労働党を選ばないときは棄権，保守党投票者も保守党を選ばないときは棄権しており，めったに他の政党に投票していなかった。フルの幅の中で票を移動してはいないのである。同様のことはドイツにおいても生じていた。ツッカーマンらはこうした選択の幅の狭さは，投票の社会的論理(social logic of voting)によって生じていると指摘した。つまり，家族などの対人的な環境が選択のレンジを制約しているのがここでの「論理」なのである。

彼らの説明は，特定の社会的な外的制約，つまり社会的コンテクストに基づくものであるが，本章では，内的な心理的態度の幅に注目し，その幅が政党選択の布置という外的な制度的制約の下で生じている点を検討する。

最重要の先行研究として，三宅(1985)の著書『政党支持の分析』が挙げられる。彼はその中で，有権者は政党支持に関してある範囲の幅を有していると論じた。つまり有権者が支持できる政党は一つとは限らず，その態度の幅に応じて複数もありうる，というのである。有権者は自分の支持する政党の反対の極にある政党の支持に乗り換えることはまずなく，したがって最左から最右，あるいは最右から最左に支持を移動させるのではなく，最左－最右の中のどこかの幅の中で，幅の中に入れて許容できる政党を支持するのだと

指摘した。ポイントは政党支持には3つのゾーンがあるという点である。第一は支持ゾーン（あるいは好きな政党のゾーン），第二は無関心ゾーン，第三は拒否ゾーンである。支持ゾーンには複数の政党が存在しうる。

三宅は拒否政党に関する回答（MA）と政党支持尺度[2]を用い，1967年から1976年までの国政選挙における政党支持の幅の複数のクラスター（三宅が用いた語は「カテゴリー」）を示した。つまりそれぞれが異なる支持ゾーン（支持の幅）を持つ複数の有権者群が存在するのである。そこで示された主なクラスターは次のようなものであった（三宅，1985, p.115）。公明党を除いた上で，自民党，自民党＋民社党，自民党＋社会党，全政党許容，である。彼はさらに進んで，有権者は自分の所属するクラスターの範囲の中で投票選択を行っていることを示した。

三宅の理論は，社会心理学では古典として名高いシェリフとホヴランドの「態度の幅理論」とよく類似している（Sherif & Hovland, 1961）。後者の理論では，ある態度対象に対して許容の幅，非コミットメントの幅，拒絶の幅の3つが想定されていた。三宅の言う政党支持の3つのゾーンに対応するものである[3]。

一方，両理論間には差異もある。

第一に，三宅はシェリフらが想定しているような，何らかの単一の対象に対する態度ではなく，複数政党システムの下での政党に対する態度でこの理論を適用している。

第二に，三宅は（この時点では）政党に対する感情温度計（政党に対する態度の感情的側面の指標と考えられる）を用いて「幅」を測定することに否定的であり，「幅」はそれ自身の「閾値」があるような離散変数であり，態度が示すような連続変数ではない，としている（三宅，1985, p.111）。この論点については筆書は問題があると考えている。というのは，三宅自身，政党支持はある政党に対する態度であると指摘しており，この点で一貫しないから

---

[2] 強い支持，弱い支持，支持しない（3問の質問でこれを構成する）で，通例一つの政党だけの尺度となるのが一つの難点であったことは，三宅も意識していた。

[3] 三宅は著書の脚注の中でシェリフのこの理論に触れているが（1985, p. 112, note 3），最初の発想は1967年の著名な共著（三宅・木下・間場，1967）の中で記されており，そこにはこの理論への言及はない。三宅との個人的なコミュニケーションによれば，当時はそのことに気づいていなかったと，述懐している。つまり，独立して類似の3つの幅を構想したのである。

である。シェリフたちの研究も態度に関する理論化だった。

　第三に，三宅は選択の外的な制約であるマクロな政党の布置が持つ選択の範囲の制約，つまり本章冒頭で挙げた外部環境的な制約，あるいは次項で述べるシュミットらの包括性についてはよく意識していた。しかるに，よく知られたようにシェリフらはその理論的な発展として受容と拒否の幅に関して同化と対比の概念を用いて議論を進めたが，包括性については何ら注意を払った形跡はない。それは態度概念の想定の外であったためと思われる。

　本章では，複数政党という複数の態度対象を同時に選好しうる対象とし，かつ政党選択において外部環境的な制約は重要な所与の要件だと考えるので，シェリフらに与することはできない。三宅の第二の点を更新することで議論を先に進めたい。

　この議論に先立ち，より新しい三宅(1998)の研究に触れておこう。JES II データを用いて支持の幅概念の実証を改めて行ったものである。三宅のこの著作では，政党支持を政治的態度の中で最も安定したものであると断じた上で，政党支持の幅の測定方法が複数あると述べ，それぞれの利点と不利点を検討している。挙げられた測定方法は，(1)パネルデータから政党支持の変動を測定しこれをそのまま支持の幅とする方法(支持軌跡の尺度)，(2)支持政党と拒否政党で支持の幅を推定する方法(支持－拒否による尺度)，(3)感情温度計で支持の幅を推定する方法(政党評価による尺度)，である。

　分析はそれぞれ詳細であるが，支持の幅が多様すぎ(それぞれ10カテゴリー以上)分類から先の展開が難しそうなこと，尺度作成の概念的根拠が曖昧であることが問題として指摘できる。後者のポイントに関しては，拒否政党が少ない場合は感情温度20度以下を拒否政党と見なす(2)の方法，「支持政党」＋「非支持政党で感情温度60度以上の政党」を合わせて支持政党の幅の内側とする(3)の方法など，必然的なカテゴリー化になりえていないと考えられる。

　三宅はさらに進んで，支持の幅尺度を「党派的類型」に進めることで概念的な明晰さを得ようとしたが，保革自己イメージと合わせてそれを行ったため，自己イデオロギーを分類するようなアプローチとの差異が不明確となった(党派的類型は「保守」「準保守」「保守的中間」「中間」「準革新」「革新」「支持なし」)ため，以下では1985年の方の三宅の理論化を更新するかたちで，先に進めたい。

　三宅の研究の後，英語圏では投票選択に関し，ダイアモンドら(Diamond

& Cobb, 1996)が選択の幅の理論を提出した。彼らの分析はアメリカの二大政党という制度的枠組みの中で行われたこともあり，多数政党の布置を考えたわけではない。したがって実証はシンプルで，政治的態度には幅があり，強い態度を有する人は態度の幅が狭く，そのために大統領選の候補者に対する許容可能な選択の幅まで狭くなることを1992年大統領選挙の調査データで示してみせた[4]。それ以後の態度の幅の研究は極めて少なく，巨大なエンサイクロペディアの中の2項目であったり（Atkin & Smith, 2008; Kunczik, 2008），消費者行動の論文に出現しているのみである（Casado & Ferrer, 2013）。

　研究は少ないながら，態度の幅の概念には次のような二つの利点があり，そのためにさらに発展させる必要がある。第一に，複数政党制の下での複数投票の選択を検討するための理論的ベースとして有用である。第二に，外的環境であるマクロレベルの「意味ある選択のセット」とマイクロレベルでの政党選択の幅は互いに相互依存的であり，社会科学において重要なマイクローマクロ関係の検討に対して貢献するからである。

3.2　許容可能な政党選択の幅の定義

　マイクロレベルでの選択の幅を検討するため，ここでは三宅の測度を改変し，政党に対する感情温度と拒否政党とを共用する。これは三宅の定義以上に政党に対する態度の感情的側面を強調することになる。こうして構成される「許容可能な政党選択の幅」は態度の幅概念一般の特殊ケースだと考える。「政党支持」変数を用いたときに生じるような調査の実践レベルで一党のみ尺度値が得られる，という測定上の問題からも自由となる。

　許容可能な政党選択の幅の基本的な概念を図1に示す。これはある一つの政党が選択しうる許容ゾーン（三宅は支持ゾーンと呼んでいた）に含まれるかどうかの分布を示した散布図である。感情温度計の反応の分布は有権者全体でしばしば図のように釣り鐘型の分布を持ち，拒否はその温度がある一定以下の点で確率を上げる。この政党に対する感情温度が高いほど，当該投票者にとってこの政党が許容ゾーンに入る可能性が高くなる。また感情温度を低い方向にたどると，あるポイントで当該政党は許容ゾーンから脱落する。つまりこの政党を拒否する確率が高くなり，その率がある感情温度以下で十分

---

[4] ダイアモンド（Diamond, 2001）はその後も候補者評価や政治的代表制について許容可能な幅の議論をしているが，思考実験に留まっている。

図1　許容可能な政党選択の幅の基本となる散布図のモデル

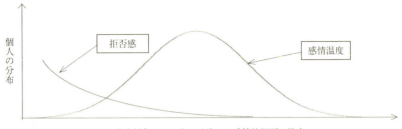

な値に達したとき，拒否ゾーンに落ちる。それ以下の温度では拒否ゾーンが続く[5]。横軸は感情温度を示すのみならず，許容か拒否かの行動的なポイントを示す軸でもある。

　意思決定の科学のロジックから見ると，この議論はサイモンの満足化の議論に近い。ある選択肢は最適でなくとも「満足できる(satisficing)」レベルを持つことを彼は指摘し，社会科学全体に大きなインパクトを与えた(Simon, 1945)。本章では，横軸は感情温度を表すとともに，拒否の分布を入れたことで，どこが行動を引き起こしてもよいか，つまりどこからが選択許容でどこからが拒否となるかのポイントを示してもいる。サイモンの満足化とは，この文脈では選択許容のゾーンに入ることを意味している。

　さらに重要なポイントは，他の政党に関しても同様の許容可能な政党選択の幅の散布図が描けるという点である。ある投票者にとっては複数の政党が許容可能な幅の中(許容ゾーン)に入りえ，また他の投票者にとっては一つの政党のみが許容ゾーンにあり，さらに別の投票者にはどの政党も許容ゾーン内，ということが起こりうる。

　一つの例を図2に示す。ある有権者の三つの政党に対するそれぞれの立ち位置を図中の縦線で示す。この有権者は政党Aと政党Cが許容可能な幅の中にあり，政党Bは拒否ゾーンに落ちている。BとCへの感情温度はCの方が低いが拒否感はないため許容されるが，Bに対しては拒否感が勝る。この有

　5　ここでは拒否のレンジは離散変数で0か1かの2値で測定されるべきものとは必ずしも想定しない。もっとも実際の測定となると本論の中では大多数は0／1で測定しているが，2013年の測度のように拒否なし，拒否，強い拒否と三段階の評定をしている場合もある(後述)。

権者の中では許容政党は二つの党だが感情温度は政党Aがはるかに高いので，政党Aに投票する確率はかなり高いが，二票を投じるなら，他の状況から政党Cに票を分割することもありうることと考えられよう。政党Bへの投票はないだろう。

ここではじめて，非コミットメント（無関心ゾーン）を定義することができる。以上の説明では非コミットメントがどこにあるか不明であった。それは一つの政党に対して定義できるものではないからである。じっさい投票行動そのものは一つの政党に対する許容ゾーンと拒否ゾーンだけで決まるものではなく，全ての政党への二つのゾーンによって選択の幅が決まり，その幅の中で投票が生じる。「非コミットメント」とは全ての政党に対して，(1) 拒否ゾーンが全体的に狭く（各党に対し拒否になる感情温度が低く，拒否感情を

図2　3つの政党に対する選択の幅

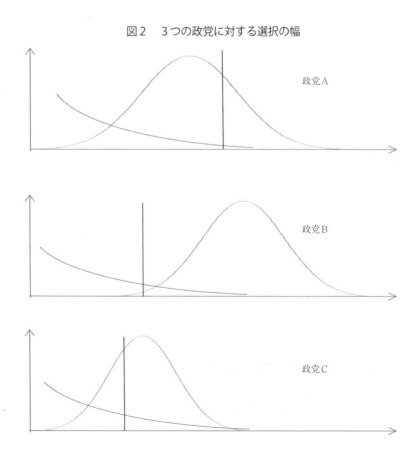

なかなか持つに至らない)、また(2)感情温度の政党ごとの分散が小さく、しかも温度がとりわけて高くない、つまり比較して選択するほどの選好を持ちうるまでの温度に達しないときに、これを非コミットメントと呼ぶ。非コミットメントゾーンの有権者は投票の選択においてもそれを「意味ある選択」と認識する可能性が低いだろう。後に触れるように、非コミットメントは無関心と近い。

3.3 意味ある選択：シュミットとヴェッセルズの投票選択のセット理論

投票も含めて、政治参加は、参加することでそれが何らかの効力感をもたらすとき、参加がさらに促進され、また参加によって関与したことの意義・意味合いを感じられるという好循環を持つ。その感覚は、伝統的には内的政治的効力感として測定されてきた。

ここで新たに導入する「意味ある選択」の考え方はこれと類似するが、少し異なる。有権者が自分にとってクリティカルな(決定的な)選択ができる政党選択が可能だと認識するとき、言い方を変えれば、有権者が自分にとって選択許容な範囲が制度的な制約をはみ出すことがなく、現行の政治環境で存在する諸政党がもたらす選択肢群という制約の中に収まっており、制約の内側に選択したい／選択するに値すると認識される対象(政党であれ候補者であれ)があり、そのことによって他の対象を選択するより当該選挙によって決定的な差異と帰結をもたらしうると認識するとき、これによって初めて有権者は「意味ある」(meaningfulな)選択ができたと実感し、参加が促進される、と概念化される。

この考え方を導入したCSESプロジェクトでは、「選挙で誰に投票するかどうかで大きな違いがあると思いますか」「誰が政権を担うかで大きな違いがあると思いますか」という設問に対し、どれだけ肯定的に回答できるかを5点尺度で測定することで、「意味ある選択」の認識の測定を行ってきた。1章では日本において1996年〜2018年の間にその反応がどう推移したかを示した(1章図1、25頁)。この二つの反応をまとめて、本章では主観的なマクロ環境の認識と呼ぶ[6]。

意味ある選択の認識が政治的効力感と異なる点は、政治的に内的・外的な

---

6 この測度を用いた比較政治学的な研究はヴァウルズ(Vowles, 2008, 2010)などに見られる。

制約をより反映しうるような概念であることである。効力感は政党の布置のあり方や選択可能な範囲など客観的な政党の条件(外的制約である政治環境)には直接概念的に対応してはいなかった。CSESの設計意図はここにあった。さらにCSESではなく本章の概念化だが，内的な制約面では選択の幅という，トランプゲームで言えば切りうるカードのセットのような選択面の特性，すなわち選択の幅，を効力感は想定してはいなかった。

シュミットとヴェッセルズはCSES3の主テーマを議論する論考の中で(Schmitt & Wessels, 2005)，ロバート・ダールの「意味ある選択」の議論を引用し，次の区別を行った。つまり，意味ある選択を「競合と対立」(contestation)と「包括性」(inclusiveness)から見ようというのである。競合と対立とは，当該の政党システムが政党間の競争と支持の争奪を内包する政治的選択肢を有している程度を指し，包括性はこの競合と対立の布置が政治選択に対する有権者の要求に応えるだけの幅(レンジ)を有している程度を指す。これらは，マクロなレベルで政党システムが持つ制約の内実であり，政治制度上のサプライサイドから意味ある選択の内実を示したものと言えよう。有権者はそれらを認知することで，投票や選挙結果が意味ある選択だったかを判断する一方の材料とする。

シュミットらは，こうしたサプライが有権者自らの要求，つまりデマンドとうまくマッチできていると有権者が認識したときに，「意味ある選択」をしたという認識の度合いが高まると論じた。

では，デマンドサイドは何によって規定されるのだろうか。彼らは，政党の政策，イデオロギー，実績(policies, ideologies, and performance)という3つの次元を指摘した。そのそれぞれにおいて，サプライサイドでデマンドに適合する政党が投票対象の選択肢として存在するのかどうか，である[7]。

このデマンドサイドの要因は，競合と対立を生み出す政党間の比較を主に念頭に置いたものであったが，これを再整理しよう。詳細は後述するが，イデオロギー的な一次元上の競合と対立に加え，個々の政党それら自体が持つアクター的な能力と実績もまた政治的な選択手がかりとして有権者のデマン

7　ヴェッセルズらの後続論文(Wessels & Schmitt, 2008)は最初の論文とは概念的な含意が異なるので，最初の論文の方に基づいて議論を行う。つまり，包括性と競合・対立は最初の論文でのみ用いられていること，また「意味ある選択認識」を本章ではマクロな政治環境の心理的な概念化として用い，投票参加か棄権かというより，政党選択という意思決定に焦点を当てたいこと，この二点により，そうする。

ド適合認識と投票選択にインパクトを与えると考えるのは必然である。

　本節をまとめると，投票選択は，第一に，政党に対する態度がもたらす内的な制約の面から見て許容可能な選択の幅の関数であり，また第二に，外的な制約の面から見ると，シュミットらの言うような競合する政党の持つ包括性，政党間の競合と対立があり，さらに各党やそのリーダーがもたらす政治的な選択手がかりの関数である，と考える。歴史的にはしばしば政党に対する態度の指標として政党支持概念が用いられてきたが，ここではそれを「受容可能な投票選択の幅」概念に置き換えて検討を進める。

4　仮説の構成

　次に本章で考えられる仮説を構成していこう。内的制約と外的制約に関する理論的な問いを含めた仮説（H: Hypothesis）である。H1は内的制約，H2が外的制約に関わるデマンドサイドの要因がもたらす投票への効果，H3とH4が外的制約たるマクロ要因（サプライサイド）の主観的認知と，サプライとデマンドのマッチングについて検討するものであり，RQ（Research Question）はマイクロとマクロの関連性の有無とその程度の検討に向けられる。

4.1　マイクロレベルの仮説

　本章の主たる焦点はマイクロレベルにあるので，そこから仮説を立てていこう。

H1：投票は有権者の持つ許容可能な政党選択の幅の内側で生じる
　これは三宅の知見（1985）と一貫する予測である。

　次に，マクロな政党選択の幅がどれだけの幅であろうとも，それがマイクロレベルでの選択の幅より広い限り，マクロな政党選択の幅が投票選択そのものに影響を及ぼすことはないだろう。それが通常時の政治環境だと考えられるが，そうした条件の下で，次の予測をする。

H2：投票選択は，態度の幅を統制すると，次のデマンドサイド要因の関数となる
　H2a：競合と対立要因としてイデオロギーの差異は投票選択に有意な効果を持つ

H2b：政治的選択手がかりは投票選択に有意な効果を持つ

競合と対立は政党間のイデオロギー的立場の距離（差異）として認識され，政治的選択手がかりは，政党やそのリーダーの能力と実績（パフォーマンス）の評価から成る。

ここで提案する政治的選択手がかりは，イデオロギー距離のような，一次元上に並んで意味ある選択の幅の空間を創り出す政党間の要因ではなく，むしろ政党内の要因である。その要因の中で「能力評価」は投票に対して将来期待的（プロスペクティブ）に作用し，「実績評価」は逆に過去評価的（レトロスペクティブ）に作用する。

能力評価も実績評価も政党間での比較はありうるが，競合と対立という語に含意されるようなイデオロギーの自己評定と自民党の位置，自己と民主党，自民党と民主党との距離認知といった，複数政党と自己の絡まる連続的な一次元上に並ぶ要因ではない。両評価は自己にとっては選挙時の選択の客体である政党や政党リーダーの個々の性能／パフォーマンスの評価であろう。

より特定的には，第一に，政権政党ないし首相の評価として内閣業績評価を指標とする。よく知られているように，この変数は投票選択において重要なものである（Fiorina, 1981）。日本では実績は内閣業績評価でのみ測定されることがほとんどで，競合と対立要因に見るような比較はできない。また第二に，主要政党の一般的な能力評価をも導入する。それは日本の選挙の歴史的文脈では重要な投票選択の貢献要因であった（池田, 2005; 山田, 2017）。さらに第三に政治リーダーの能力評価を採用する。1章で党首評価の持つ意味を論じたことに対応する[8]。

4.2 マクロレベルの仮説

マクロレベルの仮説として，意味ある選択の認識を検討する。ただし仮説のテストはサーベイデータによって行われる。つまり，マクロレベルの現象を有権者がどのように主観的に認識しているかをマイクロレベルのデータで

---

[8] 本章ではシュミットらの言う政策次元については検討を回避する。分析対象となるいくつかの選挙において，比較可能な形でこの次元の変数を揃えることができないためである。

検討していく[9]。

H3：政党システムの包括性が低いほど，意味ある選択認識は下がる

　マイクロな測定上は，同一政党システム内，具体的には日本の政党システムの下で，諸政党への拒否感が低いほど，また諸政党に対する感情温度が高いほど，より包括性が実現されている度合いが高いと判断する。拒否の少なさや感情温度の高さは，それに該当する政党が選択に値すると認識されている可能性が高いからである。

H4：政党間で競合と対立要因を増進する要因があれば，意味ある選択の認識は広がる

　マクロなレベルでの政党間の競合と対立要因はマイクロレベルでの政党間の差異として認識されるだろう。政治的選択手がかりも同様であると考えられる。
　したがって，マイクロレベルの分析では，
　H4a：政党間のイデオロギー距離による差異認識は意味ある選択の認識を増進する
　H4b：個々の政党の要因である政治的選択手がかりの明確さもまた，意味ある選択の認識を増進する

RQ：マクロレベルの意味ある選択の認識は，マイクロレベルの政党選択の許容幅の関数である

　最後に，マイクロレベルとマクロレベルとの関連性として，このRQでは許容可能な政党選択の幅は投票選択を規定するのみならず，意味ある選択の認識に対してもインパクトをもたらすかどうかを吟味する。どれほどの許容幅を持つかによって，「意味ある」との受けとめ方は異なるはずである。より具体的には，複数政党が入る許容幅の中で，そのうちの一つの政党が政権政党になる可能性が高いとある有権者が認識しているほど，そうでない場合より，意味ある選択認識は高いだろう。逆に，自分の許容可能な幅の中に政

　9　マクロレベルの現象を有権者の主観を経ずに検討することは本論の射程にはない。それを行うには，より長期的ないし比較政治的に包括性，および競合と対立要因の多様な客観データを取得し，それらが直接的に意味ある選択認識と投票選択を規定していることを示す必要があるだろう。これらは今後の重要な課題である。

権政党になる政党がなく，自分の投票が選挙結果に対して効力を持つと認識しなければ，意味ある選択認識は低くなるであろう[10]。また非コミットメントの有権者の意味ある選択認識は全般的に低くなるはずである。

5　用いるデータ：1996年～2013年

ここで用いるデータは日本の国政選挙のデータで，意味ある選択の認識を継続的に取得してきたCSESの項目群を含む調査，および同様の国政選挙データで意味ある選択の認識の質問項目を含む調査を主たる分析対象とする。

具体的には，
(1) 1996年の衆院選調査(CSES 1を含む。JEDS 96調査)
(2) 2001, 2003, 2004, 2005年の衆院選／参院選を含むパネルデータ(JES III)
CSES 2は2004年参院選時に実施
(3) 2007, 2009, 2010の衆院選／参院選を含むパネルデータ(JES IV)[11]
(4) 2013年参院選調査を含むパネルデータ(WASC調査)
CSES 4は2013年参院選時に実施
の各データセットである。

下記に用いる独立変数は選挙調査ごとによる変動が多少ともあるので，結果の記述ともに変数の説明を行っていく。

6　マイクロレベルでの分析：投票選択の幅の基本的検討

6.1　投票選択の許容幅

投票選択の許容幅は，1996, 2001, 2003, 2004, 2005, 2007, 2009, 2010, 2013年の各選挙調査データから検討可能である。

図1(66頁)のモデルに基づけば，感情温度計で低いスコアを記録した政党が拒否政党とされる可能性が高くなるはずである。この前提をまず検討す

10　投票する当該の政党や候補者の議席が確保できれば，それなりの「意味感」が生じることを否定しない。ここでのRQはそれが焦点ではない。

11　CSES 3は2007年参院選時に別途データを取得したが(池田謙一(研究代表)による2006～2008年度科学研究費基盤研究(A)。ABS2とのパネル調査)，本章の2007年選挙の多変量解析ではJES IVデータを用いた。継続データがあり，意味ある選択の認識も測定できていたためである。

表1　感情温度の五分位における拒否政党率

1996年の感情温度	自民	民主	新進	社民	共産	2007年の感情温度	自民	民主	公明	社民	共産
第一 五分位	0.28	0.11	0.37	0.30	0.71	第一 五分位	0.27	0.16	0.48	0.42	0.75
第二 五分位	0.02	0.03	0.17	0.15	0.50	第二 五分位	0.09	0.00	0.26	0.15	0.52
第三 五分位	0.00	0.01	0.06	0.06	0.35	第三 五分位	0.02	0.02	0.12	0.11	0.37
第四 五分位	0.01	0.01	0.00	0.03	0.15	第四 五分位	0.02	0.00	0.09	0.04	0.18
第五 五分位	0.00	0.00	0.02	0.01	0.02	第五 五分位	0.01	0.00	0.05	0.01	0.07
平均値	0.07	0.03	0.13	0.10	0.36	平均値	0.08	0.04	0.21	0.14	0.38

2001年の感情温度	自民	民主	公明	社民	共産	2009年の感情温度	自民	民主	公明	社民	共産
第一 五分位	0.23	0.08	0.47	0.17	0.71	第一 五分位	0.38	0.18	0.57	0.31	0.66
第二 五分位	0.01	0.03	0.26	0.06	0.40	第二 五分位	0.16	0.00	0.32	0.20	0.48
第三 五分位	0.01	0.02	0.08	0.03	0.37	第三 五分位	0.02	0.01	0.14	0.14	0.33
第四 五分位	0.00	0.01	0.06	0.01	0.12	第四 五分位	0.02	0.01	0.07	0.03	0.11
第五 五分位	0.01	0.00	0.02	0.00	0.10	第五 五分位	0.00	0.01	0.03	0.01	0.07
平均値	0.05	0.03	0.18	0.06	0.34	平均値	0.09	0.05	0.24	0.14	0.32

2003年の感情温度	自民	民主	公明	社民	共産	2010年の感情温度	自民	民主	公明	社民	共産
第一 五分位	0.22	0.11	0.51	0.33	0.72	第一 五分位	0.31	0.25	0.50	0.43	0.69
第二 五分位	0.03	0.01	0.25	0.17	0.43	第二 五分位	0.12	0.00	0.36	0.21	0.44
第三 五分位	0.01	0.01	0.14	0.13	0.34	第三 五分位	0.03	0.03	0.23	0.14	0.35
第四 五分位	0.01	0.00	0.06	0.06	0.20	第四 五分位	0.00	0.01	0.08	0.03	0.14
第五 五分位	0.01	0.01	0.02	0.04	0.09	第五 五分位	0.02	0.00	0.06	0.02	0.13
平均値	0.05	0.03	0.20	0.14	0.36	平均値	0.10	0.06	0.23	0.16	0.34

2004年の感情温度	自民	民主	公明	社民	共産	2013年の感情温度	自民	民主	維新	公明	共産
第一 五分位	0.26	0.12	0.52	0.30	0.70	第一 五分位	0.80	0.88	0.45	0.60	0.66
第二 五分位	0.04	0.01	0.29	0.16	0.47	第二 五分位	0.09	0.38	0.10	0.18	0.31
第三 五分位	0.02	0.01	0.16	0.07	0.36	第三 五分位	0.06	0.08	0.03	0.04	0.16
第四 五分位	0.02	0.00	0.07	0.06	0.14	第四 五分位	0.01	0.04	0.01	0.02	0.04
第五 五分位	0.03	0.00	0.01	0.03	0.09	第五 五分位	0.01	0.03	0.01	0.03	0.03
平均値	0.07	0.03	0.22	0.12	0.34	平均値	0.21	0.27	0.12	0.16	0.24

2005年の感情温度	自民	民主	公明	社民	共産
第一 五分位	0.29	0.16	0.58	0.35	0.73
第二 五分位	0.05	0.03	0.26	0.20	0.45
第三 五分位	0.02	0.01	0.12	0.15	0.40
第四 五分位	0.00	0.00	0.06	0.04	0.32
第五 五分位	0.00	0.00	0.02	0.01	0.10
平均値	0.06	0.04	0.21	0.15	0.39

* 数値は各政党の感情温度計五分位のそれぞれで同政党に対する拒否の割合を示す。

るために,表1において各主要政党について感情温度計の五分位ごとに拒否政党となる率を表示した。結果は明瞭に,第1五分位(感情温度が最低のグループ)において,例外なしに拒否率が最大になっていることが観測される[12]。また,第2五分位では拒否率は概ね第二位となり,第3五分位では拒否率は第三位となっている。したがって,モデルで想定した前提は満たされていると考えられる。

6.2 許容可能な政党選択の幅のクラスター

各年別に許容可能な政党選択の幅の群(クラスター)を析出するために,次の手順でハイブリッド型のクラスター分析を行った。この手法は大隅ら(1994)の手法の筆者による改良型である。

(1) k-means法によるクラスター分析を複数回重ね,可能な限り同質的なクラスターを15～20群析出する[13]。用いる変数は主要5党に対する感情温度計と拒否率である[14]。

(2) Wardの階層的方法に基づき,上記1のクラスター群を階層化し,これに基づいて全体の最終クラスター数の決定を行う。

(3) 前記手法2で得られたクラスター数とそのそれぞれの統計値(各党の感情温度と拒否率)を初期シードとして再度k-means法で分析を行う。このときにシングルトン(下記注13参照)も合わせて分析対象とする。

この一連のプロセスを経て析出されるクラスターは,単一のクラスター分析に基づくより安定した結果をもたらす。

結果は表2に見るとおりである。各分析年において,析出したクラスターに命名し,その率と頻度を記し,各クラスターの感情温度計平均値と拒否政

---

12 2013年だけは拒否政党は3点尺度で尋ねられている(拒否なし,拒否,強い拒否)。そのために表1での拒否政党の平均スコアはこの年だけ他より高い。

13 全体のサンプルからランダムに50％析出した下位サンプルに基づきクラスター分析(k-means法,5群指定)を3度行い,その結果を3組の初期シードとする。この初期シードを用いてさらに全サンプルでk-means法での3回のクラスター分析を行い,その結果で三重クロス表を作成すると,最小単位の安定度の高いクラスター群が出現する。その数は経験的には15－20となる。次の手続き(2)で用いるのは,クラスター内のサンプルが2以上の群とする。他と類似性が低くクラスターを構成しないサンプル1の「シングルトン」は手続き(3)で戻す。

14 各概念の変数の上限の数値を揃えた。なお1996年と2013年のオリジナルの感情温度計は11点尺度であった。

表2　政党選択の幅のクラスター：1996 ～ 2013年

1996年	%	度数	拒否政党回答率 自民	民主	新進	社民	共産	感情温度(1996と2013は10点評価) 自民	民主	新進	社民	共産	投票(2票) 自民	民主	新進	社民	共
1. 自民新進温・共産拒否	34.7	331	0.00	0.01	0.00	0.11	1.00	6.51	5.22	5.23	3.90	1.92	0.86	0.24	0.48	0.04	0.
2. 新進拒否	11.8	112	0.09	0.03	1.00	0.04	0.24	5.52	5.22	2.40	4.47	3.77	0.68	0.37	0.00	0.17	0.
3. 自民拒否・新進温	6.7	64	1.00	0.00	0.02	0.13	0.22	2.64	4.92	5.39	3.94	4.13	0.06	0.22	0.84	0.09	0.
4. 共産温・他拒否	1.5	14	0.79	0.79	0.93	0.86	0.21	2.57	2.50	1.43	2.07	6.29	0.21	0.07	0.07	0.00	1.
5. 平均的・拒否小	45.3	432	0.00	0.02	0.00	0.09	0.00	5.64	5.08	4.76	4.12	3.80	0.66	0.18	0.39	0.09	0.
合計	100.0	953	0.09	0.03	0.13	0.10	0.39	5.68	5.10	4.64	4.04	3.20	0.69	0.22	0.41	0.08	0.

2001年	%	度数	自民	民主	公明	社民	共産	自民	民主	公明	社民	共産	自民	民主	公明	社民	共
1 自民温・共産拒否	25.2	520	0.0	0.0	0.0	0.0	1.0	56.8	42.3	40.2	31.3	15.9	0.93	0.18	0.21	0.03	0.
2 自民温・社共拒否	5.4	111	0.0	0.2	0.3	1.0	0.7	58.4	34.9	29.1	14.0	13.2	1.17	0.19	0.10	0.01	0.
3 野党温・自民拒否	5.1	106	1.0	0.0	0.3	0.0	0.1	19.4	47.8	24.9	46.1	43.3	0.14	0.53	0.04	0.14	0.
4 公明拒否	15.2	314	0.0	0.0	1.0	0.0	0.3	44.6	44.8	17.8	36.1	29.9	0.56	0.34	0.01	0.11	0.
5 平均的・拒否小	49.0	1010	0.0	0.0	0.0	0.0	0.0	52.3	45.0	37.2	39.1	33.2	0.67	0.25	0.09	0.06	0.
合計	100.0	2061	0.1	0.0	0.2	0.1	0.3	50.9	43.9	33.9	35.7	27.8	0.72	0.26	0.11	0.06	0.

2003年	%	度数	自民	民主	公明	社民	共産	自民	民主	公明	社民	共産	自民	民主	公明	社民	共
1 自民温・共産拒否	29.7	638	0.0	0.0	0.0	0.2	1.0	61.8	45.2	42.4	23.8	13.5	1.17	0.48	0.23	0.02	0.
2 自民温・公共拒否	6.5	140	0.0	0.1	1.0	0.4	1.0	57.6	48.1	14.3	19.4	11.1	1.02	0.65	0.03	0.07	0.
3 民主温・公明拒否	12.0	258	0.0	0.0	1.0	0.1	0.0	44.3	52.9	18.2	30.7	33.9	0.45	1.02	0.02	0.07	0.
4 野党温・自民拒否	5.2	112	1.0	0.0	0.3	0.0	0.0	21.8	53.7	21.2	36.8	40.4	0.24	1.11	0.04	0.25	0.
5 平均的・拒否小	46.6	1002	0.0	0.0	0.0	0.1	0.0	52.9	49.3	37.4	34.1	32.7	0.88	0.60	0.09	0.06	0.
合計	100.0	2150	0.1	0.0	0.2	0.1	0.4	53.2	48.7	34.2	29.8	26.1	0.90	0.64	0.11	0.06	0.

2004年	%	度数	自民	民主	公明	社民	共産	自民	民主	公明	社民	共産	自民	民主	公明	社民	共
1 自民温・民主拒否	2.4	50	0.0	1.0	0.0	0.4	0.6	62.0	22.1	63.4	19.3	13.2	1.00	0.12	0.81	0.00	0.
2 自民温・共産拒否	27.0	570	0.0	0.0	0.0	0.2	1.0	58.1	47.2	41.5	26.5	17.0	1.01	0.54	0.19	0.03	0.
3 民主温・公共拒否	6.0	127	0.1	0.0	1.0	0.3	1.0	49.6	52.1	18.1	22.6	13.0	0.72	1.07	0.01	0.03	0.
4 野党温・自民拒否	6.6	140	1.0	0.1	0.3	0.0	0.0	24.8	53.0	23.0	37.3	44.8	0.20	1.10	0.02	0.10	0.
5 野党温・公明拒否	13.7	289	0.0	0.0	1.00	0.0	0.0	41.8	51.9	19.7	34.8	34.5	0.26	1.11	0.03	0.11	0.
6 平均的・拒否小	44.4	939	0.0	0.0	0.0	0.1	0.0	51.5	49.2	39.7	35.4	34.9	0.71	0.66	0.14	0.04	0.
合計	100.0	2115	0.1	0.0	0.2	0.1	0.3	50.3	48.8	35.6	31.9	28.8	0.71	0.73	0.14	0.05	0.

2005年	%	度数	自民	民主	公明	社民	共産	自民	民主	公明	社民	共産	自民	民主	公明	社民	共
1 自民温・共産拒否	23.3	354	0.0	0.0	0.0	0.0	1.0	61.3	46.2	45.3	28.8	16.8	1.15	0.52	0.19	0.02	0.
2 自民温・社共拒否	12.9	195	0.0	0.1	0.0	1.0	0.7	68.6	39.6	49.5	14.5	14.0	1.39	0.32	0.20	0.00	0.
3 民主温・公共拒否	6.3	96	0.0	0.0	1.0	0.3	1.0	50.2	57.6	16.9	21.8	11.8	0.71	1.05	0.02	0.05	0.
4 野党温・自民拒否	5.8	88	1.0	0.1	0.6	0.0	0.1	16.0	50.7	14.4	49.4	50.6	0.03	1.09	0.00	0.19	0.
5 野党温・公明拒否	11.3	171	0.0	0.0	1.00	0.0	0.0	44.6	52.9	16.5	36.9	39.4	0.43	1.02	0.03	0.09	0.
6 平均的・拒否小	40.4	613	0.0	0.0	0.0	0.0	0.0	55.1	48.3	40.0	34.1	32.5	0.93	0.57	0.14	0.04	0.
合計	100.0	1517	0.1	0.0	0.2	0.2	0.4	54.5	47.9	36.9	30.8	27.0	0.93	0.64	0.13	0.04	0.

2章 政党選択の幅と意味ある選択の理論：日本の国政選挙1996年～2013年

表2 政党選択の幅のクラスター：1996～2013年（続き）

			拒否政党回答率					感情温度(1996と2013は 10点評価)					投票(2票)				
07年	%	度数	自民	民主	公明	社民	共産	自民	民主	公明	社民	共産	自民	民主	公明	社民	共産
自民温・民主拒否	2.6	43	0.0	1.0	0.0	0.0	0.5	0.7	74.4	16.8	58.0	12.4	12.0	1.24	0.00	0.21	0.00	0.00
自民温・公社共拒否	2.4	40	0.0	0.3	1.0	1.0	0.9	60.1	43.0	26.1	13.9	13.2	0.77	0.73	0.00	0.07	0.00
自民温・共産拒否	28.0	468	0.0	0.0	0.0	0.2	1.0	56.0	49.6	43.0	29.0	19.8	0.87	0.61	0.12	0.02	0.00
民主温・公明拒否	14.6	244	0.0	0.0	1.0	0.0	0.3	43.4	60.4	21.7	39.8	35.2	0.18	1.11	0.01	0.12	0.20
野党温・自民拒否	7.2	120	1.0	0.0	0.3	0.0	0.1	21.3	63.3	27.8	50.2	47.4	0.05	1.10	0.04	0.11	0.23
平均的・拒否小	45.3	758	0.0	0.0	0.0	0.0	0.0	49.1	53.1	40.2	38.2	36.7	0.50	0.76	0.10	0.03	0.10
計	100.0	1673	0.1	0.0	0.2	0.1	0.4	49.1	52.7	37.5	35.4	31.3	0.55	0.78	0.09	0.04	0.09
09年	%	度数	自民	民主	公明	社民	共産	自民	民主	公明	社民	共産	自民	民主	公明	社民	共産
自公温・民主拒否	3.6	40	0.0	1.0	0.0	0.2	0.1	65.3	24.6	46.0	25.8	23.5	1.41	0.25	0.09	0.00	0.09
自民温・社共拒否	12.4	137	0.0	0.1	0.2	1.0	0.7	54.7	48.0	37.9	18.3	19.9	1.11	0.61	0.07	0.01	0.04
自民民主・共産拒否	21.8	242	0.0	0.0	0.0	0.2	1.0	49.8	52.8	36.9	31.8	20.0	0.79	0.95	0.12	0.04	0.01
民社共温・自公拒否	8.4	93	1.0	0.0	0.9	0.0	0.0	17.3	68.0	21.1	48.6	46.3	0.03	1.50	0.01	0.15	0.23
平均的・拒否小	53.8	597	0.0	0.0	0.0	0.0	0.0	44.0	53.5	34.1	38.3	36.7	0.52	1.05	0.06	0.09	0.10
計	100.0	1109	0.1	0.0	0.1	0.1	0.2	45.1	52.9	34.5	34.8	31.3	0.64	0.98	0.07	0.07	0.08
10年	%	度数	自民	民主	公明	社民	共産	自民	民主	公明	社民	共産	自民	民主	公明	社民	共産
自公温・民共拒否	2.9	51	0.0	1.0	0.0	0.6	0.9	63.5	17.9	46.0	17.4	14.6	1.38	0.02	0.23	0.00	0.02
自民温・共産拒否	22.4	395	0.0	0.0	0.0	0.2	1.0	52.6	51.9	39.9	31.9	21.6	0.87	0.68	0.13	0.01	0.01
民主温・公明拒否	19.4	342	0.0	0.0	1.0	0.0	0.5	42.0	56.9	22.0	32.3	28.9	0.36	1.09	0.02	0.02	0.12
社共温・自民拒否	8.4	149	1.0	0.0	0.4	0.0	0.0	24.6	52.7	28.1	43.7	44.9	0.14	1.03	0.07	0.08	0.30
社民拒否	3.5	61	0.0	0.0	0.0	1.0	0.0	48.0	50.7	36.9	22.1	33.6	0.68	0.78	0.10	0.00	0.06
平均的・拒否小	43.5	769	0.0	0.0	0.0	0.0	0.0	48.0	52.9	40.7	42.0	38.7	0.65	0.71	0.14	0.04	0.09
計	100.0	1767	0.1	0.1	0.1	0.2	0.2	46.3	52.3	35.9	36.6	32.7	0.62	0.79	0.11	0.03	0.09
13年	%	度数	自民	民主	維新	公明	共産	自民	民主	維新	公明	共産	自民	民主	維新	公明	共産
自民温・民主拒否	12.1	235	0.0	1.8	0.2	0.1	0.2	6.9	1.5	3.9	4.0	2.8	1.14	0.02	0.16	0.14	0.10
自民温・共産拒否	10.1	196	0.0	0.2	0.1	0.1	1.8	7.0	3.7	4.6	4.8	1.2	1.03	0.21	0.22	0.23	0.55
公明拒否	5.6	109	0.1	0.2	0.2	1.9	0.2	5.9	4.1	4.6	1.1	3.8	0.41	0.40	0.20	0.00	0.35
自民拒否	10.2	198	1.9	0.0	0.3	0.3	0.1	2.1	4.1	3.3	2.3	4.5	0.56	0.53	0.12	0.05	0.53
平均的・拒否小	61.9	1199	0.0	0.3	0.3	0.1	0.1	5.8	4.3	4.3	4.1	3.5	0.86	0.30	0.11	0.15	0.12
計	100.0	1937	0.2	0.5	0.1	0.2	0.3	5.6	3.8	4.2	3.8	3.3	0.80	0.28	0.13	0.14	0.16

党となる率（この2点がクラスター分析の結果である）を表示した[15]。さらに表の一番右側部分には，各クラスターにおける主要5政党への投票数を計算して示した。

析出されたこれらのクラスターのパターンから次のことが言えよう。

---

15 拒否率はクラスター分析時には感情温度計のスケールに合わせたが，ここでは0－1のレンジの中での平均値を示している（2013年は0－2のレンジ）。

(1) この18年間のクラスターのパターンの変化の中で，常に40％以上の有権者が明瞭な特徴のないクラスターに属している（表示は各年のクラスター群の最後のクラスター）。つまり，感情温度の高さにおいて特定の政党で突出するような明瞭さはなく，拒否率が高い政党もない。換言すれば，これは非コミットメントで定義されたパターンに近い。
(2) 自民党に対して感情温度計が高く，他の政党の1つか複数に対して拒否率の高いクラスターが各年に1つまたは複数存在する。1996年のクラスター1，2001, 2003, 2004, 2005, 2010, 2013年のクラスター1と2, 2007, 2009年のクラスター1, 2, 3がそれである。2009年のクラスター3は1996年のクラスター1と並んで自民党の対抗政党である民主党や新進党が同一クラスター内におさまる。人々の選択の幅が与野党にまたがった瞬間である。
(3) 2003年から2010年の間に新しいクラスターが登場する。それは民主党ないしは他の非政権担当政党に対する感情温度が高く，自民党ないし公明党という政権担当政党に対する拒否率の高いクラスターである。2003年のクラスター3と4, 2004, 2005年のクラスター3, 4, 5, 2007年のクラスター4と5, 2009年のクラスター4, 2010年のクラスター3が該当する。しかし2013年には民主党はこうした選択の幅を持つクラスターを失う。つまり2013年には野党への感情温度の高さをコアとするクラスターは消滅している。
(4) 拒否率の高いクラスターで明瞭に拒否が見られやすいのは，自民党，公明党，共産党に対するそれである。これらはしばしば拒否率100％（1.00で表示）を記録している。

6.3 選択の幅のクラスターと投票選択

　表2の一番右側部分の投票政党の平均値を最後に検討しよう[16]。
　H1の予測通り，各クラスターで拒否政党率が高い政党には投票されていない。投票は拒否率が低く，かつ相対的に暖かい感情温度を表明した政党に向かっている。しかしそれが一対一対応をしているわけではない。特定政党

16　各年に可能な投票数は最大2である。既に述べたように，この変数はクラスター分析に用いてはいない。クラスター分析の結果出現したクラスターごとに投票数を計算した結果である。

に対する感情温度が特に高いクラスターでも，ある程度の票は他の政党に向かっている。例を挙げれば，1996年の第1クラスターは自民党と新進党に感情温度が高く共産党を拒否しているが，このクラスターの自民党投票平均値は0.86であり，新進党には0.48，そして民主党には0.24票が投じられている。拒否率が高い共産党へは0.01となっている。同様に2007年の第4クラスターでは，民主党に感情温度が高く公明党を拒否政党としているが，民主党には1.11票が向かい，自民党に0.18票，社会民主党に0.12票，共産党に0.20票が投じられている。公明党には0.01票のみである。拒否政党が明白な特徴となっているクラスター（1996年の第2クラスター，2001年の第4クラスターなど）では，投票される政党は拒否政党以外に広く分散している。

こうした結果は，H1で予想した結果によく対応している。つまり許容可能な政党選択の幅が確かに存在し，その許容幅の中では特定の政党に票が全て集中するわけではない。しかし拒否政党は選択される範囲の中からほとんど排除されている，ということである。

また，非コミットメントのクラスターでは明瞭な投票のパターンは見られない。ここでの投票率は各党に対して，その政党への投票の全平均（有権者全体の平均）値に近い数値を示している。態度の幅の研究では非コミットメントとはターゲットである態度対象に対する非関与を意味していた（Kunczik, 2008, p. 2667）。これを政党選択の幅に応用すると，他のクラスターより非コミットメントのクラスターでは人々の政治的な関与が低くなると予想されるだろう。そこでクラスターのパターンごとの政治関心度について一元配置の分散分析を各年で行ったところ[17]，その全てにおいて確かに非コミットメントのクラスターで政治関心は最弱となることが確認された。

6.4 選択の幅の安定性

許容可能な政党選択の幅がどの程度安定しているか，パネルデータを用いて確認しよう。これは仮説には含まれていないが，政党支持の安定性などと同様に，選択の幅の安定性を明らかにすることがポイントである。有権者の認識の心理的な持続性と安定性を見るとともに，やや長いスパンでどのような許容のあり方が生じているかを見るのである。

---

17 政治関心尺度は2013年のデータセットでは尋ねられていなかったのでこの年のデータは分析には含まれていない。

JES IIIデータは2001年から2005年までのパネルデータを提供している。ここで2つの連続したパネル調査の間で、ある程度の正の関連性が確認できた。クラマーのV係数を指標とすると、2001年と2003年の間には0.177、2003年と2004年の間では0.274、2004年と2005年の間では0.233であった。またJES IVは2007年から2010年までのパネル調査であるが、2007年と2009年の間のV係数は0.133、2009年と2010年の間は0.159であった。有権者はクラスターの間をゆるやかに移動している。

さらに検討を進め、明瞭でないクラスター、つまり非コミットメントのクラスターを除外し、自民党に対して感情温度の暖かいクラスターをまとめ、野党に対して暖かいクラスターをまとめて計算し、政権政党側か野党側かで比率を計算すると、同一側に属する率は2001年と2003年の間には89%、2003年と2004年の間は62%となり、クラスター間の移動がランダムなものではなく、高い一貫性を持つことが見て取れた[18]。

次に、安定性の別の指標として、累積投票数を検討しよう。

JES IIIは回答者のサンプル落ちが最も低いデータと最長のパネルデータを有する。2003、2004、2006年の3回(計6票)の継続サンプルは1009あり、さらに2001年から2007年まで継続させた最長サンプル(2007年は付加的調査で郵送にて実施[19]：5回の投票で計10票)で233サンプルが取得されている。また同様にJES IVデータを用い、2007年から2010年までの累積投票数を見る。表3では、比較の基準となるクラスター群をそれぞれ2005、2007、2010年とした累積投票数を示した。

その結果を見ると、全てが許容可能な政党選択の幅の考え方を支持している。自民党に対して感情温度の暖かいクラスター(各クラスター群で第1、第2のクラスター)では自民党への累積投票数が高く、他には許容ゾーンの中で他党に対する投票が分散している。他の政党を核とするクラスターでも類似の結果をもたらしている。つまり同党に対する累積投票数が高く、また許容ゾーン内で投票が分散することが単年度の調査分析よりも明らかに見て取れる。

さらに興味深い結果は、2005年基準の結果の第3クラスターである。こ

---

18 同様の分析をJES IVで実行しようとしてもJES IIIのようにはできない。2009年のクラスターには自民党と民主党にともに暖かいクラスターが存在しているからである(全体の22%を占める)。

19 JES方式の選挙調査は基本的に選挙前後の二度の面接調査を実施している。

表3 政党選択の幅と累積投票数

2003－2005累積投票

政党選択の幅のクラスター05	自民累積	民主累積	公明累積	社民累積	共産累積	与党累積	野党累積
1 自民温・共産拒否	3.20	1.45	0.51	0.06	0.01	3.75	1.57
2 自民温・社共拒否	4.04	0.94	0.57	0.01	0.07	4.61	1.04
3 民主温・公共拒否	2.20	2.97	0.02	0.15	0.00	2.22	3.22
4 野党温・自民拒否	0.22	3.11	0.04	0.56	1.25	0.25	4.98
5 野党温・公明拒否	0.99	2.88	0.07	0.29	0.72	1.06	4.01
6 平均的・拒否小	2.26	1.80	0.32	0.14	0.29	2.60	2.28
合計	2.49	1.86	0.34	0.14	0.28	2.84	2.33

N=1009

2001－2007累積投票

政党選択の幅のクラスター07	自民累積	民主累積	公明累積	社民累積	共産累積	与党累積	野党累積
1 自公温・民主拒否	6.93	0.33	1.07	0.00	0.00	8.13	0.53
2 自民温・公社共拒否	6.09	1.76	0.74	0.06	0.03	6.85	1.94
3 自民温・共産拒否	4.89	1.61	1.11	0.17	0.00	6.06	2.00
4 民主温・公明拒否	1.82	4.91	0.07	0.64	0.51	1.89	6.58
5 野党温・自公拒否	0.40	5.68	0.24	1.32	1.12	0.64	8.32
6 平均的・拒否小	4.27	2.53	0.58	0.13	0.27	4.87	3.09
合計	3.91	2.93	0.58	0.34	0.31	4.52	3.82

N=233

2007－2010累積投票

政党選択の幅のクラスター10	自民累積	民主累積	公明累積	社民累積	共産累積
1 自公温・民共拒否	4.13	0.42	0.71	0.13	0.04
2 自民温・共産拒否	2.70	1.92	0.36	0.05	0.02
3 民主温・公明拒否	1.00	3.14	0.05	0.17	0.46
4 社共温・自民拒否	0.48	2.54	0.18	0.28	1.00
5 社民拒否	1.83	2.23	0.07	0.03	0.27
6 平均的・拒否小	1.80	2.23	0.28	0.16	0.20
合計	1.80	2.33	0.24	0.14	0.28

N=780

こでは民主党に対して2.97票が投じられ，自民党に対しては2.20票となっている。同様に2010年基準の結果に対する第2，第5クラスターでは自民党と民主党に票が分散しており，政権担当政党と野党が交代する間でも許容ゾーンの中では有権者から双方に票が配分されていたことがわかる。

表3の一番右側は，与党と野党に大別した票の分散を見たものである（政権交代のあった2007～2010年期にはその数値はない）。結果はさらにクリアである。政権交代を含まない時期では1票を与党に投じた人が野党に票を投じるのはそれほど容易ではないことが判明する。その逆も事実である。累

積投票数の与野党の相関は − 0.81 にも達する。特定政党間でも相関は高く，JES III で自民党と民主党への累積投票数の相関は − 0.63 である。JES IV のような政権交代選挙をカバーしたパネルデータでも（2009 年に政権交代し，2010 年は民主党が負けており，与野党での分割はできないが），この傾向は弱りつつも維持される。JES IV での自民党と民主党への累積投票数の相関は − 0.62 である。ツッカーマンら（Zuckerman et al., 2007）は同様の知見をソーシャルネットワークの効果として見出したが，ここでは選択の幅理論で類似した効果を見いだした。

全体として，有権者は何らかの許容可能な政党選択の幅を持ち，投票はその中で行われることが単年の分析より明白となった。その範囲内では場合によっては投票が与野党にまたがることもあるが，このタイプのスプリット投票はそれほど一般的ではない。また拒否政党に関しては累積投票数で見るとある程度の得票があった。2001 年から 2007 年にかけ自民党を拒否するクラスターで自民党は 0.40 票獲得，同様に民主党は 0.33，公明党は 0.74。2007 年から 2010 年にかけて自民党は 1.83，民主党は 0.42，公明党は 0.48 だった。それは中長期的な選択の幅の変動ないし振動（fluctuation）によるものであろう。特に政権交代をカバーした JES IV ではそれなりの規模になっていることがわかる。

6.5　選択の幅とデマンドサイドの要因の多変量解析

6.5.1　従属変数と独立変数

H2 での従属変数は各年の自民党投票・民主党投票である。また付加的に 1996 年の新進党投票についても検討する。このとき新進党は第二党であった。

次に，主要な独立変数である政党選択の幅は，カテゴリー変数であるので非コミットメント・クラスターを比較カテゴリーとするダミー変数として各クラスターを設定する。さらに競合と対立要因，政治的選択手がかり，およびデモグラフィック要因・政治行政知識を設定する。これにより，H2 の妥当性を検証し，それをコントロールした上で H1（の各クラスター）が投票に対して固有の効果を持つか否かを吟味する。このとき競合と対立要因や選択手がかり要因の投入によって何らかのクラスターの効果が消滅するならば，これらが選択の幅の投票に対する効果を媒介していると判断しうる。

競合と対立要因の詳細であるが，ここではイデオロギー距離変数を用い，

自己のイデオロギー位置と自民党のイデオロギー位置認知との距離，自己と民主党との同様の距離（1996年には自己と新進党の距離も）を独立変数として投入する。

競合と対立要因で考えられるのは概念的には政党間について認知されたイデオロギー距離（測度A）であろうが，本章では自己と政党との間のイデオロギー距離（測度B）を採用する。

その理由はH2のターゲットが投票だからである。測度Aは投票するかどうかの分析や意味ある選択認識の分析には適切と思われるが，測度Bは投票選択に適切である。というのは，自己と政党との間のイデオロギー的な位置の距離感から当該政党に投票するかどうかの決定が左右されると考えられるからである。つまり自己−政党P，自己−政党Qの距離の競合の中で距離の近い方に投票する可能性が高いと考えられるからであり，P−Q間の距離そのものではない[20]。この要因は1996，2004，2007，2013年のみで測定されているので，分析はそれらの選挙調査データに限られる。

選択手がかりとして用いるのは，政党・政治リーダーの能力評価と実績評価である。第一に内閣に関する業績評価を採用する[21]。政党の能力評価についてはその政党の政権担当能力評価を用いる[22]。政治リーダーの能力評価については，どの政党が最良のリーダーを有するかという変数を用い，自民党・民主党のリーダーに関しダミー変数を作成する[23]。

最後に，デモグラフィック要因としては性・年齢・教育程度，居住年数，居住都市規模を用い，可能な場合は政治行政知識も統制要因として投入する[24]。

6.5.2 選択の幅，競合と対立要因，選択手がかり要因の効果

表4（84-91頁）に結果の全体を示す。各年の各政党への投票数の順序ロジットモデルである。各年の前半のモデルはデモグラフィック要因と政治行政知

---

[20] 測度Aは後のH4aで用いられる。
[21] 内閣は，2010年以外は自民党内閣である。2013年は内閣支持変数のみしかないため，これで代用する。
[22] 2013年の分析データにはこの変数はない。
[23] 1996年と2013年については政党リーダーへの感情温度を代替変数として用いる。
[24] 2013年のデータには居住年数の変数がない。また政治行政知識は1996年と2007年には欠けている。

表4　H2の順序ロジット分析

		自民党投票 1996		自民党投票 2003	
		係数	係数	係数	係数
	性	0.17	0.21	0.37 **	0.40 **
	年齢	0.02 ***	0.01	0.01 **	− 0.05
	教育程度	0.03	0.12	− 0.07	0.05
	居住年数	0.18 **	0.13	0.27 ***	0.24 ***
	都市規模(逆転)	0.20 ***	0.17 **	0.10 ***	0.09 ***
	政治行政知識			− 0.01	− 0.01
1996年クラスター	1 自民新進温・共産拒否	0.45 **	0.22		
	2 新進拒否	0.18	− 0.22		
	3 自民拒否・新進温	− 2.56 ***	− 0.91		
2003年クラスター	1 自民温・共産拒否			0.72 ***	0.40 **
	2 自民温・公共拒否			0.31	0.08
	3 民主温・公明拒否			− 0.83 ***	− 0.49 *
	4 野党温・自民拒否			− 1.87 ***	− 1.43 ***
2004年クラスター	1 自民温・民主拒否				
	2 自民温・共産拒否				
	3 民主温・公共拒否				
	4 野党温・自民拒否				
	5 野党温・公明拒否				
2005年クラスター	1 自民温・共産拒否				
	2 自民温・社共拒否				
	3 民主温・公共拒否				
	4 野党温・自民拒否				
	5 野党温・公明拒否				
競合と対立	イデオロギー距離(自己−自民)		− 0.26 ***		
	イデオロギー距離(自己−民主)		0.06		
	イデオロギー距離(自己−新進)		0.04		
選択手がかり	内閣業績評価		0.11		0.34 ***
	リーダー評価(自民)				1.45 ***
	リーダー評価(民主)				− 1.04 ***
	政党リーダー感情温度(自民)		0.49 ***		
	政党リーダー感情温度(民主)		− 0.13 *		
	政党リーダー感情温度(新進)		− 0.15 **		
	政権担当能力評価(自民)		0.92 ***		0.65 ***
	政権担当能力評価(民主)		− 0.63 **		− 0.95 ***
	政権担当能力評価(新進)		− 0.38 +		
	カットポイント1	3.24	4.16	2.48	2.24
	カットポイント2	4.00	5.25	3.55	3.69
	N	938	625	1608	1608
	疑似R^2（ウェイトなし時）	0.0783	0.2377	0.0817	0.2376

.05<p=<.1 +, .01<p=<.05 *, .001<p=<.01 **, p<.001 ***

識をコントロールした上で選択の幅のダミー変数群を投入したものであり（モデル1），それに加えて後半のモデルでは競合と対立要因，選択手がかりの要

	自民党投票 2004		自民党投票 2005	
	係数	係数	係数	係数
	0.00	0.10	-0.05	-0.05
	0.02 ***	-0.12 *	0.01 *	-0.03
	-0.11 *	-0.01	-0.05	-0.04
	0.26 ***	0.28 ***	0.17 **	0.16 **
	0.13 ***	0.13 ***	0.07 *	0.06 +
	-0.07	-0.06	-0.03 *	-0.03 +
	0.80 **	0.40		
	0.65 ***	0.49 **		
	0.15	0.57 *		
	-1.71 ***	-0.56		
	-1.37 ***	-0.57 *		
			0.43 **	0.14
			0.96 ***	0.33 +
			-0.41 +	-0.17
			-4.72 ***	-3.12 ***
			-1.16 ***	-0.59 *
		-0.15 ***		
		0.06		
		0.25 **		0.51 ***
		1.28 ***		1.25 ***
		-1.15 ***		-0.74 *
		0.91 ***		1.13 ***
		-0.87 ***		-1.15 ***
	2.46	3.08	0.82	1.23
	3.30	4.24	1.86	2.63
	1576	1329	1324	1324
	0.1016	0.2733	0.1062	0.2599

因を投入している(モデル2)。選択の幅の結果を検討する前に、後者の効果を検証したい。選択の幅の効果はこれら要因との関連性を見ながら吟味したいからである。

競合と対立要因としてのイデオロギー距離変数は、ほぼ一貫して統計的に有意な結果をもたらしている(H2aを支持)。投票者本人と自民党とのイデオロギー距離が近いほど(係数がマイナスに大きいほど)自民党に投票しやすく、民主党とのイデオロギー距離が近いほど(係数がマイナスに大きいほど)民主党に投票する傾向があった。選択の幅をコントロールしても、競合と対立要因には投票を規定する力があったということである。有権者が選択の幅の中でも自身との距離の近い政党に投票するということは、既知のイデオロギー的距離の知見とも整合的である。

選択手がかりについては(H2b)、1996年を例外として自民党内閣への業績評価(あるいは内閣支持)は一貫してプラスに自民党に投票をもたらしている。また自民党の能力評価も自民党への投票にプラスであり、同じ傾向は民主党・新進党にも当てはまっていた[25]。

---

25 なお、2010年の選挙では業績評価変数は2つである。民主党政権は、鳩山首相から菅首相に交代しており、両首相は異なる評価を受けたと考えられるからである。実際結果を見ると両者の効果は異なっており、自民党には鳩山のみマイナスに有意、民主党は菅のみプラスに有意、とたいへん興味深い。

表4　H2の順序ロジット分析（続き）

		自民党投票 2007		自民党投票 2009	
		係数	係数	係数	係数
	性	0.33 ***	0.16	0.30 +	0.53 *
	年齢	0.02 ***	0.00	0.01 *	0.00
	教育程度	0.04	0.08	0.00	0.05
	居住年数	0.07	0.00	0.06	0.14
	都市規模（逆転）	0.13 **	0.15 *	0.16 *	0.11
	政治行政知識			− 0.04	− 0.06 *
2007年クラスター	1 自民温・民主拒否	1.71 ***	0.33		
	2 自民温・公社共拒否	0.93 *	0.04		
	3 自民温・共産拒否	0.93 ***	0.64 **		
	4 民主温・公明拒否	− 0.91 ***	− 0.75 **		
	5 野党温・自民拒否	− 3.13 ***	− 2.15 **		
2009年クラスター	1 自公温・民主拒否			2.09 ***	0.40
	2 自民温・社共拒否			1.42 ***	1.04 **
	3 自民民主温・共産拒否			0.66 *	0.35
	4 民社共温・自公拒否			− 2.44 **	− 1.33
2010年クラスター	1 自公温・民共拒否				
	2 自民温・共産拒否				
	3 民主温・公明拒否				
	4 社共温・自民拒否				
	5 社民拒否				
2013年クラスター	1 自民温・民主拒否				
	2 自民温・共産拒否				
	3 公明拒否				
	4 自民拒否				
競合と対立	イデオロギー距離（自己−自民）		− 0.18 ***		
	イデオロギー距離（自己−民主）		0.07		
選択手がかり	内閣業績評価				0.41 ***
	内閣業績評価（鳩山）				
	内閣業績評価（菅）				
	内閣支持				
	リーダー評価（自民）		0.92 ***		1.56 ***
	リーダー評価（民主）		− 0.36 +		− 0.58 **
	政党リーダー感情温度（自民）				
	政党リーダー感情温度（民主）				
	政権担当能力評価（自民）		1.11 ***		1.06 ***
	政権担当能力評価（民主）		− 0.88 ***		− 1.36 ***
	カットポイント1	2.82	2.17	2.36	2.42
	カットポイント2	3.69	3.24	3.27	3.72
	N	1295	1087	901	901
	疑似R^2（ウェイトなし時）	0.113	0.2509	0.1031	0.2751

.05<p=<.1 +, .01<p=<.05 *, .001<p=<.01 **, p<.001 ***

　リーダー要因の効果は概してクリアである。自民党への投票に関しては自民党のリーダーのプラスの効果があり，民主党投票に関しては民主党のリー

自民党投票 2010		自民党投票 2013	
係数	係数	係数	係数
−0.06	−0.29	0.00	0.20
0.00	0.00	0.00	−0.01 *
−0.01	0.15 +	0.01	0.03
0.14 *	0.29 ***		
0.08	0.03	0.20 ***	0.19 *
−0.06 +	−0.06 +	0.00	−0.09
1.94 ***	1.04 +		
0.71 ***	0.25 +		
−0.83 ***	−0.75 *		
−1.37 **	−0.18		
−0.04	−0.40		
		0.68 ***	0.27
		0.47 *	−0.01
		−0.84 **	−0.66 +
		−5.50 ***	−3.86 ***
			−0.16 **
			0.02
	−0.41 ***		
	−0.21		
			0.61 ***
	1.46 ***		
	−1.36 **		
			0.27 ***
			−0.03
	1.07 ***		
	−0.28		
3.28	1.63	0.35	3.08
4.48	2.78	1.23	4.11
1276	959	1560	1191
0.0686	0.2345	0.1014	0.2094

ダーの効果があった。

　最後に，選択の幅のダミー変数群の効果を見よう(H1)。これらの効果は競合と対立要因・選択手がかり要因を投入すると弱化しているものの，過半で有意性を保持していることが観察される。より具体的には，自民党投票に対して，自民党かつ／または公明党を拒否政党とするクラスター（その中には野党に対して感情的に暖かいクラスターが含まれる）では14ケース（クラスター）のうち9までがモデル1でもモデル2でもマイナスの効果を維持している。一方，自民党に対して感情的に暖かいクラスターでは17ケースの内7のみがプラスの効果を維持していた。また野党（民主党・新進党・社民党）に関して暖かいクラスターをもつようなクラスター[26]では13のうち8が自民党に対してマイナスの効果を維持していていた。これらは，選択の幅がもたらす増進的な効果より，抑制的な効果が自民党投票の場合には明瞭であることを示している。

　民主党投票に対する効果については(1996年の新進党投票を含む)，野党側に暖かいクラスター（民主党・新進党・社民党に暖かいクラスター

26　ここでは2009年の第3クラスターは除外した。このクラスターは自民党にも民主党にも暖かいクラスターであった。

表4 H2の順序ロジット分析(続き)

		新進党投票 1996		民主党投票 1996	
		係数	係数	係数	係数
	性	0.15	0.33	-0.15	-0.63 **
	年齢	0.00	0.01	-0.01	-0.02 +
	教育程度	0.00	-0.04	0.29 **	-0.01
	居住年数	-0.06	-0.10	-0.09	-0.15
	都市規模(逆転)	-0.01	0.00	-0.12 *	-0.10
	政治行政知識				
1996年クラスター	1 自民新進温・共産拒否	0.29 +	0.25	0.18	-0.11
	2 新進拒否	-2.26 ***	-1.72 *	0.64 *	-0.44
	3 自民拒否・新進温	1.06 ***	0.78 *	-0.09	-0.98 *
2003年クラスター	1 自民温・共産拒否				
	2 自民温・公共拒否				
	3 民主温・公明拒否				
	4 野党温・自民拒否				
2004年クラスター	1 自民温・民主拒否				
	2 自民温・共産拒否				
	3 民主温・公共拒否				
	4 野党温・自民拒否				
	5 野党温・公明拒否				
2005年クラスター	1 自民温・共産拒否				
	2 自民温・社共拒否				
	3 民主温・公共拒否				
	4 野党温・自民拒否				
	5 野党温・公明拒否				
競合と対立	イデオロギー距離(自己-自民)		0.04		0.09
	イデオロギー距離(自己-民主)		0.01		-0.18 *
	イデオロギー距離(自己-新進)		-0.13 +		0.10
選択手がかり	内閣業績評価		-0.12		0.44 **
	リーダー評価(自民)				
	リーダー評価(民主)				
	政党リーダー感情温度(自民)		-0.23 ***		-0.16 *
	政党リーダー感情温度(民主)		-0.15 *		0.52 ***
	政党リーダー感情温度(新進)		0.47 ***		-0.13 *
	政権担当能力評価(自民)		-0.29		-0.36
	政権担当能力評価(民主)		-0.12		1.38 ***
	政権担当能力評価(新進)		0.82 ***		-0.16
	カットポイント1	0.85	1.00	-0.82	1.89
	カットポイント2	1.65	2.04	0.80	3.78
	N	938	625	839	625
	疑似R^2(ウェイトなし時)	0.0462	0.2065	0.1908	0.1882

.05<p=<.1 +, .01<p=<.05 *, .001<p=<.01 **, p<.001 ***

含む)が民主党に対してプラスの投票効果を示したのは,13ケースの内6ケースのみであった。さらに,自民党かつ/または公明党を拒否するクラス

	民主党投票 2003		民主党投票 2004		民主党投票 2005	
	係数	係数	係数	係数	係数	係数
	−0.49 ***	−0.43 **	−0.26 *	−0.23 +	0.00	0.03
	−0.01 *	0.03	−0.01	0.06	−0.01 +	0.06
	0.08	0.00	0.11 *	−0.02	0.06	0.03
	−0.07	−0.01	−0.12 **	−0.10 +	−0.13 *	−0.12 +
	−0.07 **	−0.05 +	−0.01	−0.02	−0.01	0.00
	0.04 *	0.03	0.13 *	0.01	0.02	0.00
1996年クラスター						
	−0.44 **	−0.23				
2003年クラスター	0.07	0.14				
	0.63 **	0.38 +				
	0.71 **	0.09				
			−2.20 **	−1.85 *		
			−0.27 *	−0.34 *		
2004年クラスター			0.78 ***	0.31		
			0.76 ***	−0.20		
			0.91 ***	0.09		
					−0.12	0.23
					−0.67 **	−0.01
2005年クラスター					1.03 ***	0.84 **
					1.08 ***	−0.55 +
					0.94 ***	0.26
競合と対立			0.11 **			
			−0.20 ***			
		−0.19 *		−0.14 +		−0.56 ***
		−0.70 ***		−0.59 ***		−0.59 ***
		1.78 ***		1.38 ***		1.34 ***
選択手がかり						
		−0.20		−0.22		−0.75 ***
		1.12 ***		1.08 ***		1.42 ***
	−1.14	0.06	−0.49	−0.83	−0.11	0.27
	−0.29	1.22	0.29	0.20	0.62	1.24
	1608	1608	1576	1329	1324	1324
	0.0544	0.2165	0.0549	0.1972	0.0527	0.2134

ターにおいて民主党投票にプラスの効果を持っていたのは17ケースの内6ケースのみであった。自民党に関連したクラスターと比べると，感情の暖かさや拒否感のいずれにおいても，民主党に関連したクラスターの持つインパ

表4 H2の順序ロジット分析(続き)

		民主党投票 2007		民主党投票 2009	
		係数	係数	係数	係数
	性	−0.40 ***	−0.26 *	−0.13	−0.26
	年齢	−0.01	0.00	−0.01	0.00
	教育程度	0.10	0.10	0.10	0.08
	居住年数	−0.02	0.01	−0.03	−0.05
	都市規模(逆転)	−0.08	−0.07	−0.09	−0.06
	政治行政知識			0.04	0.02
2007年クラスター	1 自民温・民主拒否	−17.21 ***	−16.03 ***		
	2 自民温・公社共拒否	−0.17	0.42		
	3 自民温・共産拒否	−0.34 *	−0.19		
	4 民主温・公明拒否	0.68 ***	0.51 **		
	5 野党温・自民拒否	0.65 ***	−0.35 +		
2009年クラスター	1 自公温・民主拒否			−2.45 ***	−0.54
	2 自民温・社共拒否			−1.05 ***	−0.83 **
	3 自民民主温・共産拒否			−0.17	0.10
	4 民社共温・自公拒否			0.91 **	0.17
2010年クラスター	1 自公温・民共拒否				
	2 自民温・共拒否				
	3 民主温・公明拒否				
	4 社共温・自民拒否				
	5 社民拒否				
2013年クラスター	1 自民温・民主拒否				
	2 自民温・共産拒否				
	3 公明拒否				
	4 自民拒否				
競合と対立	イデオロギー距離(自己−自民)		0.06		
	イデオロギー距離(自己−民主)		−0.16 *		
選択手がかり	内閣業績評価		−0.28 **		−0.20 +
	内閣業績評価(鳩山)				
	内閣業績評価(菅)				
	内閣支持				
	リーダー評価(自民)		−0.27 *		−1.44 ***
	リーダー評価(民主)		0.75 **		1.20 ***
	政党リーダー感情温度(自民)				
	政党リーダー感情温度(民主)				
	政権担当能力評価(自民)		−0.52 ***		−0.85 ***
	政権担当能力評価(民主)		0.76 ***		1.38 ***
	カットポイント1	−0.94	−0.30	−1.12	−0.51
	カットポイント2	−0.17	0.62	−0.18	0.82
	N	1295	1087	904	901
	疑似R^2(ウェイトなし時)	0.0517	0.141	0.0558	0.2453

.05<p=<.1 +, .01<p=<.05 *, .001<p=<.01 **, p<.001 ***

クトは弱いようである。

　注目すべきは,2013年の民主党ないし野党のクラスターの融解時点での

結果である。2013年の第1クラスターは自民温・民主拒否のクラスターで民主党にマイナスの効果がある一方で，第4の自民拒否クラスターでも民主党投票にプラスに有意になっていない。この点に融解の帰結を見ることができよう。民主党投票に対して効果があったのはイデオロギー的距離の近さとリーダー評価でしかなかった。

以上，選択の幅の効果は自民党への投票に関わるかたちで作用していることが多く，またそれは増進より抑制という形でより強く働いていた。

7 マクロレベルでの分析

7.1 政党布置の包括性の検討

本研究で対象とした9回の国政選挙(1996, 2001, 2003, 2004, 2005, 2007, 2009, 2010, 2013年)において，主要5党全てを拒否政党とした人々は全期を通して0.4%であった。少し緩和して主要4党としても比率は1%以下である。

同様に感情温度計を検討すると，有権者にとって最も感情温度の高い政党をピックアップし，それが50度より下(0～100度のレンジ：ないしは0～10点レンジでは5点より下)となる有権者の比率は，選挙の順に4.6%, 10.4%, 8.2%, 7.4%, 4.5%, 4.2%, 6.1%, 5.7%, 2.1%という率であった。この数値も十分に低い。これらの数値は，

本章が対象とする期間では政党布置の包括性は高かったことを意味している。

この間，日本の投票の外的環境としての政党システムにおいて，全ての政党を拒否政党と判断したり，全ての政党に対して非常に低い感情温度を持つような，包括性の範囲外にいる有権者はごく限られていた。

7.2 意味ある選択の認識に関連するマイクロ－マクロレベルの連動性の検討

次に，意味ある選択の認識というマクロレベルの認識の規定要因を検討し，さらにこれとマイクロレベルでの政党選択の幅との関連性を探索していこう。

前章で紹介した「意味ある選択」の認識は，マクロな政治環境の変動に連動するものと考えられ，CSESでは「選挙で誰に投票するかで違いがあるか」（投票のもたらす差異），「誰が政権を担うかで違いがあるか」（政権政党のもたらす差異）という2つの問いに対する有権者の認識を指標としてきた。そこで顕著に差が現れたのは，2005年と2009年であった。2005年には小泉首相が郵政民営化関連法案を単一争点とすると宣言して衆院を解散したが，このとき意味ある選択をしたという認識は一つの頂点に達した。その後2009年には「政権交代」が焦点になり，意味ある選択の認識は再上昇したが，以後は再び下落に直面した。

次にH4a，H4bとRQを分析するため，2つの意味ある選択認識の回答の計を尺度として，多変量解析を行う。ここでの独立変数は次のように設定する。H2と同様に，選択の幅の各クラスターのダミー変数，および競合と対立，政治的選択手がかりの諸変数を投入する。ただし，ここでの競合と対立変数は，自民党と民主党の間のイデオロギー距離認知とする（理由は既に述べたとおりで，前述の測度Aである）。

非コミットメントのクラスターは選択の幅のダミー変数群の比較のベースとなるカテゴリーであるが，既に述べたようにこのクラスターは政治関心が最低であったばかりではなく，マクロな視点からは意味ある選択の認識が最低であると予想され，じっさい大半がその通りであった[27]。これをベースカテゴリーとするため，選択の幅の各クラスターが統計的にプラスに有意になれば，そのクラスター所属者は投票において自らが意味ある選

27　より詳細には，2ケースの例外があった。1996年の非コミットメントクラスターは意味ある選択認識が最低ではあったが，一元配置分散分析で他群より別の群になるなどの有意差はなかった。2007年では最低ではなく，下から2番目であった。

択をしたという認識がより強いということになる。

　多変量解析の結果は表5（94-95頁）に示す。まず統制要因を見ると，教育程度が高いほど，政治行政知識が多いほど，全般的に意味ある選択認識が高かった。

　H4aを検討すると，競合と対立要因の効果は4ケースの内2ケースのみ有意だった。つまり競合と対立の核であるイデオロギー距離の大きさは意味ある選択認識にそれほど明瞭に貢献してはいない。

　H4bについては，政党やリーダーへの将来期待はしばしば目に見える効果を持ち，とくに民主党の2003年から2009年までの伸張期には2007年のみを例外としてリーダーの効果が顕著である。民主党政権担当能力評価の効果も，例外はありながらも2003年から2007年までプラスの効果を見せている。興味深いことに2007年選挙では，自民党のリーダー評価はマイナス方向に有意であった。魅力のないリーダーを交代させることが選択の意味を増大させる，という判断がここに見える。いずれにせよ，選択手がかりの方が競合と対立要因よりも意味ある選択認識を高めていると言える。

　最後のRQの検討に移る。マイクロな認識である政党選択の幅のどのクラスターに属するかが，意味ある選択の認識，つまりマクロレベルの認識に対して効果を持っているかどうか，である。自民党に対する感情温度の高さを特徴とするクラスターでは17のクラスターの内9までが意味ある選択認識にプラスの効果をもたらしていた。一方，自民党／公明党を拒否するクラスターでは14のクラスターの内で同様の効果を持っていたのは5つであった。また野党に関連したクラスターでは13のクラスターの内わずか4つのみが意味ある選択認識にプラスの効果を示していた。

　民主党に関しては，上述したように能力認知とリーダーの評価には意味ある選択認識に貢献するプラスの効果があったが，民主党を中心とする選択の幅を持つクラスターにはそのような効果はそれほどではなかった。1996年から2009年の間は，新進党が結党・解散し，民主党が結党して政権に昇り詰める過程であったが，その間に意味ある選択認識は，民主党に関しては政党とリーダーの能力に対する認識によって形成されていたのである。2009年の政権交代選挙では，わずかに民主党中心のクラスターのプラスの効果が見えるのみである。それに対して，自民党では選択の幅のクラスターの効果がより明確に出ていた。自民党を許容ゾーンの中での主要政党とする人々には，自民党が確固として位置していることが意味ある選択の認識の中心要因

表5 意味ある選択認識の回帰分析

年		1996 係数	2003 係数	2004 係数	2005 係数
1996年クラスター	1 自民新進温・共産拒否	0.32			
	2 新進拒否	1.24 ***			
	3 自民拒否・新進温	0.95 *			
2003年クラスター	1 自民温・共産拒否		0.60 ***		
	2 自民温・公共拒否		0.34 +		
	3 民主温・公明拒否		0.28		
	4 野党温・自民拒否		1.15 ***		
2004年クラスター	1 自民温・民主拒否			1.41 ***	
	2 自民温・共産拒否			0.17	
	3 民主温・公明拒否			0.21	
	4 野党温・自民拒否			0.36 +	
	5 野党温・公明拒否			0.24	
2005年クラスター	1 自民温・共産拒否				0.47 ***
	2 自民温・社共拒否				0.85 ***
	3 民主温・公共拒否				0.32
	4 野党温・自民拒否				0.41
	5 野党温・公明拒否				0.17
2007年クラスター	1 自民温・民主拒否				
	2 自民温・公社共拒否				
	3 自民温・共産拒否				
	4 民主温・公明拒否				
	5 野党温・自民拒否				
2009年クラスター	1 自公温・民主拒否				
	2 自民温・社共拒否				
	3 自民民主温・共産拒否				
	4 民社共温・自公拒否				
2010年クラスター	1 自公温・民共拒否				
	2 自民温・共産拒否				
	3 民主温・公明拒否				
	4 社共温・自民拒否				
	5 社民拒否				
2013年クラスター	1 自民温・民主拒否				
	2 自民温・共産拒否				
	3 公明拒否				
	4 自民拒否				
競合と対立・選択的手がかり	自民-民主イデオロギー距離	0.04		0.06 *	
	内閣業績評価	0.01	0.07	−0.03	0.13 +
	内閣業績評価(鳩山)				
	内閣業績評価(菅)				
	内閣支持				
	リーダー評価(自民)		−0.05	0.15	0.15
	リーダー評価(民主)		0.48 **	0.51 ***	0.76 ***
	政党リーダー感情温度(自民)	0.03			
	政党リーダー感情温度(民主)	−0.04			
	政党リーダー感情温度(新進)	0.17 ***			
	政権担当能力評価(自民)	0.16	0.02	−0.08	0.08
	政権担当能力評価(民主)	0.15	0.28 *	0.31 **	0.14
	政権担当能力評価(新進)	0.36			
	定数	−1.10	5.65 ***	5.00 ***	5.92 ***
	N	634	1645	1557	1410
	R^2	0.0536	0.0852	0.0746	0.0579

デモグラフィック要因の表記はカットした。1996年のクラスターでは最小クラスター

であった[28]。

8 結論

選挙における政治選択の幅については2つの視点の取り方がある。一つは，政党の布置によって有権者の選択セットが規定されるとするマクロな視点である。そしてこの布置が意味があると受け取られるのは，政党の分布が選択の対象として十分な幅を包括的にカバーし，互いに競合し対立する政党から有権者が選択できるときだという視点であった。もう一つの視点は，ひとりひとりの有権者が選択のために許容可能な政党の幅を持ち，有権者は自らの許容ゾーンの中で意味ある選択を行うという，心理的な態度由来の視点であった。本章ではこの2つの異なる視点の連関を検討すべく，1996〜2013年の日本の国政選挙のデータの分析を行った。そして，以下に述べ

---

[28] 例外は1996年と2007年である。前者の選挙では有権者の認知は新しい新進党と論争の主である小沢一郎に向けられており，意味ある選択認識は新進党中心のクラスター（「新進拒否」）と新進党のリーダー認知に左右されていた。2007年選挙は，人気のあった小泉首相の後継で政権運営のままならなかった第一次安倍内閣によるもので，上記の通り自民党支持者の多くを失望させた。これらが自民党に対して感情温度の高いクラスターの効果を吹き飛ばしたように思われる。

2007 係数	2009 係数	2010 係数	2013 係数
0.57			
−0.42			
0.19 *			
0.23			
0.49			
	0.85 *		
	0.23		
	0.24		
	0.67 +		
		0.65 +	
		0.14	
		−0.04	
		0.27	
		−0.02	
			0.86 ***
			0.80 ***
			0.35
			1.16 ***
0.49			0.10 **
0.05	0.025		
		0.06	
		0.07	
			0.51 ***
−0.07 *	0.479 *	0.17	0.03
0.27	0.832 ***	0.02	0.00
			0.03
			0.00
−0.03	−0.02	0.09	
0.21 *	0.074	−0.13	
6.09 ***	4.94 ***	6.87 ***	3.90 ***
1397	947	1038	1428
0.0318	0.139	0.0553	0.1539

(1.5%)は分析に含めなかった

る仮説の支持，不支持とともに，日本政治におけるいくつかの含意を得ることができた。

8.1 仮説の成否と含意

　得られた知見の第一は，有権者はいくつかの異なる政党選択の幅のパターン（クラスター）を有しており，そのそれぞれの幅の中で投票政党を選択する傾向が明瞭だということである（H1の支持）。

　クラスターの変動を見ると，自民党中心のクラスター（自民党に暖かい／自民党拒否）は，全ての分析対象の選挙において一貫して存在していた。一方，その反対政党である民主党や他の政党を中心とするクラスターは長期的にみればより脆弱であった。2012年の再度の政権交代で自民党が政権担当政党に返り咲くと，自民党に代わる選択肢であるはずのこれらのクラスターは消滅してしまった。

　パネルデータによって個人レベルでの選択の幅の変動を見ると，比較的安定性が見られ，人々はそれぞれの幅の中で投票を行っていたにもかかわらず，自民党の対抗政党中心のクラスターはこの間に姿を消したのであった。

　第二に，有権者は競合と対立要因，選択手がかり要因をも判断のキーとして投票をしていたが，それらを統制してもなお，選択の幅が持つ効果を見て取ることができた（H1, H2の支持と分化）。両者は交互作用を持っていることも明らかとなった。前者を統制することで後者の効果が弱化する選挙年があったためである。このことは自民党にとっての選挙よりも，民主党にとっての選挙においてより顕著であった。換言すれば，自民党は1955年の結党以来の歴史を通して，より安定的で持続して自民党が対象となる政党選択のクラスターを有していることになる。

　第三に，マクロレベルでの包括性は日本では問題ありとはされず，この包括性の中での競合と対立が常に選挙では問題であった。したがって意味ある選択の認識は競合と対立認識の関数であり，政党間のイデオロギー距離によって増進されていた（H3に関しては，日本の政党の布置が包括的であったことで，仮説確認の俎上に乗らずとも，仮説の否定でないことは明らかである。H4aは支持）。

　第四に，いかなる選択の幅のクラスターに属するかが，その有権者のマクロな意味ある選択認識を左右した（RQ）。本章で対象とした歴史的な変動の中で，選択の幅のパターンは，自民党，対，野党中心のクラスターという布

置から，自民党温感情．対．自民党拒否のクラスターという布置に変化した。そして自民党が支配的なクラスターの有権者は選挙を意味ある選択と認識しやすく，野党に好意的なクラスターに属する有権者にはそうした意味ある選択感が弱くなった。野党投票の有権者の意味ある選択認識は，リーダーや政党の選択手がかり要因の強さに依存する面があった(H4b支持)。しかし，民主党政権が終焉すると，選択手がかりは弱化，選択の幅で民主党が中心となるクラスターも融解，結果として意味ある選択認識も低下した。

たしかにマクロな意味ある選択認識はマイクロレベルでの選択の幅の関数であることは本章を通じて明らかにされたが，しかしその中では自民党が支配的でそれが関数の主たる動力であることは否定できず，民主党を明瞭な選択の幅の中に捉えるクラスターの崩壊がそれを更に促進していた。

本章の冒頭で，人間の行動には二重の制約があると主張した。政治環境に存在する所与の政党選択のセットというマクロな制約と，心理的な態度が生み出す選択の幅というマイクロな制約である。この二重の制約を前提として1996年から2013年まで行った日本人の投票行動の分析は，二重の制約が人々の投票選択にも意味ある選択の認識にも効果を及ぼしていることを発見した。有権者の投票は個人の許容ゾーンの中の政党に向かうが，その一方で同じ許容ゾーンが意味ある選択の認識にも効果を及ぼしている，つまりマクロな環境に対する認識の枠であった。もちろんここでの選択の幅はマクロな包括性や競合と対立要因によって制約されているから，マクロとマイクロが相互に規定し合いつつ，投票行動が生じている，ということになる。

8.2 政党選択の幅と政党支持

最後に，本章の分析による「選択の幅」のアプローチが政党支持変数を用いるより，ベターな分析となりえているかどうか，という批判はあるだろう。

一般的に言って政党支持変数の説明力は高い。批判はもっともであるが，既存の研究に対してここで強調したいのは，問題は説明力の高さではなく，理論的な問いに答えることにある，という点である。政党支持概念は広く浸透し，筆者も日常的に用いるものの[29]，心理的な構成物としては曖昧すぎると長らく考えてきた。日本の外で用いられるParty Identificationのように集団

---

29 実際，3章ではコントロール要因として用いている。

帰属意識として扱いきれるものでもない。標準的な質問方法では政党支持として1党のみ選択し，その程度を尋ねるが，そうした選択を行う点では態度概念からも離れている。態度概念であるならば他の政党に対しても同じように態度が表明可能なはずである。では考え方を変えて，政党支持を行動傾向（行動へのコミットメント）として投票の近接概念(proxy)と見なすとするならば，来る選挙での投票意図や「仮に今投票するならば」といった質問への回答と何が違うのか，明らかにしなければならない。しかしこのような方略はそれほど生産的ではない。屋上屋を架するがごとくとなる。

谷口(2012)の労作は，日本人の政党支持理解の多様性を検討した上で，政党支持概念をいかに再構築していくかを論じている。その方向性は政党支持という用語法が世に広まり広く受け容れられている現状からは適切なのかもしれない。しかしながら，筆者には概念的に落ち着かない。谷口は，一般の人々の認識を分析すると政党支持には3次元あると指摘しているが，そうであるならば，政党支持概念として分析に用いるべきなのは一般的な政党支持による1党のみの尺度であるよりも，この3つの次元ではないだろうか。谷口は政党支持概念が，政党によって非一貫的で時間的に不安定であることを理由にこれを否定しており，さらにその研究の展開の過程で，長期的な党派性の次元が政党支持の代替として用いうる可能性に言及している。また，筆者らがかつて政党スキーマ理論を展開したことに鑑みて，谷口はこれを2010年代のデータで実証し，一貫した結果を示してもいる。ここにはロジカルな可能性も見て取れる。

だが，本章ではこれらの展開は取らず，これまで見てきたように，投票という選択行動の幅に焦点を当てることに集中して議論を構築した。この構築と分析とを通じて明らかになった1つのことは，政党の離合集散を選択の幅の中でより敏感に描き出すことが可能なのではないか，という点であった。政党支持概念では，そうした政党の変化と選択の幅との両者の構図を描くことは難しいのではないか。自民党に温かいクラスターや反自民党の各クラスターが持続的に持つインパクト，2013年に生じていた「野党の幅」のクラスターの融解といった衝撃的な事象は，こうした分析を通じて初めて明らかになった，と主張したい。

なお，国政選挙において有権者の居住する選挙区によって選択できる政党幅に大きな分散があることは明らかであり(換言すれば包括性が不全の選挙区がいくつもある)，選挙区がもつ外的な制約要因を検討することは今後の

課題の1つとなるだろう。自らが意思決定できる行為とそれに対する外的・内的な制約についての考察は，まだ途上にある。

3章
「インターネット選挙」導入がもたらした変化と国際的文脈

　本書が主として対象とする平成時代の後半という時期は，メディア環境の激変が続く時期でもあった。本章は選挙を焦点として，メディアとしてのインターネットが果たし始めた機能を体系的，実証的に検証し，そこに次の時代へのポジティブな兆しが見えるかを見ていきたい。

1　能力拡張メディアとしてのインターネットが政治行動において果たす4つの役割

1.1　人間の能力の制約と限界

　1980年に出版されたニスベットとロスの名著『人間の推論（*Human Inference*)』（Nisbett & Ross, 1980）は，人間の情報処理能力が持つ限界を認知心理学の視点から広く解き明かしたものである。人間の推論能力には弱点が多い。判断の簡便法であり，ときに誤判断をもたらしがちな多様な「ヒューリスティックス」の利用，諸事象の共変関係評定の過大視，因果推論と予測のエラー，確証バイアスなど，多くの弱点があることを彼らは次々と実証に基づいて指摘していた。そしてそれら指摘の後，草稿を読んだ同僚のコメントをある章の冒頭で掲げた。それは「人間や集団がそれほど不完全な存在なのだとしたら，我々はどうやって月まで到達できたのだろうか」という問題提起だった。これに対して彼らは，文化による反省的蓄積が人間にとって有効な対応であったことなど，弱点への対応のあり方を考察していた。この著書は，筆者にとって人間の持つ能力の制約と限界という視点からテクノロジーの発展を考えるきっかけとなった。しかし同書で提示された解決や対応の手段は，本章ではいささか視野が狭く，まずはインターネットを考え直す新たな出発点の1つと考えたい。

　人間が背負っている能力の制約や限界は，大きく分けて2つある。

1つは，ニスベットらが指摘していた人間の推論的な情報処理能力の制約である。

もう1つの限界は，人々が社会を形成する能力の制約と限界である。ニスベットらの指摘する限界が人間の内なる能力の限界だとすれば，こちらは外部の人間社会の形成に関する能力の限界である。

進化心理学で知られるダンバー数に見られるように，脳の容量から見て，人間が自然に集団を形成し維持し続けられる規模の限界は150人程度でしかない(Dunbar,1997)。しかし興味深いことに，人間はその限界を越えて部族社会から国家の建設に至るまで，より大きな社会を形成し維持する能力を獲得してきた(Diamond, 1997)。その維持を可能にしたのは，環境的要因の制約に適応して可能となった農耕と定住化，武器の発明，社会統制の組織化と構造化であった。しかしそれらに留まらず，宗教や文字というメディアが後押しになる。ここからメディアが重要な役割を演じ始める。そしてさらに国家という「想像の共同体」が印刷技術の革命とマスメディアをはじめとした諸媒体によって大いに支えられてきたことは，ベネディクト・アンダーソン(Anderson, 1983)の主張の大きな論点であった。

近年，人工知能(AI)研究において「テクノロジーが人間に取って代わるのではなく，人間を助ける能力の拡張こそが求められている」ことが強調される(日本経済新聞2016年11月29日マイクロソフトCEOサティア・ナデラ氏インタビュー)。インターネットにおいても同様に，人間の「能力の拡張」が大きなポイントだろう。いささか自明に聞こえるが，人間の2つの能力の制約を踏まえると，果たしてインターネットは人間の情報処理能力の制約を抱えたコミュニケーション力やコミュニティ形成力の限界を打ち破る，あるいは拡張する能力をわれわれに与えるのか，整理された検討が求められるところであり，また主張ではなく，実証を要するところでもある。

1.2 マスメディアとインターネット

社会の認識において，人間の制約を解き放つ道具として，マスメディアは大きな役割を果たしてきた。人間の記憶の限界を日々の報道の蓄積を通して大量に外部化し蓄積し，一覧可能な情報提示によって，社会で起きた出来事の鳥瞰的な認識を可能にし，人々の視野を広げ，解説やニュースの重要度(報道の優先順)の編集によって，人間の判断の補助を果たしてきた。何に優先的に注意を向けるべきか，視聴者を導き(あるいは誘導し)，ヒューリス

ティック的な情報処理簡略化のバイアスを補正する手段としても，安定した有能性を発揮してきた。それはニスベットらが指摘した情報処理上の問題を直接解決するものとまではいかなくとも，ときにヒューリスティックス利用の弱点を補う手段でも，文化による反省的蓄積の一翼を担う道具でも，あり得た。もちろん情報や体験の共有を可能にする想像の共同体の強化への寄与という点からは，危うい確証バイアスの固定化に荷担し，対立集団間どうしの敵意を助長するようなマイナス面は厳然として存在しているが，それでもマスメディアがもたらしたコミュニケーション能力の拡張は否定し得ないだろう。マスメディアは共同体の自己認識を拡張するのにも有能な道具であった。「想像の共同体」論はまさにこのことを指していた。

一方，インターネットはどこまで同様の制約を解き放つ道具として機能しうるだろうか。巨大なウェブが可能にした森羅万象の情報環境構築力と検索力は言うまでもないが，それは判断の補助としてどこまで有用だろうか。また，進化心理学的な立場から人間の制約を考えてみたとき，多種多様な人間の集団を支える手段としてインターネットはどのような機能を果たしているだろうか。

インターネットはコミュニケーション・メディアのカスタマイズ能力(池田，1993; 池田・柴内，1997)によって，私たちの「群れ」のあり方の多様性を支えるという特徴を持つ。人の群れの巨大化を支えるのみならず，離れた群れの間のコミュニケーションをサポートし，群れの内外のコミュニケーションのあり方を自在に設計できる。つまり，一対一の相互コミュニケーション，一対多の一方向的コミュニケーション，多対多の双方向コミュニケーション，あるいは匿名 vs. 実名ベースの集団，実社会に根ざすヴァーチャルコミュニティ vs. 架空社会の形成，さらには SNS 的な比較的閉じたネットワーク構造 vs. ブログ的な開放的な情報拡散構造，あるいはコーディネータを含むような半双方向性を持つ電子会議室 vs. 一方向的なリスト(マガジン型聴衆)による集団など，インターネットが構築しうるコミュニケーションの構造的な柔軟性は突出している。

そして，こうした設計のもつ多様性が，人々のコミュニティ形成のみならず情報取得行動にも大きな差異を生み出す。本章はこれらの点を念頭に「インターネット選挙」が何を可能にしたのか，検討したい。それはインターネットがもたらす，投票や選挙を始めとする政治過程に対する情報環境的なインパクトのあり方を検討することに通じる。

改めて現代の状況を振り返れば、マスメディアのみならず、カスタマイズ・メディアとしてのインターネットが加わった私たちの情報環境は、情報爆発と呼ばれる大量の情報流通時代[1]に至って、極めて多様な情報取得手段をもたらしている。たとえばニュースだけをとっても、テレビの各種ニュース番組や専門チャンネルをはじめとして、インターネット上ではニュースサイト（既存メディアサイト、ネット上の自動的ないし人的介入型の編集を経たニュースサイト）、SNSを通じたニュース流通（LINE, Facebook, Twitter）、ニュースメール、など枚挙にいとまがない。どのような情報取得のあり方を自分用にカスタマイズし選択するか、どの情報源／サイトを選択し、どの情報源／サイトを信用するかといった選択を人々は迫られる。その上で情報の取得は、（マスメディアにはなかったことだが）、情報提供者（送り手）と情報取得者（受け手）との双方向的なやりとりを通じた議論まで行われる場でのものなのか、あるいは提供者から取得者めがけて一方的に送られてくるキャンペーンメールのような形によるのかによっても、異なった様相をみせる。こうした多様性が、人間の能力の拡張にどれだけインパクトを与えるのかを、私たちは意識しなければならない。

情報を取得するカスタマイズのあり方によって、人々の情報処理負荷も入りうる情報も、集団的な情報共有や公共圏的な討論空間の形成の可能性も異なる。これを前提にして「インターネット選挙」を分析するとき、マスメディアが中心であった時代の選挙の情報環境と現代のインターネットの普及時代とを比較して注目したいのが次の4つのリサーチ・クエスチョン（RQ）である。

1.3 分析の焦点としてのインターネットに関わる 4つのリサーチ・クエスチョン

- RQ 1. マスメディアに比して、インターネットは情報縮約や判断の補助の有用な道具となりえているのか

人間の能力の拡張という点で、選挙の情報源としてのインターネットの有用性がマスメディア等の情報源に勝るのかどうかを見よう。たとえばシェ

---

[1] 平成29年度情報通信白書によれば、インターネットのブロードバンドサービスの総ダウンロードトラフィック1つとっても、わずかな期間の2004年から2016年の間でさえ、216→8254Gbps（38倍）の増加を示しており、総アップロードトラフィックは189→1464（8倍弱）と増大している（同白書の図2-1-2-1）。

ハタら (Shehata & Stroembaeck, 2018) はインターネットメディアの学習効果を検討し、選挙時も非選挙時も従来のニュースメディアのみならず、インターネットのニュースサイトにも効果があることを示している (この研究ではSNSには効果は見られなかった)。社会的にはインターネットがニュースの情報源としてマスメディアの付加的な役割を果たしていることを示す結果であろう。本章では、インターネットの有用性を直接測定することはできないが、他の手段と比較してインターネットが有用だと有権者に認識されているかどうかを検討する。

- RQ 2. 拡張されたプルメディア (augmented pull media) としてインターネットは機能しうるのか

　ここでいう「プル」とは、有権者が自らの能動的な行動で情報源にアクセスすることをさす。テレビのチャンネルと番組を選択したり、インターネットで自分が選択的にカスタマイズして特定のサイトにアクセスすることは、情報を「プル」する行為である。かつてのマスメディア接触に典型的であったこうした形態と同様に、インターネットも大量の情報伝達メディア、つまり「もう一つのマスメディア」として機能する可能性がある。つまり、もう一つのプルメディア、ないし、拡張されたプルメディアという機能である。ここでの問いはマスメディア接触と同様の形態の一方向的なメディアとしてマスメディアの延長上の媒体として機能しうるのか、あるいはその強力な情報処理機能によって、能動的でより特定化されたピンポイント的なプルが可能な「拡張されたプルメディア (augmented pull media)」[2]となりうるのか、である。

　たとえば、Yahoo! のような巨大ポータルサイトへのアクセスの量を考えてみよう。本章で最初に対象とする調査年の『インターネット白書2013～14』によれば、Yahoo! のサイトへの家庭のパーソナルコンピュータからのアクセスは2013年8月の1ヶ月で4553万人を記録しており、従来のマスメディア接触に比して遜色のないアクセス量を誇る。また、従来メディアの新

---

[2] "augmented" の語は、「拡張現実 (リアリティ)」の語の一部として1990年代以後用いられることが多いが、元来はマウスの発明者でグラフィカルなユーザインターフェイスへの道を開いたダグラス・エンゲルバートの研究レポート *Augmenting human intellect* (1962) に由来し、コンピュータが人間の情報処理能力を拡張するとする先見的な概念であった。この語源を忘れないためにここでこの語を用いる。

聞・テレビのインターネット上のサイトも巨大ではないにせよ,付加的なマスメディアの一翼を担っている。

　これらは,一般のテレビや新聞にはない,時間的しばりのない能動的なニュースのプルを可能にする。その一方で,ポータルサイトではマスメディア接触で知られていたのと同様に,意図せざるニュース接触として,自らが好意的な政党／政治家に対して非好意的な記事への接触,あるいは自らが非好意的な政党／政治家に対して好意的な記事への接触の可能性も低くない。つまり,自らの選好に合致した選択的接触力を強く促進するわけではない。さらに,ポータルサイトでは,エンタテインメント志向の高い利用者でも(非選択的に)政治情報に接触しうることが知られている(Kobayashi & Inamasu, 2014; Kobayashi, Hoshino, & Suzuki, 2017)。Yahoo! が一般ニュースの中に政治ニュースを混ぜている意図もそこにある。政治や経済などは「公共性」の高いニュースだからであり,関心の強さに関わらず「伝えるべき」情報だからだと言う(中道, 2017; 奥村, 2010)。アメリカではインターネットは自らの選好に合致した情報ばかりに接触しやすくするというエコーチェンバー(共鳴の小部屋)に関する論点に典型的に見られるように,選択的接触が生じさせる社会の分断が問題化しているが,ポータルサイトの強さゆえに日本の状況はそれとは異なっている可能性があることを予め認識しておきたい。

　一方で,ソーシャルメディアにおけるプルメディアとしてのインターネット利用は,ユーザが自ら選択して情報を受け取る色彩が強い。つまり情報を「プル」するために,Twitterのフォロアーになったり,Facebookで友達になったり,メーリングリストに登録(subscribe)する必要があることがしばしばである。そこではポータルサイトにおける行動以上に,ユーザは選択的に自らが好意を持つ可能性の高い情報をプルしがちになるかもしれない。選択的情報接触研究はこの点についても吟味してきた。小林・稲増(2011)のレビュー論文では,党派的な選択的接触は強力なものではないとしている。また,小林ら(Kobayashi, Ogawa, Suzuki, & Yamamoto, 2018)ではTwitterユーザを対象とした分析で,日本ではユーザがイデオロギー的に分断されて存在しているわけではないことを示している。たいていのメディアのアカウントはイデオロギー的に保守的なユーザにもリベラルなユーザにもフォローされていて,フォロアー間の両者のダブリは大きく,アメリカの状況とは大きく異なることが指摘されている点で選択性は高くなかった。

　こうした中で,ソーシャルメディアの持つ双方向機能は,ときに形式的に

双方向であるだけで，実際には送り手と受け手の間の情報の受発信のインバランスが極端に大きい。100万人のフォロワーを持つSNSの発信者は「ミニ」マスメディアであろう。その発信者自身は100万人どころか1万人のフォロワーをフォローし返してその発言を読むことはほとんど不可能である[3]。ドナルド・トランプのようにTwitterで6100万人を越えるフォロワー（2019年6月現在）を持つ発言者はフォーマルなマスメディア組織を介さずとも巨大な人数に対して発信できる，「マスメディア」の送り手となっている。そこから生じる影響のあり方も，マスメディア研究で知られてきたのと同様に「2段階の情報の流れ」がある。メディアなどの発信源から出た情報は，多くのフォロワーがありマスメディアへの接触量も多大なエリートユーザを介して一般のユーザに流れることがTwitterで示されている（Wu, Hofman, Mason, & Watts, 2011）。こうした点は，下記に述べるRQ4の機能としてではなく，ソーシャルメディアもマスメディアと同様のプルメディア的役割を持ちうることを示している。

いずれにしても，インターネットのプルメディアとしての機能を選挙と投票行動の関わりにおいて検討すべきことがわかろう。

- RQ 3. 拡張されたプッシュメディア（augmented push media）としてインターネットは機能しうるのか

ここでいう「プッシュ」とは送り手から受け手に対する積極的な情報伝達を指す。より具体的には，投票や選挙の文脈では，プッシュ的な手段は政治学的には政治参加の中で，とくに特定候補者や政党への動員（mobilization）という語でとらえられてきた。RQ 3を換言すれば，候補者や政党という選挙時の情報の送り手が有権者を自陣営に有利な形で選挙キャンペーン活動へ，そして投票へ，と動員する手段として，有権者にリーチして伝えたい情報を届けることを，インターネットは拡大し，促進するのだろうか。

インターネットは選挙時にマスメディアに比して，はるかに選択的にピンポイントで意図した有権者に情報を届けるメディアとして機能する可能性がある。説得のターゲットを特定し，そこにメッセージを集中させることも

3　歌手のスガシカオがTwitterを始めた2012年当初に，3〜4万人のフォロワーに対して全てフォローし返していたことに驚いたことがある。フォローしても容易に読める量ではないからである。

可能であり，また一方では，既に固い支持を持つ支持者に対して，安定的にポジティブな情報を供給し続けることも可能である．実際，ヒリガスら（Hillygus & Shields, 2008）は著書『説得可能な有権者（*Persuadable Voter*）』の中で，マスメディアによるいわゆる「空中戦」に対して，21世紀に入ってからはマイクロターゲティング技術を用いた推論によって有権者の特性を解析しセグメント化した上で，どのセグメントの有権者が他候補支持から自陣営に「寝返る」可能性のある（persuadableである）争点態度を持つか（クロスプレッシャーを持つか）の確率を計算し，これをターゲティングのための手がかりとして用い，インターネットをも活用した「地上戦」ではピンポイントで確率の高い有権者にアプローチしていくという，アメリカにおける選挙戦の激変を明らかにしている．

一方，振り返ると，2013年以前の日本の選挙では，動員のためにとりうる手段は下記のものに限られてきた．

対面のオフラインでの接触（ただし戸別訪問禁止）
郵便による接触（ただし法定内の量の範囲）
電話による接触
公的に認められた選挙ポスター，選挙カー等での連呼，演説会

である．

では，2013年に「インターネット選挙」が解禁された直後の参議院選挙では，従来の動員手段を補完ないしは上回る「プッシュメディア」としてインターネットは機能し得たのか．

日本で「インターネット選挙」として新たに認められた手段は，ウェブサイトを利用した選挙運動は基本的に解禁，また電子メールを利用した選挙運動は候補者や政党からについてのみ解禁という形式を取っていたが（http://www.soumu.go.jp/main_content/ 000222706.pdf），これらはプッシュメディアとして機能しただろうか．同様に，パーソナルな動員の手段として，つまり個人のパーソナルネットワークの中から，投票へと動員する手段として機能したのだろうか．既に1章で垣間見た動員の全体像に占めるインターネットの比率（1章図11（42-43頁））から見て，非力だった可能性が高いと推察できるかもしれないが，本章では動員の手段としてどこまで効果があったかを検討する．

さらに，プッシュ的な手段は，SNSやメーリングリストを通じても機能し

うる。つまり、選挙の候補者や政治家、政党などが発信しているSNSアカウントのフォロアーやメーリングリストの登録者に対して、プッシュをかけることが制度的に可能となった。つまり、ユーザが自ら進んで「動員」の対象となる事態が生じうる。これは高度に選択的で能動的なキャンペーン情報へのアクセスを生じさせうる。それは選択的な接触としてフォロアーなどになったユーザ側とキャンペーン側との「利害」の一致でもある。本章ではこうした形式のキャンペーンのあり方を、「選択的接触的なプッシュメディア」によるインターネット選挙と呼ぶ。それはどれほど効果を持ったであろうか。

- RQ 4. インターネットをインタラクティブに用い、双方向的な議論の手段としうるか (augmented interactive media for public discussion)

インターネットでは、プッシュかプルかが情報流通のあり方として問題になるだけではない。そもそもインターネットの中で電子会議室が発展しつつあったときに夢想されたのは、ヴァーチャルな理想の討論の場としてインターネットが機能しうるのではないか、ということであった (Rheingold, 1993)[4]。それは制約された人間の群れの場の拡大と興味関心に基づく人々の集団形成に寄与し、双方向でコミュニケーションを行うコミュニティを多様な形で成立させることによって、候補者と有権者、あるいは有権者同士の熟議の場が可能か、という問いにつながる。公共圏と熟議についての民主主義論もこの線上でインターネットの役割を考えることになる (cf. 池田・小林 (2017) のオンライン・ディスカッション論)。

また別の視点から見れば、インターネットではユーザは発信者でもある。インターネット上では情報の発信は電子会議室やSNSであるFacebookやTwitterのコミュニティに限らず多様になされうる。その発信こそがたとえば候補者なり政治家と有権者との間のやりとりを可能にする。こうした情報の送り手と受け手の間の双方向機能の利用は、21世紀になる頃から、活動家や一般市民のキャンペーン過程への関与の増大という形を通じて、特にオバマ大統領候補の第一期の参加型キャンペーンの重要な部分として、アメリカ大統領選挙などで多用されるようになった (平林, 2014; 前島, 2016)。しかしながら日本の選挙の文脈の上で、政治家と有権者の間で政策論争が欠けてき

---

[4] 日本でも1980年代末から「ネット」が討論や論争の場になることが注目されていた (川上・川浦・池田・古川, 1993; 市川編, 1993)。

た背景を考えれば，こうした点の実質的な可能性を疑うことにもなる(西田, 2013)。

政治に限らず，インターネットの消費者メディアとしての機能は，古くからＣＧＭ(consumer generated media)とも呼ばれているように，消費者自身が商品やサービスについて発信できるメディアとして大きく発展し，企業と消費者との間の情報の授受やコラボレーション，あるいは消費者間の商品やサービスについての情報授受やディスカッションが条件によっては可能なメディアとして大きく機能してきている(佐々木, 2018)。

したがって発展した消費者メディアと同様に，有権者間，有権者と政党／候補者との間でインターネットがブリッジとなり，政治的争点や選挙などに関する情報の授受，討論，熟考の場を提供できているかが，日本のインターネット選挙解禁においても重要な検討の対象となる。インターネットによって高められた相互作用能力(augmented interactions)をここではインタラクティブな機能と呼ぶ。その上でここでの問いは，インターネットのインタラクティブな機能は候補者／政党と有権者，あるいは有権者間の情報交換や討議は政治への洞察力を高め，社会関係資本を形成するコミュニケーションの場をもたらしうるのか，である。

これらのＲＱについて2013年の日本初の「インターネット選挙」を中心に，具体的なデータに基づいてどこまで検討可能か，見ていこう。

2　日本初の「インターネット選挙」：2013年参議院選挙

日本では法の整備が遅れ，与党が積極的でなかったことも抑制要因となり，2013年参議院選挙になってはじめて，本格的なインターネット選挙が実現した(cf. 岡本, 2017)。日本初のインターネット選挙はSNSが広範に普及する中で実施された。それは，与党自民党，対，複数の少数野党の選挙であった。

当時のインターネットの利用状況一般を概観しておこう。総務省の通信利用動向調査は2012年末と2013年末に大規模な調査を実施している(情報通信白書平成26年版)。参院選は7月であったので，この2つの調査の中間的な値が参院選時のインターネットの状況であると考えられる。それによれば，インターネット利用の普及率は79.5％から82.8％に増大し，特に年齢50代以上での拡大が大きく，1年で5〜6％の増大を記録し，13年末には50代

で91％，60〜64歳77％，65〜69歳69％まで広がった。またソーシャルメディアの利用は全体では42％であるが，13〜39歳では利用は5割を超えていた。利用端末は，1年の間に自宅でも自宅外でもパーソナルコンピュータの利用が微減し，代わってスマートフォンからの利用が大きく伸びた時期でもあった(ただし2013年には42％で，家庭からのパーソナルコンピュータの58％には及んではいない)。

利用されるサイト(インターネット白書2014, p.61)で見ると，2013年8月において総合ポータルサイトとしてYahoo! Japanが圧倒的なアクセスを得ており(既述)，対するにテレビ系のサイトではＮＨＫが812万，ＴＢＳが440万，新聞系のサイトでは読売新聞が633万，朝日新聞が622万などとなっていた(上位2つまで)。SNSでは，スマートフォン経由でFacebook 2407万，Twitter 2059万，パーソナルコンピュータ経由ではそれぞれ1589万，1207万となり，多くのユーザがコミュニティ的なインターネット利用を増大させている時期であったことを示している。

2.1　4つのリサーチ・クエスチョンに対応する2013年選挙の様相

4つのRQを検討するに際して，それぞれの前提として生じていた状況を確認しておこう。つまり，インターネットがプラスに機能する可能性を高めるような情報環境上の状況は以下の通りであった。

RQ1に関して：ユーザの能力を拡張し，情報判断を助けることを目指すような報道各社の選挙関連ページ，Yahoo!みんなの政治，にこにこネット，BLOGOS，あるいは複数のボートマッチサイトなどの特設サイトが開設された。

RQ2に関して：一般ニュースサイトの特設ページのみならず，政党公式ページや候補者自身のホームページなどの整備，更新が多かれ少なかれ選挙期間中継続され，情報のアウトレットとしての機能が拡張された。

RQ3に関して：候補者・政党側からは動員力の拡大を目指し，「カクサン部」と共産党が称したように，プッシュへの力点は大きかった。日本維新の会では党首が持つ100万人超のフォロワーに情報発信の力点を置いた。リアル世界での午後8時までの選挙キャンペーンと，「夜の部」としてのインターネットからの動員を試みた候補者も多数あった。

RQ4 に関して：ソーシャルメディア的な機能の中で，候補者－有権者，有権者－有権者の間の相互作用に力点を置いた候補者や政党もあった。自民党はFacebookでもTwitterでも多くの反応を引き出し，民主党は争点についての意見募集に力を入れ，熟議可能な空間を形成しようと試みた。

2.2　CSES調査第4波日本データ

　CSES 4では全国20〜80代の一般男女個人有権者を対象に調査を行ったが，それはWASC調査の第4波パネル調査でもあった[5]。調査方法は選挙後の訪問面接法で世界のCSES調査全体で統一されていた。まずその単純集計から，RQ関連要因の様相を見よう。

RQ1）道具としてのインターネットの評価：他メディアに比してインターネットは政治の情報源として優位に役立っているか

　選挙期間中の政治の情報源として，政治家・政策等の情報取得，選挙情勢，あるいは投票先の選択に関する情報といった，選挙時に有用と思われる各側面から見て，他メディアに対してインターネットが政治の情報源として優位に役立っているかを検討したのが図1である。

　明らかにインターネットは情報源として補完的ないし付属的なメディアに留まっていた。図1の全体の数値分布から容易に見えるのはテレビと新聞が全てにおいて他の情報源を圧倒しているという点である。

　インターネットが有用だとして挙げられた回答を加算すると，4割の投票者はインターネットがどれか1つの情報源として有用だったと回答していたが，6つの側面の中で4つ以上インターネットを情報源と回答した人は17％に留まり，マスメディアには大きく水をあけられていた。その数値は選挙公報よりも全般的に低めであるが，従来型の動員を示すビラやチラシにはやや勝り，直接的な街頭演説や選挙運動員との接触より上回るという規模で

---

[5]　対象者は，パネル継続者，およびサンプルの偏りを補う新規抽出分の2通りとなった。パネル継続者は，2010年WVS 6, 2011年ABS 3, 2012年ソーシャルネットワーク調査のいずれか（または複数）において調査協力の承諾を得たサンプルであり，新規抽出者は全国で選挙人名簿より抽出した。ただし選挙人名簿の閲覧が不可能だった地点のみ住民基本台帳を用いた。標本数は4,184（2012年調査までのパネル1,124, 新規抽出3,060）であり，有効回収数は1,937, 回収率は46.3％であった。

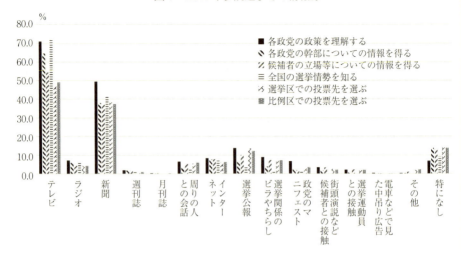

図1 2013年参院選挙での情報源

あった。1章図11（42-43頁）で見た動員接触の物理的な量の小ささと比すると，有用情報源としてはインターネットはより効率的ではあったが，マスメディアには遠く及ばずであった。この数値は，多少質問形式は異なっているが，2013年秋のNHK調査（河野・小林，2014）の数値と大きく変わらない。

RQ2) 政治や選挙に関するニュース接触のためにインターネットを利用しているか

次に，選挙期間中に政治や選挙についての情報を閲覧した主要サイトの利用率を下記に見る（図2）。まず表示はしていないが，6割以上の人がアクセスせず利用してもいない。しかし，接した中ではYahoo! Newsが圧倒していることが明瞭である。白書等でも指摘されていた通りである。オンラインの新聞や通信社のサイトへのアクセスは多くはない。政党のサイトへのアクセスも少ない。

さらに，ニュース接触のためのプルメディアとしてのインターネットを既存のマスメディアへの接触と比較しよう。図3がそれである[6]。インターネッ

---

6 アクセスするサイト数，読む新聞数，視聴するテレビ番組数をそれぞれカウントしたもの。

3章 「インターネット選挙」導入がもたらした変化と国際的文脈 113

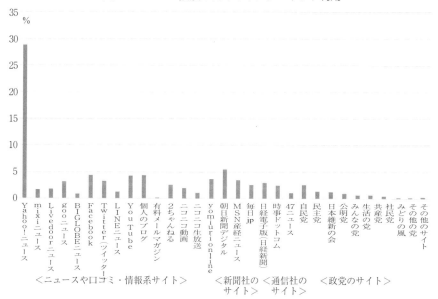

図2 ニュース接触のためのインターネット利用

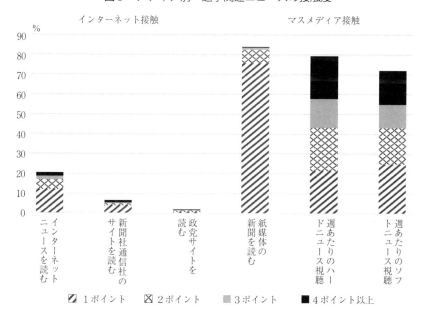

図3 メディア別・選挙関連ニュースの接触度

トによるニュース接触の3つのタイプの利用を合わせても有権者の1／3にしか届いていないのに対し、マスメディアは新聞・ハードニュースともに8割前後に達する。ワイドショーやキャスター形式のソフトニュース視聴も7割を超えている。なお、インターネットによるニュース接触のコンテンツは、そのかなりの部分が、マスメディアに由来していることも注記するに値する。

RQ3) 候補者・政党からのプッシュ情報を有権者は取得したのか

　この調査では、CSES 4の国際比較のための共通の設問として、候補者・政党からのプッシュによる情報取得を検討するため、「選挙期間中、もしくは期間前にインターネットや携帯電話(スマートフォンを含む)で政党や候補者の『お知らせ』や『ニュース』などが届くように、メールマガジンやRSSリーダーに自分のアドレスなどを登録したり、Twitterで相手をフォローしたりしましたか」と問うた。

　この種の情報取得手段の送り手として著名なのは、過去には小泉政権の2001年の発足時にスタートしたメールマガジンがある。それは2012年以後の安倍政権にも継承され首相官邸メールマガジンとなっているのみならず、その後発信手段は多様化し、FacebookやTwitterなどにも形を変え、官邸に留まらず、安倍晋三を始めとして多くの政治家が試みている党派的な媒体となっていることは周知の通りである。

　しかしながら一般有権者の全体から見ると、本調査での肯定的回答の数値は3.2％に過ぎず、政党や候補者を特定し、そこからプッシュ形式で送られる情報を取得した有権者はかなり限られていた。この行動は、有権者が選択的に政党や候補者を指定してそこからプッシュされる情報を自ら受け取るものであり、いわば選択的接触形式のプッシュメディアを選択することである。既に述べたように、もし候補者や政党が十分な情報の提供と配信を行ったとすれば、有権者は自らの政治的選好に一貫する情報がプッシュされてくる可能性が高まるはずであるが、その機会を持つ有権者の比率は限定されたものだった。

　一方、選挙ではさまざまな手段で政党・候補者による動員が行われ、先に言及したように伝統的な手段も含めた働きかけが存在する。その中でインターネットはプッシュメディアとして存在感を示したとは言いがたい。一方、政党からではなく、特定の政党・候補を支持する友人などのパーソナル

ネットワークからの動員も伝統的に行われている。これらの集計値は図4において明らかである[7]。

まず全体をまとめると、キャンペーン陣営からの動員はさまざまな形を合計すると有権者の35%に届いた。パーソナルネットワークによる動員もまた35%の有権者に届いたことがわかる。しかし、集計に見るように、一般的なリーチ(つまりプッシュによるアプローチ)はどちらの動員形態でも、旧来の方法の方がはるかに高かった。

じっさい、有権者のわずか2%がキャンペーン陣営から何らかの形でのインターネット接触によってリーチがなされているに留まり、パーソナルネットワークでは、インターネット接触が占める比率は1.5%に過ぎなかった。両者にはダブって届いている有権者もいるため、キャンペーン陣営とパーソナルネットワークからの動員をまとめてみると2.7%の人々にしかリーチできていないことが判明する。これらの数値は、選択的接触形式で有権者自らが能動的につながないと機能しないプッシュではなく、いわばストレートな

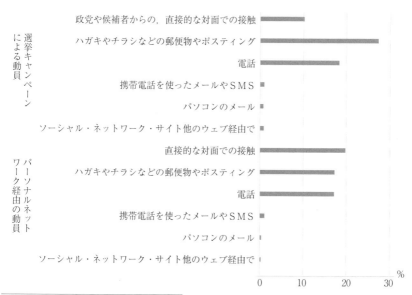

図4　動員の形態と手段

7　CSES 4の共通設問である。図は1章図11 (42-43頁) にパーソナルネットワークからの動員の情報を付加したものである。

（受け手の党派性を前提としない）プッシュの数値であることに注意しておこう。要は，支持しない政党や候補者からのアプローチを含む数値なのである。この数値は，初の「インターネット選挙」と喧伝，一部の者に期待されていた割には相当程度に低いと言わざるをえない。

これらを選択的接触のプッシュと合わせると，全体でプッシュを受けた有権者は3.6%となる（その7割が1つのプッシュに留まる）。インターネットが有力なプッシュの手段であったと言える数値ではないだろう。

もう一点，政党別に見てキャンペーンによる動員がどのように分布しているかを見たのが，次の数値である[8]。

	動員を受けた人々の中での%	左記の中でインターネット経由の動員の%
－ 自民党	43%	5.4%
－ 民主党	38%	8.3%
－ 日本維新の会	14%	13.5%
－ 公明党	57%	9.0%
－ 共産党	21%	5.0%

動員全体から見ると，政党からのアプローチの数値は公明党，自民党，民主党の順となり，一般的な印象を裏書きしているが，そのうちインターネット経由の動員が占める動員全体の比率は右側に示す通りである。日本維新の会が最も力を入れているようであるが，それでも同党による動員のうちの1／7程度に過ぎない。

なお，留意しておきたいのは，動員の受け手である有権者はその41%が複数政党から動員を受けていたという点である。このことは，動員は特定の政党・候補が競合者のいない有権者にリーチできているのではなく，有権者から見れば，相対立する動員圧力に同時にさらされていることを意味する。当然ながら，動員でリーチできたことがそのまま，当該政党が独占的な動員圧力を与え得たということにはならない。

RQ4) インタラクティブな場としてのインターネットは機能したか

2013年の調査時点ではSNSやブログを中心としたオンラインコミュニ

---

[8] パーソナルネットワーク経由の動員については政党名を尋ねていない。

ティの利用がどの程度あり，さらに能動的な情報発信がコミュニティ利用のどの程度の割合を示しているかを見ておこう(図5)。一般的な行動としての能動的な情報発信が相当程度に大きくない限り，インターネットがインタラクティブなメディアとして政治や選挙についての議論の場となったと言うことは難しくなる。

図5に見るように，2013年の時点では，どのSNSのコミュニティでも利用者は有権者の1/5に届くものにはなりえていない(縦軸の％の値を見ていただきたい)。また，LINEを除けば，積極的な情報発信者はどのコミュニティでも多数派になっていないことに注意しよう。したがって，そもそも能動的なメディアとしての活用はそれほど強力なものとは言えない。

では発信する利用者はどのような利用をしているのだろうか。「あなたが今度の選挙について選挙期間中に経験したことをすべて選択してください」(複数回答可)という形で行った設問を，表1のように整理した。

まず全体として，この問いに対して，ネット利用者の1/8のみが政治や

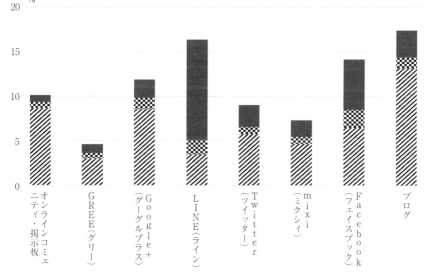

図5　SNS他のコミュニティにおけるコミュニケーションの様相

表1　インターネット・コミュニティでの情報取得と発信

	コミュニティ	活動	対象内容	ネット内ユーザ比率	回答者全体内比率
1	SNS/メーリングリスト	記事を引用／言及	政治の記事	2.1%	1.3%
2	SNS/メーリングリスト	記事を引用／言及	社会的な事件の記事	1.5%	0.9%
3	SNS/メーリングリスト	議論に参加	政治の記事	0.4%	0.3%
4	SNS/メーリングリスト	議論に参加	社会的な事件の記事	0.5%	0.3%
5	SNS/メーリングリスト	読んだ	政治の記事	4.3%	2.6%
6	ブログ	記事を引用／言及	政治の記事	0.9%	0.6%
7	ブログ	記事を引用／言及	社会的な事件の記事	0.3%	0.2%
8	ブログ	記事を引用／言及	参議院議員選挙の争点	0.7%	0.4%
9	ブログ	読んだ	政治の記事	5.4%	3.3%
10	どれも経験していない			87.5%	

社会的出来事に関して読んだり書いたりしているにすぎないことが判明した(「どれも経験していない」が87.5%)。さらに，多様な利用の仕方の中でも，単に「読んだ」だけでなく，政治的な内容に言及したり，議論に参加した比率が相当限られていることが見て取れるだろう。インターネットが政治的なメディアとして，インタラクティブに選挙期間中に活発だったとはとても言えない。

2.3　多変量解析のための従属変数

以下ではRQ1とRQ4に関連した要因，および投票行動を従属変数とした分析を行う。

RQ1の分析に際しては，RQ2, RQ3, RQ4関連の変数を独立変数に加える。なぜなら，有用性の認識はそれらによって規定されると考えられるからであり，それを既存メディアの有用性認知と比較することに意味がある。RQ4の分析では，同様にプルとプッシュの効果を見ることとする。RQ4はインタラクティブなメディアの利用であったため，そこにプル的なインターネットのニュース利用や，プッシュ的な政党サイドの動員が意味のある貢献をしているのかを検討する。

次に，投票に関してはインターネットのプッシュ，プル，インタラクティブな要因のどれによって有権者が情報取得し，判断し，そのことが投票行動を規定したかどうかを知りたい。つまり，投票行動に対してインターネット選挙が影響をもたらしたかどうかを検討する手がかりを得るためにRQ2, RQ3, RQ4を説明要因として検討する。ただし，インターネットを通じた政

党個別の動員の実数は本データでは既に見たように小さく，精緻な分析はできない。このため，インターネットによる動員全般の効果を見ることとなる。本章の第3節はこれを補うためのインターネットのアクティブユーザの分析を行う。

以上から，主要な従属変数は次の通りである。

- RQ1関連：メディアの有用性認知：単純集計で見たテレビ，新聞，会話，インターネット，選挙キャンペーンのそれぞれの有用性
- RQ4関連：SNSで政治や選挙キャンペーンについて話した，読んだに焦点を当て，尺度は2つである。能動的参加（SNSで政治について語る）の尺度と，受動的な参加まで含めた尺度（SNSで政治について読み書きするまで含めた）の尺度である[9]。
- 特定政党への投票：主要5政党の選挙区・比例代表の2票を加算した。

独立変数は次のように設定する。

- 統制要因：
 デモグラフィック要因：性，年齢，学歴，政治知識
 政党親密度（政党支持と同等に扱われる[10]）
 SNS／ブログ／電子会議室の利用度
- RQ2関連 プル要因：政治情報関連サイトへのアクセス
 紙媒体の新聞接触，テレビのハードニュース視聴，ソフトニュース

---

9 能動的参加（SNSで政治について語る）の尺度は，ソーシャルネットワーキングサービス（SNS）やメーリングリストで，「政治の記事を引用したり，言及したりした」「政治に関する議論に参加した」，自分のブログで「他のブログやメディアの政治の記事を引用したり，言及したりした」「今回の参議院議員選挙の争点について，他のブログやメディアの記事を引用したり，言及したりした」の項目への肯定的回答を加算し，さらに受動的な参加まで含めた尺度（SNSで政治について読み書き）は上記に加えて次の2つの肯定的回答を加算した。すなわち「ソーシャルネットワーキングサービス（SNS）やメーリングリストで，政治的な見解を表明する日記や書き込みを目にした」および「他のブログで，政治的な見解を表明する日記や書き込みを目にした」である。それぞれ表1での項目番号では1, 3, 6, 8と1, 3, 6, 8＋5, 9に対応する。

10 CSESに特有の政党支持度だが，日本では3段階に分けて尋ねているので，これを用いた。後に述べる国際比較の他国では一段階が基本なので，政党支持の代替変数として感情温度を用いている。

視聴
インターネットニュースサイト接触，新聞社通信社サイト接触，政党サイト接触
（それぞれ対応する具体的な新聞，番組，サイト名への接触回答の加算による）
・RQ3関連 プッシュ要因としての政治・選挙関連情報取得
政党や候補者のメールマガジン／RSSリーダー登録やSNSでのフォロー
政党／候補者からの動員
有権者のパーソナルネットワークからの動員
・RQ4関連 インタラクティブなインターネット利用：上記記載通りとする。

以下の分析に際しては，サンプルウェイトを用いて順序ロジット，ロジット分析を行い，結果の欄の疑似R^2に関しては同じ分析でウェイトなしの数値を記載した。

2.4 メディアの有用性認知の規定要因の分析

表2に見るように，まずインターネットの有用性認知を従属変数とした場合（一番左列の結果）を見よう。ここにはRQ2に関連したインターネットニュース接触，政党サイト接触の効果が見られる。一方，政党からのインターネット経由のプッシュや，選択的接触的なプッシュ要因である政党／候補者のフォロー等には効果がなかった。また，プルメディアの効果に加えて，SNSでの政治についての読み書きというインタラクティブなインターネット利用（RQ4関連）にも効果があることが見て取れる。

一方，選挙キャンペーン全体の有用性認知を従属変数とした場合には，3つのマスメディア接触変数が主に有意であることが明白であるのみで，インターネットのプルサイドでも政党サイト接触やプッシュサイドの政党／候補者による動員，パーソナルネットワーク経由の動員，あるいはフォロー等の選択的な動員の効果は見られなかった。

これら2つの結果は全体としてインターネットを通じた動員の効果の不在を示しており，「インターネット選挙」の1つの旗印が有用とは受け取られていないことを示唆している。

表2　メディア別・有用度認知の規定要因

有用度得点：	インターネット	選挙キャンペーン	テレビ	新聞	周りの人との会話
	係数	係数	係数	係数	係数
性(男性1，女性2)	−0.04	−0.15	−0.05	−0.13	0.58 ***
年齢	0.00	0.00	−0.01	0.02 ***	0.01
教育程度	0.16 *	0.08	−0.04	0.04	−0.05
政治知識	0.14 *	−0.04	0.03	0.22 ***	−0.06
新聞購読	0.07	0.51 ***	−0.06	1.55 ***	0.20
平日のハードニュース接触	0.03	0.18 **	0.21 ***	0.19 ***	0.09
平日のソフトニュース視聴	0.01	0.11 +	0.23 ***	0.00	0.15 *
SNS/ブログ/BBS利用度	0.02	0.02	−0.02	−0.03	0.06
インターネットニュース接触	0.46 ***	0.14	−0.11	0.01	0.43 **
新聞社通信社サイト接触	0.12	−0.03	0.03	0.09	−0.05
政党サイト接触	0.59 **	0.27	−0.25	−0.40 ***	−1.03 **
政党／候補者のメルマガ登録、フォロー等	0.10	−0.13	−0.03	−0.38	−0.05
政党による動員：インターネット経由	0.20	0.57	0.24	0.01	0.63
パーソナルネットワークによる動員：インターネット経由	0.22	−0.06	−0.49	−0.66 +	0.27
SNSで政治について読み書き	1.16 ***	0.30	−0.34	0.63 *	0.05
カットポイント1	1.20	2.72	−1.64	2.62	4.25
カットポイント2	1.67	3.41	−1.01	3.06	4.91
カットポイント3	2.16	3.85	−0.51	3.45	5.54
カットポイント4	2.55	4.22	−0.09	3.83	5.95
疑似R^2（ウェイトなし時）	0.0641	0.0376	0.0252	0.0881	0.0329
N	1,932	1,932	1,932	1,932	1,932

.05<p=<.1 +, .01<p=<.05 *, .001<p=<.01 **, p<.001 ***

　これに対するに，テレビ，新聞，会話の規定要因を見よう。マスメディア接触変数の効果が典型的に見られる以外には，新聞に関しては政党サイトに接すると新聞の評価が下がるというような傾向を見て取れる一方，SNSで読み書きする活動は新聞評価にプラスになる傾向があり，新聞の情報をSNS上で利用していることを示唆している。

　周囲との会話が選挙において評価される背景には，マスメディア接触ではなくて，インターネットニュース接触の効果が見て取れ，会話の中にインターネットが多少とも浸透してきている様相がある。

2.5　SNSで政治について語る，読む，を規定する要因の分析

　表3に分析の結果を提示する。まず当然ながら，SNS利用量全般はSNS内で政治を語り，読むことにプラスの貢献をしている。

　プル要因の効果はニュースサイトへのアクセスに見られる。つまり，イン

表3　SNS上での読み書き，語りを規定する要因

	SNSで政治について語る 係数	SNSで政治について読み書き 係数
性（男性1，女性2）	-1.38 **	-1.13 **
年齢	-0.01	-0.01
教育程度	-0.66 **	0.30 +
政治知識	0.02	0.34 **
新聞購読	0.10	-0.27
平日のハードニュース接触	-0.17	-0.07
平日のソフトニュース視聴	0.23	0.28 *
SNS/ブログ/BBS利用度	0.25 *	0.27 ***
インターネットニュース接触	0.72 ***	0.99 ***
新聞社通信社サイト接触	0.43 *	-0.01
政党サイト接触	0.76 *	0.59 *
政党／候補者のメルマガ登録、フォロー等	2.17 **	1.89 **
政党による動員：インターネット経由	-0.32	0.30
パーソナルネットワークによる動員：インターネット経由	0.32	0.42
定数	-2.31	-4.38 ***
疑似R^2（ウェイトなし時）	0.4209	0.4811
N	1,932	1,932

ターネットによるニュース接触はSNS内で政治を語るのに大いにプラスである。また同様に，新聞社通信社サイトへのアクセスにも政党サイト接触にも効果が見られる。これは従来のマスメディア接触変数の効果がないことと対照的である。従来メディアより選択性の高いインターネット経由のマスメディアの政治・選挙のみだけではなく，政党サイトへの接触による当該政党からの直接的なメッセージもSNSでの語りに貢献していることは，インターネットのプル要因の効果として重要なポイントではないだろうか。

さらに，政党／候補者のフォロー等の効果が有意であることから，プッシュメディアとしての効果が明らかに認められる。プッシュメディアとしてのインターネットもまた，政治について語り，読むことを促す。ただし，これは選択的接触を通じた間接的なプッシュであり，直接的な動員の効果は疑問であることも同時に見て取れるだろう。インターネット経由の動員の効果は候補者・政党からやパーソナルネットワークによるものも含めて見受けられないからである。

まとめると，SNSでの政治的会話や議論に貢献する要因として浮びあがったのは，インターネット内で有権者本人が能動的／受動的に政治情報に接触することにあり，マスメディア接触や，直接的なプッシュである動員による

ものではなかった。こう書くと，SNSで政治を語り読むことがインターネット利用の中で閉じているように見えるが，インターネットニュースの中の多くの情報の由来はマスメディアなので，間接的にマスメディア接触も効果をもたらしていることになる。

2.6 投票の分析

表4は投票先を従属変数として設定して，政党支持とマスメディア接触，各種サイト接触を含め，主として一般的な動員（インターネット経由に限らず）の効果を見たものである。政党の動員一般の効果を見ると，政党支持要

表4 投票行動の規定要因としての動員・メディア接触

投票先：	自民党	民主党	日本維新の会	公明党	共産党
	係数	係数	係数	係数	係数
性（男性1，女性2）	0.03	− 0.03	− 0.04	0.31	− 0.28
年齢	− 0.01 *	0.01	− 0.01	0.01	0.03 **
教育程度	− 0.03	− 0.11	0.13	− 0.20	0.25 +
政治知識	− 0.08	0.09	0.19	− 0.17	0.15
自民党支持	1.04 ***	− 0.68 ***	− 0.31 *	0.20	− 0.93 ***
民主党支持	− 0.81 ***	1.37 ***	− 0.27	− 0.34	− 0.55 *
日本維新の会支持	− 0.38 *	− 0.75 **	1.79 ***	0.11	− 0.84 **
公明党支持	− 0.05	− 0.69 **	− 0.17	1.60 ***	− 0.74 +
共産党支持	− 1.56 ***	− 0.42 +	− 1.39 +	− 0.43	2.21 ***
新聞購読	− 0.02	0.27	0.03	− 0.25	0.10
平日のハードニュース接触	− 0.01	0.01	0.03	0.02	0.13
平日のソフトニュース視聴	− 0.03	0.03	0.10	0.13 *	− 0.12
SNS/ブログ/BBS利用度	− 0.01	0.06	− 0.05	− 0.04	0.12 +
インターネットニュース接触	0.05	0.04	0.03	− 0.13	0.01
新聞社通信社サイト接触	− 0.02	− 0.09	0.03	0.02	− 0.11
政党サイト接触	− 0.13	− 0.17	− 0.32	0.21	0.01
政党／候補者のメルマガ登録、フォロー等	0.17	− 0.15	− 0.75	− 1.01 +	− 15.21 ***
自民党による動員	0.91 ***	− 0.48 +	− 0.52	− 0.79 *	− 0.31
民主党による動員	− 0.12	1.11 ***	− 0.40	− 0.15	− 1.05 **
日本維新の会による動員	− 0.82 +	− 0.06	2.09 **	− 0.82	0.02
公明党による動員	− 0.50 *	− 0.47	0.04	0.85 *	− 0.12
共産党による動員	− 0.14	− 0.63	0.80	− 0.54	0.90 **
パーソナルネットワークによる動員：インターネット経由	− 0.18	− 0.65	− 0.43	1.71 *	− 1.40
SNSで政治について読み書き	0.03	− 0.43	0.82	0.55	0.18
カットポイント1	− 0.54	2.10	2.98	3.40	4.80
カットポイント2	0.53	3.37	4.73	5.34	5.86
疑似R^2（ウェイトなし時）	0.2063	0.2273	0.227	0.2479	0.2992
N	1,560	1,560	1,560	1,932	1,932

因を統制しても，動員の効果は一般的に有意であり，党ごとに当該政党への投票に貢献していた[11]。

次に，本来ならば，各党からの動員をインターネット経由のみの動員に限定して，分析を継続すべきであるが，そうした動員の数値が絶対的に低いため，政党や候補者からのインターネット経由の動員の総数（政党別は相殺）を投入した検討したのが次の表5である。

インターネットを通じた動員の効果RQ3は政党の動員では日本維新の会

表5　投票行動の規定要因としてのインターネット経由の動員・メディア接触

投票先：	自民党	民主党	日本維新の会	公明党	共産党
	係数	係数	係数	係数	係数
性（男性1，女性2）	0.00	-0.07	-0.08	0.39	-0.24
年齢	-0.01 *	0.01	0.00	0.01	0.02 *
教育程度	-0.05	-0.15	0.12	-0.26 *	0.19
政治知識	-0.10	0.08	0.19 +	-0.18	0.10
自民党支持	1.06 ***	-0.71 ***	-0.33 *	0.08	-0.95 ***
民主党支持	-0.78 ***	1.41 ***	-0.24	-0.43	-0.64 **
日本維新の会支持	-0.38 *	-0.77 ***	1.78 ***	0.01	-0.80 **
公明党支持	-0.08	-0.72 ***	-0.26	1.53 ***	-0.83 *
共産党支持	-1.55 **	-0.44 +	-1.24 +	-0.64	2.26 ***
新聞購読	0.01	0.27	0.01	-0.41	0.02
平日のハードニュース接触	-0.01	-0.01	0.05	0.01	0.08
平日のソフトニュース視聴	-0.03	0.04	0.11	0.12 +	-0.09
SNS/ブログ/BBS利用度	-0.01	0.06	-0.05	-0.04	0.12
インターネットニュース接触	0.04	0.04	0.05	-0.10	0.00
新聞社通信社サイト接触	-0.05	-0.11	0.09	-0.05	-0.13
政党サイト接触	-0.14	-0.11	-0.35	0.20	-0.02
政党／候補者のメルマガ登録、フォロー等	0.17	-0.22	-0.87	-1.33 +	-14.39 ***
政党による動員：インターネット経由	-0.46	0.25	1.21 *	0.63	-2.64 *
パーソナルネットワークによる動員：インターネット経由	-0.15	-0.89	-0.63	1.47 +	-0.36
SNSで政治について読み書き	0.10	-0.33	0.71	0.28	-0.01
カットポイント1	-0.67	1.79	3.03	2.47	3.92
カットポイント2	0.37	3.03	4.75	4.44	5.04
疑似R^2（ウェイトなし時）	0.1937	0.2101	0.2146	0.2379	0.2987
N	1,560	1,560	1,560	1,560	1,560

11　1章表2（48-49頁）で見た自民党，民主党に対する結果と同様であるが，これは動員一般であって，インターネットの効果とは言えない。共産党や公明党において，政党／候補者のフォロー等の効果がマイナスであるが，これは他の政党をフォローしていることによるだろう。

においてプラス，パーソナルネットワークでは公明党においてプラスの傾向が認められるものの，顕著な結果とは言いがたい（どちらの政党も他党に比して比較的活発であったことを含意している）。

なお，マスメディアでもインターネットでも，プル要因的な効果は見いだされなかった。特定の政党に有利になる報道に接したわけではないことを意味している。

3　インターネット選挙とネットのアクティブユーザ：2013年と2016年の参院選

2013年の日本初の「インターネット選挙」に際して，CSES 4の面接調査と並行してTwitterユーザに特化した調査を実施した。インターネットのアクティブユーザにおける「インターネット選挙」関連行動を検討するためである。

まずスクリーニングを行い，次の3基準で対象者を選定した。インターネットサンプル（マクロミル社登録サンプル）から日本全国を対象として10万人を抽出した上で，①Twitterユーザであること（月1回以上ツイートまたはリツイートしていること），②インターネットで政治一般，政治家，政府関連の情報に接していること，③自身のTwitterアカウントが公開されたものであり，そのアカウント名を調査者に伝えられること[12]，である。この基準に基づいたスクリーニング調査を2013年7月16～19日に行った。その後，全基準に合致し，回答した1673サンプルを対象者とした本調査を実施した。本調査は，参院選の投票所が閉まった直後の7月21日20時に開始，24時間後の7月22日19:59までに目標1000回答数を獲得した。回答者の66%が男性，34%が女性であり，50代以上の女性が少ないという偏りがあった。回答者は47都道府県すべてにまたがっていた。この回答者をインターネットのアクティブユーザの第1波パネルとして，さらに同一の回答者に対し，2014年都知事選挙時にパネル調査，2016年参院選時にパネル調査を実施した。本研究では後者を第2波パネルとして追加の分析を行う。その対象者数は469であった。

以下では，一般有権者の分析に対応する形で，インターネットのアクティ

12　アカウントの公開などは当該対象者のツイートの分析も行うことを意図していたためである。これは本論では分析の対象外とする。

ブユーザの分析を行うが，何点かで分析は異なる。つまりRQ2, RQ3, RQ4の検討において，このインターネットサンプルならでは可能となる分析を行う。具体的には，接触したニュースサイトの政党バイアス認知の分析，動員によるアプローチの動員政党別の分析，ネットワーク上の政党バイアスある情報とインタラクティブな行動との関連性の検討である。なお，RQ1の分析はできない。

3.1 プル要因としての期間中閲覧サイト

プル要因（RQ2）として，選挙期間中に閲覧した情報の入手先を回答してもらうと（リストは一般有権者対象の時と同じ。複数回答可），インターネットのアクティブユーザにおいても，Yahoo!ニュースはマスメディア的な機能を果たしており，6割弱の回答者が接していた。次いでTwitterへは44％（Twitterユーザの調査であるから当然ではある），Facebookへは21％となっており，その他は分散していた。政党公式サイトへも多少のアクセスはあるが閲覧率上位とは顕著な差がある。これは日本の一般ユーザとも共通しており，インターネットの政治関連の情報やニュースへの入り口は限定的であり，その分散度はかなり低い。

3.2 閲覧した政党支持の党派的バイアス

インターネット調査では，回答者が上記サイトで政党に関する情報を閲覧したとき，その内容がその政党に対して好意的か，非好意的か，あるいは中立的だったかを尋ねた。これは一般有権者の調査では測定できていなかった党派性バイアス認知である。多様なニュースやSNSでの発言の中には，政党について中立的な情報の提供ばかりではなく，好意／非好意のバイアスのかかった情報もまた散在していると考えられる[13]。これらが接触したユーザの判断に影響したかがここでの焦点である。より具体的には，各閲覧サイトにおけるインターネットの政治関連情報への接触の中で，自民党，民主党，日本維新の会の主要三党に関連した情報について，それぞれ閲覧した内容が好意的情報，非好意的情報，中立的情報だったかを尋ねた。図6の横軸は各

---

13 たとえば中央紙・地方紙を含めた新聞のイデオロギー位置を推定した研究（金子・三輪, 2018）は，広く左右に各紙が分散していることを計量的に示しており，それに応じて政党に対する記事にも好意的なものから非好意的なものまで分布していることが考えられる。

図6 接触サイトの党派性バイアス認知

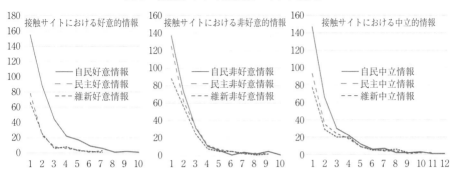

党好意度・非好意度・中立的情報への接触量(閲覧サイト数)であり,縦軸は各接触量ごとの人数(素データ)である。例えば,自民についての好意的情報接触サイト1つに接した人が160弱,2つの人が100人程度と読める(それぞれ16%,10%の比率)。

この結果を見ると,自民党に対する好意的情報の接触が多く,他2党を圧倒していることがわかろう。また非好意的情報については差が縮まるものの,中立的な情報では自民党の情報が再び圧倒している。インターネット空間はアクティブユーザにとって,圧倒的に自民党に関わる好意的ないし中立的な情報が満ちていた選挙だったと言える。

では,このように認知された党派性バイアスが投票に与える効果はあるだろうか。それは一般有権者の投票に対して行った分析の独立変数を党派性バイアスで精緻化した分析となる[14]。RQ2の分析の一環として,ユーザがプルする情報のバイアス認知がもたらす効果を見るのである。

まず,結果の表6の左半分において,それぞれの党派性と一貫する情報の効果が見て取れる。各党に中立的な言及および好意的な情報への接触により,投票にはプラスの力が働いている。非好意的情報の場合に,自民党にはマイナスであるのは一貫しているが,同じ非好意的情報でもまた中立的情報でも日本維新の会にはプラスに働いており,言及されることそのものを得票への力としている。この参院選前の半年の間に,日本維新の会では石原慎太

---

[14] 3党に関してのみ好意度/非好意度/中立を尋ねたので,従属変数も3党のみとした。

表6　接触サイトの党派性バイアス認知が投票に及ぼす効果[15]

	自民党投票 2013	民主党投票 2013	日本維新の会投票 2013	自民党投票 2013	民主党投票 2013	日本維新の会投票 2013
	係数	係数	係数	係数	係数	係数
性	−0.01	−0.24	−0.28	0.35 +	−0.47 +	−0.47 +
年齢	0.00	0.01	0.00	0.01	0.00	0.00
被雇用	0.13	0.04	−0.05	0.31 +	−0.29	−0.14
SNS友人選挙関心(引用頻度)	−0.04	0.03	0.06	−0.05	0.04	0.03
自民中立情報接触_ネット	0.35 ***	−0.30 *	−0.09	0.20 *	−0.28	−0.09
民主中立情報接触_ネット	−0.01	0.38 *	−0.46 **	0.01	0.28	−0.35 *
維新中立情報接触_ネット	−0.28 **	−0.19	0.54 ***	−0.15	−0.18	0.47 **
自民好意的情報接触_ネット	0.30 ***	−0.04	−0.20 +	0.15 *	0.12	−0.18
民主好意的情報接触_ネット	0.30 *	0.38 *	−0.12	0.35 *	0.43 *	−0.06
維新好意的情報接触_ネット	−0.15	−0.16	0.67 ***	−0.07	−0.37	0.52 **
自民非好意的情報接触_ネット	−0.18 *	−0.07	−0.26 +	−0.26 *	−0.01	−0.14
民主非好意的情報接触_ネット	0.07	−0.01	−0.24	0.02	−0.06	−0.21
維新非好意的情報接触_ネット	−0.24 *	0.07	0.30 *	−0.21 +	0.14	0.22
自民党支持				1.53 ***	−1.00 ***	−0.02
民主党支持				−0.52 +	1.36 ***	0.03
日本維新の会支持				−0.31 +	−0.20	1.38 ***
カットポイント1	0.68	2.20	1.64	2.63	1.45	1.61
カットポイント2	1.17	3.39	2.69	3.44	2.92	2.97
疑似R^2	0.0414	0.018	0.0404	0.3026	0.1959	0.2065
N	1000	1000	1000	1000	1000	1000

郎と橋下徹との共同代表制への移行，橋下代表の従軍慰安婦発言，東京都議会選挙での完敗など諸事が相次いだ一方で，共同代表は参院選後まで維持されたことを反映している可能性がある。

　さらに，表の右半分では対応する政党の政党支持要因をコントロールした結果を示している。中立情報の効果は減じ，自民党・日本維新の会は有意で残ったが，民主党に対する効果は消えた。好意的情報の効果は弱化するものの三党ともプラスで残った。効果が減じた部分は，政党支持が政党関連情報接触の媒介要因であることを示唆している。つまりは選択的な接触であった。政党の支持の効果が絶大であることは疑似決定係数の値の増分からもわかるが，それをコントロールした上で，一般的なネット上のメディア情報接触でさえも，また中立的な情報への接触でさえも，政党支持とは独立した投票への効果が見られたことは，注目に値する。インターネットでの政党に関する報道への接触そのものが影響力を持っているのである。

15　パーソナルネットワークの情報環境の持つ政治的な誘因力を統制するために

3.3 政治家・政党からの動員

では一般有権者に比して，インターネットのアクティブユーザが，インターネット経由の動員をより受けやすいという状況はあっただろうか。実際，図7の数値を見ると，携帯メール・SMS 8 %，パソコンメール 7 %，SNSなどWWW経由24%となっており，一般有権者よりはるかに高いリーチを得ていた（図4（115頁）と対比されたい。差は明瞭である）[16]。

次に，友人や家族，近所の人，同僚，その他の知人からの動員はどうだろうか。ここでは，携帯メール・SMS 5 %，パソコンメール 5 %，SNSなど経由が15%となっている。政党や候補者からの動員に比しては少ないとは言え，SNSなどは電話を上回り，対面接触の率に迫っていることが見て取れる。これも一般有権者における構図と大きく異なる。

では，こうしたアプローチを政党別に見てみよう。図8は動員手段のカテゴリーごとの全働きかけ接触数に占める政党ごとの率（かつ複数回答可）で表

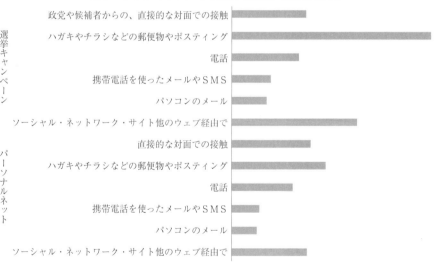

図7　アクティブユーザにおける動員の形態と手段

「SNS友人選挙関心（引用頻度）」を投入している。これは「友人による政治的なニュースや記事の引用を見かけたか」に関する頻度の回答である（後述）。

16　なお，2013年当時の状況を反映して，SNSだけを独立分離して選択肢を作成していないので，SNSに特化した数値は分からない。

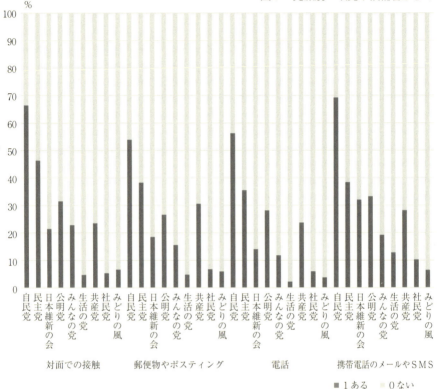

図8　党派別：政党や候補者からの

示したもので、接触手段ごとの政党別相対比率を示す。複数回答だったので各接触手段の計は100％を上回る。

　各手段を通して、自民党が圧倒している。さらにインターネット系統では日本維新の会・公明党・共産党の少数野党の健闘が認められる。

　次に、よりパーソナルなネットワークでは政党別にどのようなアプローチがあっただろうか[17]。図9に見るように、インターネット系はじめ、全体で自民党支持の動員力が活発だが、公明党、次いで民主党・共産党が従来的な非インターネット経由の方法で比較的高い数値をたたき出している。他方、インターネット経由では、民主党・日本維新の会・公明党・共産党が競り合っているが、それでも自民党の方が1.5倍から2倍以上のアプローチを果

17　CSES 4面接調査にはこのデータはなかった。

動員の形態と手段

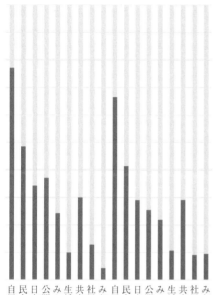

パソコンのメール　　SNSやWEB上を通じた他の方法

たしている。

インターネットを通した動員方法の累積をまとめたのが，図10である。全体としてインターネット経由でアプローチを受けた人が多いとは言えないまでも，インターネットのアクティブユーザのうち自民党からは2割弱，民主党では1割といった比率を示している。パーソナルネットワークからはその半分程度であるが，一般有権者よりは実質的な効果を検討できるほどには，動員の試みがなされていた。

次に，各政党別のインターネットを通じた動員，パーソナルネットワークからのインターネット経由の接触による動員がもたらす投票への効果を検討しよう。一般有権者については動員を受けたサンプル数が小さいため，分析不可能だったもので，本節ではアクティブユーザ対象の分析であるために可能となった。

まず，政党支持をコントロールしない場合，表7上に見るように，選挙運動による候補者や政党からのインターネット経由の動員の効果は明瞭である。日本維新の会では有意傾向に留まるが，他党ではインターネットで動員を受けると投票にプラスの効果があった。またパーソナルネットワークでは自民党にプラス，日本維新の会に有意傾向であった。

これに加えて政党支持をコントロールすると，独立した動員の効果は自民党や日本維新の会では薄れる（表7下）。つまり，自民党や日本維新の会によるインターネットの動員は政党支持を通した効果であって，必ずしも新しい票を獲得できていないことを意味している。インターネットによる動員は，元からの支持者を投票に運ぶ強化効果を持つに過ぎず，新しい支持層の獲得

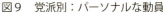
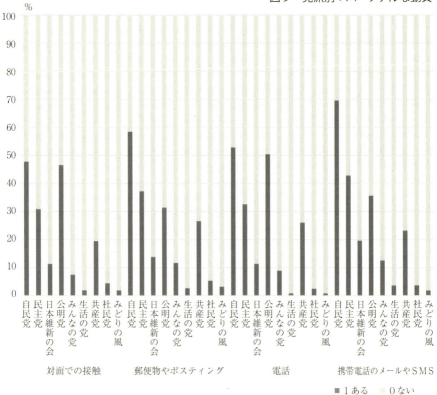

図9 党派別：パーソナルな動員

には至らなかったとも言えよう。

　一方，野党の中で民主党，公明党，共産党においては，インターネットのアクティブユーザでは，政党支持の規定力に加えて，政党からのキャンペーンの動員が新たな支持の調達につながっている。瀬川（2018）は Twitter の「政治場」の同質性が高いことを実証的に指摘しているが，今回の知見は，こうしたネット上の同質性の高さにもかかわらず，党派性を越える動員力がときに生じることを示唆している。

3.4　SNS内のインタラクティブな交流の効果

　SNS上の友人と政治について語り合ったり議論をしたりしていれば，それ自体は熟議とまではみなせなくとも，SNSが政治について双方向のやりと

3章 「インターネット選挙」導入がもたらした変化と国際的文脈 133

の形態と手段

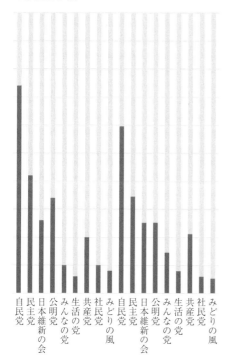

パソコンのメール　　SNSやWEB上を通じた他の方法

りを成立させる場となっているとまでは言えるだろう。これを知るために，「あなたが今回の選挙について選挙期間中に経験したことをすべて選択してください」と問い，インターネットのコミュニティでの経験について複数回答可形式の回答を求めた。選挙期間はわずか2週間であったが，CSES 4で対象となった一般有権者内のインターネットユーザに比して，政治に関連した選択肢が選ばれる比率はかなり高くなった。何も経験していない比率は半減し，表8に見るように各々の活動に関し，一般のインターネットユーザの5倍から10倍程度の関与率となった。表1（118頁）に見た全有権者に対する比率と比べると10倍から20

図10　インターネットを介した複合的な動員への接触

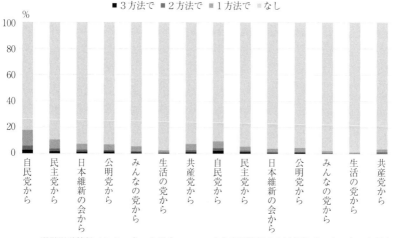

選挙運動接触インターネット経由　　友人家族等働きかけ接触インターネット経由

表7　投票行動の規定要因としてのインターネットを介した動員の効果

	自民党投票2013	民主党投票2013	日本維新の会投票2013	公明党投票2013	共産党投票2013
	係数	係数	係数	係数	係数
性	− 0.07	− 0.14	− 0.23	0.23	0.19
年齢	0.00	0.01	0.00	0.00	0.02 *
被雇用	0.17	0.05	− 0.08	− 0.10	0.03
SNS友人選挙関心(引用頻度)	− 0.02	0.00	0.01	− 0.13	0.15 **
選挙運動接触インターネット経由：自民党から	0.47 **	− 0.26	− 0.19	− 0.89 *	− 0.39
選挙運動接触インターネット経由：民主党から	− 0.23	0.98 **	0.09	− 0.79	− 0.82 *
選挙運動接触インターネット経由：日本維新の会から	− 0.05	− 0.16	0.52 +	0.19	− 0.27
選挙運動接触インターネット経由：公明党から	0.05	− 0.25	− 0.28	2.07 ***	− 0.13
選挙運動接触インターネット経由：共産党から	− 0.18	− 0.12	0.10	− 1.45 *	1.44 ***
友人家族等働きかけ接触インターネット経由：自民党から	0.47 **	− 0.37	− 0.14	0.05	− 0.21
友人家族等働きかけ接触インターネット経由：民主党から	− 0.47 *	0.22	− 0.34	0.66	− 0.25
友人家族等働きかけ接触インターネット経由：日本維新の会から	0.19	0.03	0.67 +	− 0.11	− 0.60
友人家族等働きかけ接触インターネット経由：公明党から	− 0.12	0.13	0.22	0.26	− 1.16 +
友人家族等働きかけ接触インターネット経由：共産党から	− 0.04	− 0.17	− 0.35	− 0.24	0.06
カットポイント1	0.54	2.34	1.61	3.07	2.80
カットポイント2	1.02	3.54	2.64	3.89	3.53
疑似R^2	0.0216	0.0246	0.0192	0.1282	0.0545
N	1000	1000	1000	1000	1000

	自民党投票2013	民主党投票2013	日本維新の会投票2013	公明党投票2013	共産党投票2013
	係数	係数	係数	係数	係数
性	0.35 +	− 0.37	− 0.41	− 0.18	− 0.26
年齢	0.01	0.00	− 0.01	0.00	0.00
被雇用	0.31 +	− 0.29	− 0.19	0.05	0.27
SNS友人選挙関心(引用頻度)	− 0.05	0.04	0.03	− 0.35 *	0.19 **
選挙運動接触インターネット経由：自民党から	0.22	− 0.24	− 0.14	− 1.34 *	− 0.16
選挙運動接触インターネット経由：民主党から	− 0.11	0.78 *	− 0.24	− 0.06	− 1.05 *
選挙運動接触インターネット経由：日本維新の会から	0.27	0.02	0.35	− 0.40	− 0.20
選挙運動接触インターネット経由：公明党から	− 0.32	− 0.35	0.42	2.61 ***	0.56
選挙運動接触インターネット経由：共産党から	− 0.11	0.09	0.04	− 1.75 +	1.15 **
友人家族等働きかけ接触インターネット経由：自民党から	0.14	− 0.10	− 0.24	0.04	− 0.25
友人家族等働きかけ接触インターネット経由：民主党から	− 0.26	− 0.08	− 0.15	0.44	0.11
友人家族等働きかけ接触インターネット経由：日本維新の会から	0.10	− 0.17	0.83 +	− 0.10	0.47
友人家族等働きかけ接触インターネット経由：公明党から	0.13	0.32	− 0.13	0.23	− 1.39 +
友人家族等働きかけ接触インターネット経由：共産党から	0.01	− 0.71	0.09	− 0.97	− 0.85
自民党支持	1.47 ***	− 0.99 ***	− 0.17	0.21	− 1.34 ***
民主党支持	− 0.52 +	1.32 ***	− 0.16	− 0.27	− 0.36
日本維新の会支持	− 0.43 *	− 0.34	1.66 ***	0.09	− 0.87 **
公明党支持	0.36	− 0.21	− 12.77	3.37 ***	− 0.47
共産党支持	− 1.03 **	− 0.45	− 1.72 +	− 0.31	1.93 ***
カットポイント1	2.49	1.52	1.38	3.02	1.85
カットポイント2	3.30	3.00	2.90	4.82	3.06
疑似R^2	0.3036	0.2023	0.2632	0.4797	0.3372
N	1000	1000	1000	1000	1000

表8　アクティブユーザ：インターネット・コミュニティでの情報取得と発信

コミュニティ	活動	対象内容	率(%)
1 SNS／メーリングリスト	記事を引用／言及	政治の記事	25.7
2 SNS／メーリングリスト	記事を引用／言及	社会的な事件の記事	21.1
3 SNS／メーリングリスト	議論に参加	政治の記事	8.5
4 SNS／メーリングリスト	議論に参加	社会的な事件の記事	7.4
5 SNS／メーリングリスト	読んだ	政治の記事	31.4
6 ブログ	記事を引用／言及	政治の記事	7.1
7 ブログ	記事を引用／言及	社会的な事件の記事	5.7
8 ブログ	記事を引用／言及	参議院議員選挙の争点	5.1
9 ブログ	読んだ	政治の記事	17.0
10 どれも経験していない			42.5

倍近い差がある。この点で，このアクティブな層においてはインターネットが双方向的な政治的議論がなされる場になる素地が見える。

では，こうしたインタラクティブなメディアの利用に対してどのような要因が関連しているのだろうか。換言すれば，ユーザをインタラクティブな行動に導く情報環境的な機制は何であるのか，さらにはインタラクションの相手，その周囲他者，プル／プッシュされる情報の内容を検討しよう。

まず，友人や知人が政治についてブログやSNSで発言した内容に接触したかどうかを知るために，選挙や政治に関連して「直接関わりのある知り合いがこの1ヶ月の間にブログやSNSにおいて選挙や政治に関するニュースや記事を引用しているのをどの程度見ますか」と問うと(図11)，「ほぼ毎日」が1／4，「週に数回」をあわせ，約半分が接していた。目にしなかったのは1／4に過ぎず，インターネットのアクティブユーザでは，直接に候補者や政治家らとつながっているとは限らずとも，友人や知人から選挙・政治関

図11　ブログやSNSにおける友人・知人の選挙・政治関連情報発信（記事引用）の目撃頻度

連情報をインターネットを通して多くが受け取っている。SNSで政治について議論するなど，インターネットを双方向的なメディアとして政治的な情報の受発信媒体とするには，前提としてネットでつながる友人や知人もまた政治的にアクティブになっている必要がある。ここでの数値はその前提が存在していることを示唆している[18]。

では，そうしたSNSの友人からの政治情報の接触（RQ4の前提条件）や，また先ほど検討したようなニュースサイトなどからの党派的情報がSNSでの政治的な活動を誘発するのかどうか（RQ2関連），を回帰分析で検討した結果が表9である。ユーザのSNSやメーリングリストなどでの行動について尋ねた回答（複数回答可）を従属変数とし，これらに対してロジット分析を行った。

結果からは第一に，SNSでの友人・知人における政治情報（選挙情報）の受発信は，SNSでの回答者の政治的な発言や活動に促進効果を持っているこ

表9 SNS上での読み書き，語りの規定要因としてのインターネット内のニュース

選挙中の経験：SNS／メーリングリストで，	選挙や政治についての記事を引用言及した	選挙や政治についての議論に参加した	政治的な見解を表明する日記や書き込みを目にした	政党や候補者，選挙運動員などから投票や選挙運動集会への参加について働きかけられた
	係数	係数	係数	係数
性	−0.25	−0.28	0.34 *	0.04
年齢	−0.01	0.00	0.01 *	0.01
被雇用	−0.08	−0.21	−0.16	0.01
SNS友人選挙関心（引用頻度）	0.38 ***	0.52 ***	0.31 ***	0.41 ***
自民中立情報接触_ネット	0.16 *	0.17 +	0.11	0.08
民主中立情報接触_ネット	−0.04	0.02	0.06	0.06
維新中立情報接触_ネット	−0.08	−0.24 +	−0.05	−0.08
自民好意情報接触_ネット	0.24 ***	0.11	0.07	0.15 +
民主好意情報接触_ネット	0.05	0.11	−0.39 **	−0.15
維新好意情報接触_ネット	−0.19	0.23	−0.01	0.21
自民非好意的情報接触_ネット	0.35 ***	0.06	0.17 *	0.04
民主非好意的情報接触_ネット	−0.11	0.07	0.19 +	0.17
維新非好意的情報接触_ネット	0.12	−0.16	0.17 +	−0.17
定数	−2.03 ***	−3.99 ***	−2.98 ***	−4.71 ***
疑似R^2	0.1466	0.1249	0.104	0.0872
N	1000	1000	1000	1000

---

18 この変数が表6以来，独立変数として投入されていたものである。

とが明瞭である。SNSの場でインタラクティブに議論したり，議論を誘発する行為をとったり（記事の引用や言及），あるいはもっと弱い形で受動的に「目にする」状況を作るのが，まずは対人的なネットワークの中に政治情報が流れることにある。

また第二に，インターネット上のニュースなどによって得た党派的情報にも促進効果があるかどうかについては，二点注目しうることがある。自民党についての中立情報，好意的情報，非好意的情報は全て他党に比べ，SNSで引用されたり言及されることに連動している。自民党に関してはSNS内でプラスの情報もマイナスの情報も浸透していく効果が高いことが明瞭である。政党の情報が持つバイアスの効果ではなく，むしろ報道やニュースの接触量の効果であり，政権政党効果とみなせるだろう。

また，政治的な見解についての書き込みをSNS内で見かける規定要因としては，三党全てにおいて非好意的情報への接触効果が一貫していた。解釈は二通りあり得る。つまり，一般的なインターネットのニュース情報の中で政党への非好意的情報に気がつくとSNS内での政治的見解により敏感になる，あるいはSNS内ではもともと非好意的な記事への引用や言及が目につきやすい，という解釈である。なお，SNS内での議論参加や政党からのアプローチについては党派的情報接触の効果は明瞭ではなかった。

続いて，SNS内での行動に対するインターネットの動員効果を見よう（表10）。

ここでは，動員一般の効果をさらに絞り，一般有権者では分析できなかったインターネット経由での各政党の動員に限ってみていこう。表10は小政党による動員効果が，SNSの中で政治を語ることに対して弱いながらも有効に働いていることを示している。日本維新の会，公明党，共産党による動員効果が散見されるからである。選択的な接触を通じた間接的な動員ではなく，政党からの直接の動員であっても，アクティブユーザはそれらに対してSNSで反応を惹起される傾向があった。

なお，インターネットを用いる以外の対面接触，ポスター，電話などの手段も含めた動員一般の効果を同じ従属変数に対して検討しても，この表で認められた動員効果は同様に浮かび上がった（表は不記載）。つまりここでの結果はインターネットを含めた動員の手段よりも，当該政党が動員そのものにかける力を反映している可能性がある。

表10 SNS上での読み書き，語りの規定要因としてのインターネット経由の動員

選挙中の経験：SNS／メーリングリストで，	選挙や政治についての記事を引用言及した 係数	選挙や政治についての議論に参加した 係数	政治的な見解を表明する日記や書き込みを目にした 係数	政党や候補者，選挙運動員などから投票や選挙運動集会への参加について働きかけられた 係数
性	-0.26	-0.26	0.24	0.04
年齢	-0.01	0.00	0.02 *	0.01
被雇用	-0.06	-0.22	-0.10	0.02
SNS友人選挙関心（引用頻度）	0.43 ***	0.53 ***	0.36 ***	0.39 ***
選挙運動接触インターネット経由：自民	-0.19	0.21	-0.11	0.39 +
選挙運動接触インターネット経由：民主	0.16	-0.35	0.22	0.05
選挙運動接触インターネット経由：維新	-0.02	0.45 +	0.52 *	0.37
選挙運動接触インターネット経由：公明	0.53 *	0.32	0.29	0.53 *
選挙運動接触インターネット経由：共産	0.33	0.49 +	-0.13	-0.10
友人家族等働きかけ接触インターネット経由：自民	0.48 *	0.29	-0.03	0.10
友人家族等働きかけ接触インターネット経由：民主	0.06	-0.37	-0.32	-0.14
友人家族等働きかけ接触インターネット経由：維新	-0.04	-0.10	-0.46	-0.38
友人家族等働きかけ接触インターネット経由：公明	-0.25	-0.03	-0.24	-0.52
友人家族等働きかけ接触インターネット経由：共産	0.05	0.02	0.87 **	0.68 +
定数	0.55	-1.45 **	-0.69	-4.86 ***
疑似R^2	0.11	0.14	0.08	0.13
N	1000	1000	1000	1000

3.5 SNSに特化したプッシュ要因を検討する

　政治に関連したアカウントのフォローや「ともだち」化がもたらす効果をさらに検討しよう。既に論じたように，SNSを通じて候補者，政治家や政党とつながることが，選択的接触を持ったプッシュ要因（つまりは党派的バイアスを持ちうるプッシュメディア）として機能する可能性がある。

　インターネットのアクティブユーザのサンプルでは，図12に見るように，直接候補者とのつながりを持つ回答者が3割弱（「読み飛ばすことが多い」まで含む），政治家とは4割弱，政党とは2割強あった。つながっていないという回答がいずれも大多数を占めたが，これらの数値は，いくつかの点で注目に値する。一つは，ジャーナリストや新聞・テレビの公式アカウントと比べても政治家や政党とのつながりが遜色のない割合に達していること。二つ目は，候補者・政治家・政党のどれかの投稿を「ほとんど読んでいる」人が，25％に達することである（メディア系統のアカウントでこれに対応する数値は21％）。

図12 SNSを介した政党・候補者・政治家，マスメディア関連アカウントとのつながり

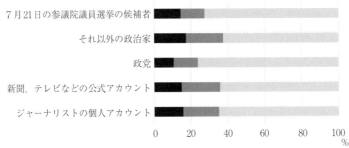

■ つながっており，投稿内容をほとんど読んでいる
■ つながっているが，投稿内用は読み飛ばすことが多い
　つながっていない

　さて，こうした選択的接触を伴うプッシュ要因は回答者自身のSNS内でのインタラクティブなメディアの利用につながるのだろうか。先ほどと同じパターンの回帰分析を行うが，候補者や政党や政治家とのつながりと，ジャーナリストやメディアとのつながりを分けて分析する。結果は表11に示すとおり，候補者，政治家や政党をフォローしたり「ともだち」化しているほど，両変数ともほぼ一貫してプラス方向に有意であり，選択的接触のプッシュ要因を通じて回答者が政治的に活発なSNSに関与することが明瞭であった。

表11 SNS上での読み書き，働きかけの規定要因としてのSNS等でのプッシュ要因

選挙中の経験：SNS／メーリングリストで，	選挙や政治についての記事を引用言及した	選挙や政治についての議論に参加した	政治的な見解を表明する日記や書き込みを目にした	政党や候補者，選挙運動員などから投票や選挙運動集会への参加について働きかけられた
	係数	係数	係数	係数
性	−0.28	−0.31	0.22	0.03
年齢	−0.01 *	−0.01	0.01 *	0.00
被雇用	−0.10	−0.25	−0.14	−0.04
SNS友人選挙関心（引用頻度）	0.32 ***	0.38 ***	0.31 ***	0.27 *
SNSのメディア／ジャーナリストプッシュ	0.27 ***	0.18 +	0.17 **	0.03
SNSの候補者／政治家／政党プッシュ	0.24 ***	0.28 ***	0.05	0.37 ***
定数	−1.84 ***	−3.67 ***	−2.72 ***	−4.46 ***
疑似R^2	0.1501	0.1495	0.0698	0.1297
N	1000	1000	1000	1000

それでは，さらに進んで，政治的に党派化されたSNSをフォローすることの効果を検討しよう。「政治的に党派化された」とは，ある政治的傾向を持つアカウントをフォローすること（例：政党アカウントのフォロー）であり，先ほどの候補者・政治家や政党をフォローする際にその党派性を尋ねたデータに基づく。
　表12はその分析結果である。RQ4で論じたインタラクティブな効果については，共産党の効果（表では「SNS共産党色」として記載）が一貫して浮かび上がり，自民党では記事の引用言及と，公明党では動員と関連性があることが見て取れる。したがって，どの政党も一貫した効果が認められるわけではなく，インタラクティブな効果は党派による偏りがかなりはっきりしているが，政党によっては今後インタラクティブなメディアとして利用されていく可能性が見える。もちろんこれは因果的な関連性については不明瞭であり，意図して選択的なプッシュを受けとるようなユーザがSNSでも盛んに活動している相関を示しているとまでが言えるに過ぎない。それでもSNS内に政党からのプッシュ要因が浸透する経路の存在は注目すべきである。ここに選択的なプッシュ要因を通じてSNS内でキャンペーンが効果を持つ可

表12　SNS上での読み書き，働きかけの規定要因としてのSNS等プッシュ要因の党派性

選挙中の経験：SNS／メーリングリストで，	選挙や政治についての記事を引用言及した	選挙や政治についての議論に参加した	政治的な見解を表明する日記や書き込みを目にした	政党や候補者，選挙運動員などから投票や選挙運動集会への参加について働きかけられた
	係数	係数	係数	係数
性	− 0.23	− 0.22	0.24	0.14
年齢	− 0.01 +	− 0.01	0.01 *	0.01
被雇用	− 0.10	− 0.20	− 0.14	0.03
SNS友人選挙関心（引用頻度）2013	0.34 ***	0.42 ***	0.31 ***	0.35 ***
SNSのメディア／ジャーナリストプッシュ	0.33 ***	0.29 ***	0.16 **	0.19 *
SNS自民色	0.63 **	0.40	0.00	0.48
SNS民主色	− 0.02	− 0.13	0.14	0.24
SNS日本維新の会色	− 0.14	− 0.14	0.20	− 0.29
SNS公明色	0.13	0.16	− 0.02	1.21 **
SNS共産党色	1.50 ***	1.37 ***	0.66 *	0.81 *
定数	− 1.98 ***	− 3.93 ***	− 2.77 ***	− 4.93 ***
疑似R^2	0.1601	0.1481	0.0755	0.1125
N	1000	1000	1000	1000

能性を見て取れる。

　最後に，政治的に党派化された選択的接触のプッシュ要因が投票そのものに対して効果を持つかどうかを検討しよう。

　選択的接触である以上，元々フォローしている政党に対して有権者が好意的である可能性は高い。実際に，表13上の分析ではSNSの政党色の効果が一貫してみられる。しかしながら，単に選択的接触の党派性が現れているだけではない。つまり後半の表13下にみるように，政党支持をコントロールしてもなお，フォローして選択的接触するプッシュ情報が，投票にプラスの効果をもたらしている。自民色のフォローは政党支持をコントロールしても自民党への投票にプラスをもたらしており，民主党でも日本維新の会でも公明党でも共産党でも結果は一貫していた。SNSを通じたキャンペーンの政治色は一般ニュースの政治色以上に，そのキャンペーンに接した政党への投票という果実をもたらしているように思われる。ここでも因果関係は逆の可能性があり，投票するつもりでフォローしている（「応援している」）ということは当然あり得るが，そうした選択的な投票意向の強化であっても，こうした選択的なフォローによって入手される情報には従来強力とされてきた政党支持を越えて投票行動を動かす力をもたらしたと言えるだろう。

3.6　2013年インターネット選挙：CSES 4の一般サンプルとの比較

　第2節と第3節を振り返り，2013年日本のインターネット選挙を一般サンプルとインターネットサンプルで対照した結果は，次の3点にまとめることができるだろう。

　第一に，党派的な情報については，インターネットを通じた一般的情報源からも，インターネットを通じた政党や候補者からの動員の圧力としても，一般サンプルよりインターネットのアクティブユーザが多く受け取っていた。またそうした情報が，当該政党に対して直接的に投票にプラスに働いた。

　第二に，インターネットのアクティブユーザのSNS内に政治的に活発な友人が存在することが当該ユーザに政治や選挙について語る機会を増大させていた（インターネットサンプルのみのデータ分析による結果である）。

　第三に，SNSなどを通じた候補者・政治家・政党のフォローは，インターネットサンプルでは政治についてのコミュニケーションを増進するとともに，当該政党への投票にプラスの効果を持っていた。フォローによる効果

表13　投票行動の規定要因としてのSNS等プッシュ要因の党派性

	自民党投票 2013	民主党投票 2013	日本維新の会投票 2013	公明党投票 2013	共産党投票 2013
	係数	係数	係数	係数	係数
性	−0.02	−0.29	−0.32	0.42	0.23
年齢	−0.01 *	0.00	0.00	0.00	0.01 +
被雇用	0.10	−0.03	−0.10	−0.17	0.12
SNS友人選挙関心(引用頻度)	−0.05	−0.03	0.06	−0.10	0.16 **
SNSのメディア／ジャーナリストプッシュ	−0.01	0.16 +	−0.17 +	0.10	0.00
SNS自民色	1.89 ***	−0.82 **	−0.61 *	−0.26	−1.33 ***
SNS民主色	−0.96 ***	1.87 ***	−0.72 *	−1.18 +	−0.06
SNS日本維新の会色	−0.12	−0.23	2.16 ***	0.14	−0.74 *
SNS公明色	−0.37	−0.04	0.62	4.28 ***	−1.12
SNS共産党色	−2.06 ***	−0.42	−1.38 *	−0.61	2.60 ***
カットポイント1	0.43	2.19	1.64	3.68	2.81
カットポイント2	0.97	3.43	2.76	4.57	3.61
疑似R^2	0.0901	0.0671	0.0876	0.1838	0.1086
N	1000	1000	1000	1000	1000

	自民党投票 2013	民主党投票 2013	日本維新の会投票 2013	公明党投票 2013	共産党投票 2013
	係数	係数	係数	係数	係数
性	0.34 +	−0.44	−0.38	0.16	−0.18
年齢	0.00	0.00	−0.01	0.00	0.00
被雇用	0.23	−0.34	−0.23	−0.11	0.27
SNS友人選挙関心(引用頻度)	−0.10 +	0.02	0.05	−0.34 *	0.17 *
SNSのメディア／ジャーナリストプッシュ	0.05	−0.13	−0.02	0.00	
SNS自民色	1.00 ***	−0.48	−0.09	0.43	−0.55
SNS民主色	−0.26	1.33 ***	−0.37	−1.42	−0.36
SNS日本維新の会色	−0.14	0.11	1.15 ***	−0.18	−0.27
SNS公明色	−0.33	0.11	0.83	3.39 ***	−1.47
SNS共産色	−1.86 **	−0.29	−0.63	1.00	1.55 ***
自民党支持	1.39 ***	−0.94 ***	−0.19	0.27	−1.18 ***
民主党支持	−0.56 *	1.18 ***	−0.05	−0.29	−0.32
日本維新の会支持	−0.43 *	−0.21	1.46 ***	0.07	−0.72 **
公明党支持	0.45	−0.30	−12.32	2.85 ***	−0.18
共産党支持	−0.85 *	−0.45	−1.68 +	−0.85	1.92 ***
カットポイント1	2.23	1.42	1.40	3.65	1.81
カットポイント2	3.06	2.90	2.93	5.23	3.04
疑似R^2	0.3191	0.2094	0.2693	0.4436	0.3404
N	1000	1000	1000	1000	1000

は，一般サンプルではかなり限定されていた。

3.7　2016年参院選におけるインターネット選挙：パネルサンプルの分析

　前項は2013年の「インターネット選挙」元年のアクティブユーザの分析

であったが，次の2016年の参議院選挙でも同一ユーザを対象にしたパネルデータを取得した。このため，選挙のタイプを揃えた上でインターネット選挙の変化を比較しうる。

2016年参議院選挙には，安全保障関連法案の審議を通じて低下していた内閣支持率が回復傾向となった時点で自民党は選挙に突入した，という背景がある。野党は，参院選直前になって日本維新の会から分裂した維新の党を吸収する形で民主党が民進党となり，2016年参院選は共産，社民，生活の党との連携によって行われた。維新の党と袂を分かったおおさか維新の会はこれとは別に行動した。有権者の選択の幅に大きな異変が生じていたのである。

選挙報道は低調で，参院選に関するテレビ番組の放送時間は2013年に比べて2割減少した一方，インターネット選挙は定着し，政党の公式のTwitterの発信は9割増，フォロワー数は野党で増大したと指摘される（日本経済新聞記事2016年7月9日）。しかしながら，2013年選挙での有権者のネット選挙運動接触率が期待されたほどではなかったために，インターネットを通じた動員が票に結びつくという期待はしぼみがちであった。

3.7.1　3年を隔てたインターネット選挙関連行動の変化

インターネット選挙に関わる要因の変化を同一のパネル回答者に絞って見ておこう。2013年から2016年への平均値の変化を見て，ネット選挙の変化の解釈に役立てよう。

検討したのは，インターネットやTwitterの利用度，インターネットサイトでの好意・非好意・中立情報への接触度，選挙運動やパーソナルネットワークによるインターネット上での動員，SNS上での選挙関連情報接触，SNSやメーリングリストでの選挙中の経験，SNSの友人の選挙関心であり，対応する回答のt検定を行った。結果は表14に見るとおりである。

まず，インターネットの利用時間がわずかに減少し，その中でTwitterの閲覧，書き込みの度合いも下がっている。次いで，インターネットサイトの接触度は民主（民進）党への好意情報のみ増大した（維新の会は2016年には測定していない）。インターネットを通じた動員も政党・候補者やパーソナルネットワークともに下がっていることが見える。公明党・共産党は例外であるが自民党，民主（民進）党，維新の会でほぼ共通して低下がみられる。同じ傾向は，SNS内での情報接触にも見て取れるだろう。SNS内で政治情報そ

表14 インターネット関連の政治・選挙経験・接触の2103年から2016年への変化

	2013年平均	2016年平均	t	
インターネット利用度(PCとモバイル)	12.58	12.23	− 2.18	*
ツイッター閲覧頻度	6.18	5.72	− 6.39	***
ツイッター書込頻度	4.76	4.08	− 7.77	***
リツイート頻度	3.66	3.52	− 1.46	
インターネットサイトでの情報接触				
自民好意情報接触	0.71	0.73	0.27	
自民非好意情報接触	0.53	0.68	1.89	
自民中立情報接触	0.71	0.79	0.89	
民主民進好意情報接触	0.26	0.45	3.15	**
民主民進非好意情報接触	0.57	0.51	− 0.75	
民主民進中立情報接触	0.51	0.44	− 0.90	
選挙運動接触インターネット経由				
自民党	0.22	0.13	− 3.31	***
民主・民進党	0.14	0.08	− 2.35	*
日本・おおさか維新の会	0.10	0.04	− 3.25	**
公明党	0.08	0.05	− 1.36	
共産党	0.09	0.06	− 1.42	
友人家族等働きかけ接触インターネット経由				
自民党	0.13	0.08	− 1.97	*
民主・民進党	0.09	0.05	− 1.49	
日本・おおさか維新の会	0.07	0.03	− 2.86	**
公明党	0.04	0.06	0.71	
共産党	0.06	0.05	− 0.58	
SNS上での選挙関連情報接触				
SNS選挙政治情報接触	2.39	1.76	− 5.21	***
SNS自民色	0.56	0.30	− 7.02	***
SNS民主・民進色	0.29	0.20	− 2.68	**
SNS維新の会色	0.33	0.12	− 5.73	***
SNS公明色	0.06	0.06	0.23	
SNS共産党色	0.14	0.11	− 1.35	
SNSやメーリングリスト等で選挙中の経験				
選挙や政治についての記事を引用言及	0.23	0.24	0.50	
選挙や政治についての議論に参加	0.08	0.08	0.00	
政治的な見解を表明する日記や書き込みを目にした	0.32	0.23	− 3.57	***
政党や候補者，選挙運動員などから投票や選挙運動集会への参加について働きかけられた	0.06	0.06	− 0.16	
SNS友人選挙関心	3.03	2.68	− 3.81	***

のものの流通が低下しただけでなく，政党色も先の3政党で全て減少している。これらに対応するように，SNS内で政治的な見解に接触する度合いは下がっており，友人の選挙への関心も低下しているように受け取られている。低下していないのは，RQ4関連での選挙や政治についての記事の引用や議論

への参加であり，SNS内での動員行動（働きかけを受けた）である。

　これらの変化は，インターネットのアクティブユーザの行動と彼らをとりまく情報環境において「インターネット選挙」が三年の間に必ずしも盛んになってはいないことを示している。例外的に公明党・共産党の活発度は維持されたとみてよいかもしれない。だが全体としては明らかに，2013年よりも2016年のインターネットに関わる選挙，政治に関連した接触は減少している。

　3年を隔てて，主要政党や有権者の双方で，インターネット選挙に対して有していた安易で過大な期待や初期の関心の減退があったと考えられる。インターネットと言えども妙薬ではなく，候補者・議員・政党の側が非選挙時でも継続的に発信活動を行い，SNSでインタラクティブに反応する応答性を確保し続けるのは容易ではなく，有権者の側でも政治情報を意識的にフォローするのはそれほど容易ではない。さらにインターネットが日常生活の中に，また政治情報取得の手段として浸透していって初めて，インターネット選挙はより活性化することになるだろう。

3.7.2　第2波における政治参加のサンプル選択モデル

　本調査では2013年選挙後，2014年都知事選に対しても回答を求めたため，2016年までのパネル継続数は半減し，N=469となっていた。このため以下の分析ではヘックマン回帰による選択バイアスの補正を行った。つまり，残存するパネルサンプルにはサンプルバイアスがあると考えられる。そこで，政治参加を従属変数としたサンプル選択モデルを検討し（表15），ここで得られた逆ミルズ比を用いて以後の分析ではヘックマン回帰を行った。

　なお，2013年の政治参加の効果要因（同表右半分）は2016年の政治参加に対しても基本的に類似した効果をもたらしていた。サンプル選択については，2013年のインターネット利用量，Twitter書き込み量が少ない方がサンプルとして残存しやすい。Twitterのフォロアーがリアル世界の知り合いでない率が高い方が残存しやすいことが観察される。

3.7.3　2016年のアクティブユーザとインターネット選挙

　以下の分析では，実質的なインターネット選挙解禁後においてインターネット上での選挙ならびに政党に関する情報への接触が全般的には落ちていく状況と要因を概説する。2013年選挙に対応する分析を可能な限り行った

表15　第2波における政治参加のサンプル選択モデル

	政治参加2016 係数	政治参加2013 係数
性	− 0.13	0.02
年齢	0.01	0.02 **
被雇用	− 0.28	− 0.06
参院選投票2013	− 0.01	− 0.16 +
政治関心2013逆転	− 0.34 **	− 0.45 ***
政党支持なし2013	− 0.03	0.04
SNS友人選挙関心(引用頻度) 2013逆転	− 0.10 +	− 0.09 *
SNSの選挙情報接触2013	0.06	0.09 **
候補者・政党のフォロー2013	− 0.17	− 0.33 *
政治的効力感	− 0.21 *	− 0.17 **
社会参加	0.19 ***	0.17 ***
縦型ネットワークサイズ	0.08 *	0.08 ***
定数	2.21 *	
サンプル・セレクション：第2波回答		
インターネット利用量	− 0.03 **	
新聞購読数	0.02	
テレビニュース利用量	0.00	
ツイッター書き込み量	− 0.07 **	
ツイッター・フォロワー非顔見知り率	0.03 *	
ツイッター・フォロワー数(100人単位)	0.01	
定数	0.43 *	3.01 ***
ミルズ比		
lambda	0.32	
rho	0.17	
sigma	1.83	
残存サンプル	469	N 1,000
打ち切りサンプル	531	R^2 0.3073
ワルド統計量	194.26	調整済R^2 0.2989
Prob>chi^2	0	Prob>F 0

が，注目に値するものに絞って言及する。

　まず表16から，インターネット上のニュースサイトや政党関連サイトがもたらす効果が一貫して意味を持っていたのは民進党に関する中立情報のみであった(今回は自民党との比較のみのデータで，主要政党としておおさか維新の会については尋ねていない)。党派的なバイアスの効力は見えなかった。

　インターネットを通じた選挙運動や友人等からの働きかけによる動員の効果は，表17に掲げるとおりである。民進党とおおさか維新の会の動員の効果のみが残存し，それ以外には公明党の友人・知人経由の効果のみがあらわ

表16 2016年の投票行動の規定要因としてのインターネット内のニュース

	自民党投票数	民進党投票数	自民党投票数	民進党投票数
	係数	係数	係数	係数
性	− 0.13	0.22	0.06	0.36
年齢	− 0.01	0.01	− 0.03 *	0.01
被雇用	− 0.20	0.53 *	− 0.25	0.25
SNS友人選挙関心(引用頻度) 2016	− 0.02	0.05	− 0.04	0.06
自民中立情報接触_ネット2016	0.10	− 0.17	− 0.04	− 0.07
民進中立情報接触_ネット2016	− 0.26 *	0.37 **	− 0.23 +	0.31 *
自民好意情報接触_ネット2016	0.06	0.04	0.06	0.00
民進好意情報接触_ネット2016	0.02	0.18	0.00	0.19
自民非好意情報接触_ネット2016	0.11	− 0.20 +	0.07	− 0.18
民進非好意情報接触_ネット2016	− 0.14	− 0.02	− 0.02	− 0.02
自民党支持2016			1.84 ***	− 1.14 ***
民進党支持2016			− 0.23	1.33 ***
逆ミルズ比	1.15	− 1.18	0.93	− 1.09
カットポイント1	0.91	1.56	1.19	1.45
カットポイント2	1.56	2.74	2.41	3.03
疑似R^2	0.0194	0.0331	0.3301	0.2152
N	469	469	469	469

れた。政党支持変数をコントロールしてもその様相は維持された(表は不掲載)。しかし(t検定による平均値の比較を行った)表14 (144頁)で見てきたように,主要政党の動員の比率は半減しており,動員の効果が有意であっても影響力の弱化は否めない。

一方,RQ4的なインタラクティブなSNSの効果はやや様相が異なる(表18)。ニュースや政党サイトへのアクセスは,自民党関連情報では好意的な接触も非好意的な接触も選挙や政治についての議論への参加にインパクトをもたらしており,一方,他の言及引用や見解の閲覧については自民党への非好意的な情報に関連している状況が見える。さらに民進党に対する好意的な情報への接触は政治的な議論参加や言及/引用といった行動を抑制している。これらは,民主党と維新の党の合併,野党共闘に失敗した民進党への不評や,与党で2/3議席を確保するのに成功した自民党といった,参院選前後の政治状況を反映していると考えられる[19]。なお,SNS内での友人・知人の活発度はいずれの行動にもプラスに働いており,2013年と同様に効果を

---

[19] t-testでは民進党については好意的なニュース接触が増えていたのはパラドクシカルである。

表17　2016年の投票行動の規定要因としてのインターネット経由の動員

	自民党投票数	民進党投票数	維新の会投票数	公明党投票数	共産党投票数
	係数	係数	係数	係数	係数
性	−0.09	0.12	−0.89*	0.30	0.24
年齢	−0.01	0.01	0.00	−0.03	0.02
被雇用	−0.20	0.41+	0.42	−0.03	0.41
SNS友人選挙関心(引用頻度)2016	0.01	0.08	−0.12	−0.05	0.17*
選挙運動接触インターネット経由：自民党から2016	0.55	−0.20	0.48	−1.70	−0.35
選挙運動接触インターネット経由：民進党から2016	−0.89	1.32**	−1.39	−2.01	−0.13
選挙運動接触インターネット経由：おおさか維新の会から2016	0.16	−15.34	2.68*	−13.22	−16.93
選挙運動接触インターネット経由：公明党から2016	−0.88	0.71	1.08*	−0.01	−15.42
選挙運動接触インターネット経由：共産党から2016	1.30	−2.05*	−0.46	1.83	0.94
友人家族等働きかけ接触インターネット経由：自民党から2016	−0.36	0.33	−1.01	0.20	0.06
友人家族等働きかけ接触インターネット経由：民進党から2016	−0.92	0.64	1.30*	−0.38	−0.04
友人家族等働きかけ接触インターネット経由：おおさか維新の会から2016	3.66	2.27	−1.89	15.18	4.09
友人家族等働きかけ接触インターネット経由：公明党から2016	−0.80	−0.75	−1.20	1.96*	0.69
友人家族等働きかけ接触インターネット経由：共産党から2016	−16.02	0.84	0.65	−0.46	0.08
逆ミルズ比	1.16	−1.54+	0.15	0.11	−1.28
カットポイント1	0.94	1.08	0.97	2.08	2.38
カットポイント2	1.59	2.30	2.06	2.76	3.48
疑似R^2	0.0333	0.0464	0.0619	0.1063	0.0543
N	469	469	469	469	469

持ち続けていた。

　次に，選択的接触による候補者／政治家／政党のプッシュ要因がもたらす動員は，アクティブユーザのSNSでの活動に安定したインパクトをもたらしていることが表19から読み取れる。フォローしているメディアやジャーナリストと比して一貫して，SNSの場に，候補者らによりプッシュされた情報が政治情報をもたらしたり，議論に参加させる効果をもたらすことを見て取れる。これは2013年と一貫している。

　しかし，こうした政治系統の選択的接触のプッシュを政党別に投入してみると，政党ごとの効果は消え去った(表20；2013年では共産党のみ一貫した効果があった)。いずれか特定の政党のフォローではなく，政治家／政党か

表18　SNS上での読み書き，語りの規定要因としてのインターネット内のニュース

選挙中の経験：SNS／メーリングリストで，	選挙や政治についての記事を引用言及した	選挙や政治についての議論に参加した	政治的な見解を表明する日記や書き込みを目にした	政党や候補者，選挙運動員などから投票や選挙運動集会への参加について働きかけられた
	係数	係数	係数	係数
性	－0.07	－0.37	0.28	0.58
年齢	0.00	0.01	0.01	0.01
被雇用	－0.37	0.61	0.11	0.66
SNS友人選挙関心(引用頻度)2016	0.47 ***	0.69 ***	0.47 ***	0.49 **
自民中立情報接触_ネット2016	0.10	0.17 *	0.14 +	0.04
民進中立情報接触_ネット2016	0.16	－0.09	－0.12	－0.45 *
自民好意情報接触_ネット2016	0.06	0.38 **	0.14	0.27 *
民進好意情報接触_ネット2016	－0.27 *	－0.62 **	0.02	0.15
自民非好意情報接触_ネット2016	0.21 *	0.30 *	0.25 **	0.19
民進非好意情報接触_ネット2016	0.08	－0.02	－0.04	－0.05
逆ミルズ比	0.55	1.39	0.65	2.55
定数	－3.26 **	－7.21 ***	－4.46	－8.78 ***
疑似R^2	0.1637	0.2739	0.1769	0.2313
N	469	469	469	469

表19　SNS上での読み書き，語りの規定要因としてのSNS等のプッシュ要因

選挙中の経験：SNS／メーリングリストで，	選挙や政治についての記事を引用言及した	選挙や政治についての議論に参加した	政治的な見解を表明する日記や書き込みを目にした	政党や候補者，選挙運動員などから投票や選挙運動集会への参加について働きかけられた
	係数	係数	係数	係数
性	－0.06	－0.39	0.25	0.82
年齢	0.01	0.02	0.01	0.02
被雇用	－0.39	0.45	0.06	0.54
SNS友人選挙関心(引用頻度) 2016	0.37 ***	0.49 **	0.42 ***	0.35 *
SNSのメディア／ジャーナリストプッシュ2016	0.17	0.34 *	0.19 +	－0.10
SNSの候補者／政治家／政党プッシュ2016	0.27 ***	0.26 *	0.21 **	0.60 ***
逆ミルズ比	0.24	0.88	0.41	1.27
定数	－2.94 *	－6.40 **	－4.20 ***	－8.53 ***
疑似R^2	0.1768	0.2479	0.1672	0.2755
N	469	469	469	469

らのプッシュの全体が薄く広くインパクトをもたらしたがゆえである。

ではこうしたSNSにおけるインパクトは，2013年で見たように，投票に

表20　SNS上での読み書き，語りの規定要因としてのSNS等プッシュ要因の党派性

選挙中の経験：SNS／メーリングリストで，	選挙や政治についての記事を引用言及した	選挙や政治についての議論に参加した	政治的な見解を表明する日記や書き込みを目にした	政党や候補者，選挙運動員などから投票や選挙運動集会への参加について働きかけられた
	係数	係数	係数	係数
性	0.01	− 0.42	0.28	0.77
年齢	0.00	0.02	0.01	0.02
被雇用	− 0.39	0.43	0.05	0.37
SNS友人選挙関心(引用頻度) 2016	0.40 ***	0.56 ***	0.44 ***	0.45 **
SNSのメディア／ジャーナリストプッシュ 2016	0.29 **	0.50 ***	0.27 **	0.26
SNS自民色 2016	− 0.13	− 0.15	0.13	0.89 +
SNS民進色 2016	0.54	0.56	0.18	− 0.40
SNS維新の会色 2016	0.70	− 0.59	0.05	0.15
SNS公明色 2016	0.16	0.81	0.89	− 0.37
SNS共産党色 2016	0.52	0.10	0.53	1.54 **
逆ミルズ比	0.62	1.47	0.67	2.50
定数	− 3.34 **	− 7.02 ***	− 4.47 ***	− 9.04 ***
疑似R^2	0.1705	0.2376	0.165	0.213
N	469	469	469	469

まで及ぶであろうか。煩雑を避けるため，政党支持をコントロールした後の結果を表21に示す。民進党以外は特定の候補者や政党をフォローすることは，政党支持のインパクトとは独立して投票に対してプラスの効果を持っていることが見える。民進党へは政党支持をコントロールしなければSNS民進色のプラスの効果が見えたため，民進党への投票は，民進党支持を主に媒介していると言える。

　この結果は，候補者や政党への有権者の選択的接触に対して候補者や政党が行うプッシュ行動は2013年に引き続き有効であり，この限りにおいてインターネット選挙の意味は持続しており，今後のさらなる可能性を示唆していると言えよう。

　2016年は，全体としては「インターネット選挙」は不活発になった。しかし選択的接触がもたらす候補者や政党からのプッシュによる効果は有効であり，SNS内で影響力が拡散しているという構図になっている。

表21 投票行動の規定要因としてのSNS等プッシュ要因の党派性

	自民党投票数	民進党投票数	維新の会投票数	公明党投票数	共産党投票数
	係数	係数	係数	係数	係数
性	0.07	0.35	−0.38	0.16	−0.18
年齢	−0.03 *	0.01	−0.01	0.00	0.00
被雇用	−0.31	0.29	−0.23	−0.11	0.27
SNS友人選挙関心(引用頻度)2016	0.01	0.10	0.05	−0.34 *	0.17 *
SNSのメディア／ジャーナリストプッシュ2016	−0.28 *	0.04	−0.13	−0.02	0.00
SNS自民色2016	1.34 **	−0.67	−0.09	0.43	−0.55
SNS民進色2016	−0.19	0.65	−0.37	−1.42	−0.36
SNS維新の会色2016	−0.67	0.17	1.15 ***	−0.18	−0.27
SNS公明色2016	−0.16	0.86	0.83	3.39 ***	−1.47
SNS共産党色2016	−0.31	−0.20	−0.63	1.00	1.55 ***
自民党支持2016	1.68 ***	−1.23 ***	−0.19	0.27	−1.18 ***
民進党支持2016	−0.21	1.13 ***	−0.05	−0.29	−0.32
維新の会支持2016	−0.03	−0.57 *	1.46 ***	0.07	−0.72 **
公明党支持2016	−0.51	−13.49	−12.32	2.85 ***	−0.18
共産党支持2016	−0.75 +	−0.07	−1.68 +	−0.85	1.92
逆ミルズ比	0.82	−1.35	1.55	0.89	−1.10
カットポイント1	0.99	1.11	1.40	3.65	1.81
カットポイント2	2.23	2.69	2.93	5.23	3.04
疑似R^2	0.3453	0.2272	0.2693	0.4436	0.3404
N	469	469	469	469	469

4　CSES 4の世界38選挙のインターネット関連分析：プッシュ要因の検討

　日本の選挙におけるインターネット選挙の検討をしてきたが，ここからは世界各国のインターネット選挙の状況はどうなっているのか，各国との対比において日本はどう位置づけられるのかを，CSES 4の国際比較データを用いて分析をしよう。

　執筆時点で統合ファイルとしてリリースされているのは2011年から2016年にわたる38選挙(メキシコが2選挙，ニュージーランドが2選挙なので36ヶ国の選挙)であり，大統領選，各国の上院・下院相当の国政選挙の選挙後面接調査データとして提供されている。本章第2節で分析してきた日本データもその一部である。

　分析対象となるのは，次の国と選挙年である。アルファベット順に(データ中の略記による)，オーストラリア (2013)，オーストリア (2013)，ブルガリア (2014)，ブラジル (2014)，カナダ (2011)，スイス (2011)，チェコ

(2013)，ドイツ (2013)，フィンランド (2015)，フランス (2012)，イギリス (2015)，ギリシア (2012)，香港 (2012)，アイルランド (2011)，アイスランド (2013)，イスラエル (2013)，日本 (2013)，ケニア (2013)，南アフリカ (2012)，メキシコ (2012)，メキシコ (2015)，モンテネグロ (2012)，ノルウェイ (2013)，ニュージーランド (2011)，ニュージーランド (2014)，フィリピン (2016)，ポーランド (2011)，ポルトガル (2015)，ルーマニア (2012)，セルビア (2012)，スロバキア (2016)，スロヴェニア (2011)，スウェーデン (2014)，タイ (2011)，トルコ (2015)，台湾 (2012)，アメリカ (2012)，南アフリカ (2014) となる。

既に第2節で主な変数は紹介したが，各国で基本的に取得が可能であった動員要因の持つ効果を検討する。つまりプッシュ要因についての多国間の国際比較を重点的に行う。もう少し詳細を見ていこう。

4.1 インターネットによる動員の各国変動

政党や候補者サイドからの動員ないしキャンペーン接触は，分析対象国全体として33%の有権者が受け取っていた (CSES4の変数名D3019)。その内訳は次の通りである (同D3020)。日本の場合と同様に，一見して従来的な手段が支配的であることが分かろう。

対面で	12%	メールやSMS	4%
郵便物で	20%	パソコンのメール	4%
電話で	8%	SNSや他のWEB	3%

これらは，従来型の動員 (リストの最初の3つ) とインターネット経由型の動員 (残りの3つ) に分けられるので，この分類に基づいて集計したものが，図13である (両変数の相関は0.387と中程度であった)。インターネット経由からの動員の方が勝っていた選挙は一つもない。イギリス，ニュージーランド，カナダなどは従来型が非常に多く，インターネット経由よりはるかに多い。一方，メキシコ，ギリシア，イスラエル，韓国などはインターネット経由からの動員も比較的多くなっている。これらに対して，日本は従来型の動員は中程度であるが，インターネット経由の動員が5%を切るような下位10ヶ国あまりの中に入っている。なお，興味深いことに，アメリカの位置は飛び抜けて高いわけではない。インターネット経由の動員も7位であり，

従来型動員は上位10位までに入らない[20]。

調査ではこの内訳に続いて,動員がどこの政党からのものであったかを尋ねているが,カナダ,アイルランド,ケニアではこの情報が欠けており,以下の分析でも投票先の決定に対する規定要因としては分析対象から除外される。ここでの政党名の回答を選挙時点での与野党に分けて動員を表示したのが,次の図14である。大多数の国で与野党の動員が競り合っていることがわかろう。

次に,友人,家族,近隣,職場,知人に説得される機会である,パーソナルな接触による動員は,回答者全体の19％が受け取っていた(D3022)。その内訳は次の通りである[21]。郵便物が少なく,パーソナルな接触は対面が主である。

対面で	16%	メールやSMS	2%
郵便物で	3%	パソコンのメール	2%
電話で	3%	SNSや他のWEB	3%

ここでも従来型動員とインターネット経由の動員を分けて表示したのが,図15である。政党・候補からの動員と同様,従来型動員が多数派であるが,その中で日本は比較的大きな数値を示していることが見える。一方でインターネット経由の動員では日本はまたしても率が低いグループの中に属していた。なお,2変数の相関係数は全体で0.41と中程度の関連を持っていた。

さらに,候補者／党などを自発的にフォローしているか,というインターネット経由の選択的接触型の動員については全体の回答者の5％だけがイエスと回答していた(D3024[22])。図16に見るように,フィンランドが突出して高く,次いでブラジルであり,その次のグループとして台湾,アメリカ,アイスランド,メキシコといった国々が入る。日本は最低ではないが,かなり低い値となっている。

---

20 大統領選でも激戦州に動員が大きく絞られるなどの理由があるかもしれないが,それは本研究におけるテーマではない。
21 この問いを尋ねていないカナダ,ポルトガル,南アフリカ3国を除外した平均値を表示した。また他国でも,この問いの後にどの政党からの動員だったかは尋ねられていない。
22 カナダ,スイス,ケニア,南アフリカでは尋ねられていないので集計から除外した。

図13　国ごとの政党・候補者からの

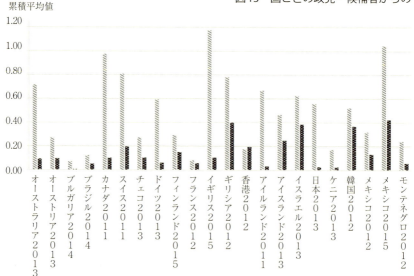

▨ 従来型動員：政党・候補者　　▩ ネット型動員：政党・候補者

図14　国ごとの政党・候補者からの

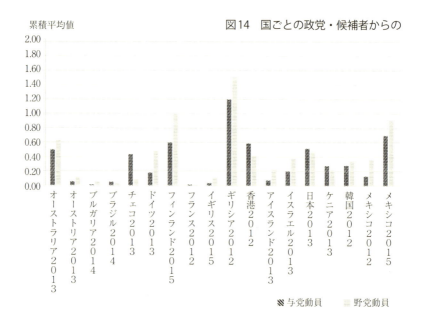

▨ 与党動員　　▤ 野党動員

従来型・ネット型動員

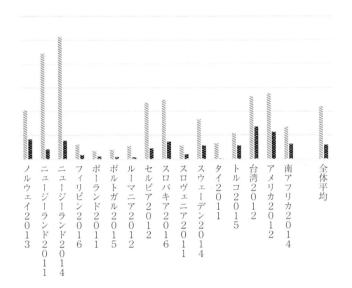

与党・野党からの動員

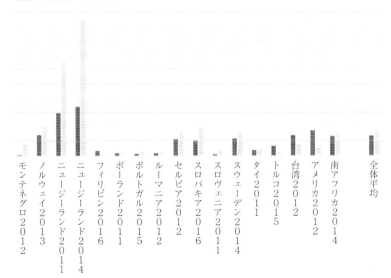

図15　国ごとのパーソナル・ネットワーク

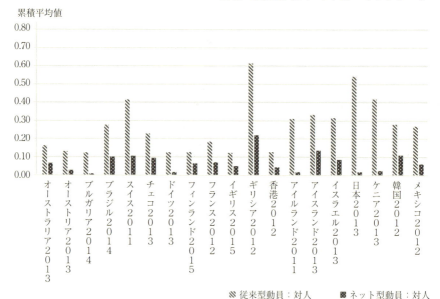

図16　国ごとの選択的接触の

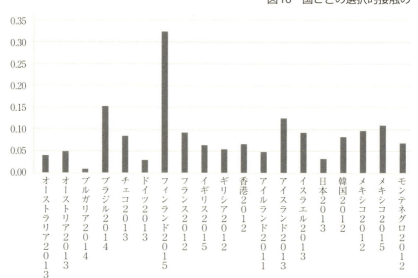

3章 「インターネット選挙」導入がもたらした変化と国際的文脈　157

からの従来型・ネット型動員

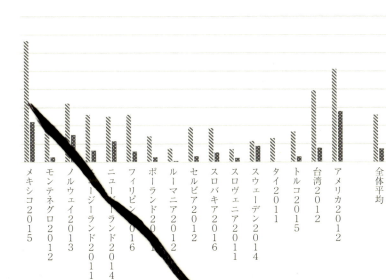

プッシュ要因による動員

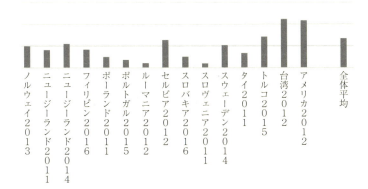

以上が動員関連変数であるが、さらに以下の分析で用いる変数を紹介する。

第一に投票先である。CSES では大統領・上院・下院の最大 4 つの選挙[23]を同時に測定している (D3006)。また政党名は当然ながら各国ばらばらであり、どの政党が与党か野党か、どの政党が選挙の結果として勝ち側ないし負け側だったのかは、個別に判定し、集計する必要がある。CSES では各国の選挙調査実施者がマクロレポートを提出しているので、主としてそれに基づいて全選挙での党派的なデータを政党別に集計し (投票以外に、政党感情温度計、政党イデオロギー認知、動員のあった政党も同様)、これを選挙前の与党／野党、選挙後の勝ち側／負け側に集約して指標を作成した[24]。また、上院・下院ではそれぞれ 1 票のところと 2 票のところがある (周知の通り日本は 2 票である)。これもばらばらであるので、各国の投票総数の何票までが与党／野党、選挙後の勝ち側／負け側に投じられたかを集計し、それを投票総数で除した。これを従属変数とする。以下では与党投票 (分析時の変数名 INC_VR) の分析を代表に検討する。

第二に、政治参加の最重要変数の 1 つである、投票したかどうかという投票参加である。これは集計して 1、0 の二値の従属変数とした (D3005: 分析時の変数名 GO_VOTEY)。図 17 に見るように、ポルトガルや香港のように 5 割以下の回答もあれば、オーストラリアやタイのように義務投票制のために 9 割前後に達する回答もある)。

第三は、与党に対する感情温度を独立変数とする。これは政党支持関連の変数が単一の多選択肢質問だったので、そのまま用いずに、政党感情温度計を集計した (D3011: LIKE_INC)。最大 10 党までが記録されており、そのうち与党に対する感情温度の平均値をとった。

第四に、政治知識に関する設問 4 問を集計してコントロール要因として用いる (D3025: POL_KNOW)。

第五に、デモグラフィック要因として性 (GENDER)、生年 (AGE_BORN)、教育程度 (EDUC)、仕事の有無 (JOB) を用いる。

第六に、各国ごとのマクロ要因として、フリーダムハウスの尺度 (FREEDOM: 選挙年での各国の自由度の指標)、および政体 (議会制 (ELE_

---

23 大統領選挙決選投票まで 4 つの選挙データがあるのはブラジルのみである。
24 集計の複雑さと困難さはこの比較データ分析の大きなハードルであった。多大の労力を経て国際比較データとして一つにまとめられているとは言え、直ちに分析が可能な状態になっているわけではない。

PARL)と大統領制(ELE_PRES)をそれぞれダミー変数とし,混合政体をベースラインとする)を用いる。他に経済指標などもさまざまな変数が利用可能であったが,本データで全選挙調査に紐付けされている変数はなく,投入しなかった。インターネット普及率も同様の理由で断念した。

4.2 投票参加に対するインターネット動員の効果

ここからの分析の目標は,第一にプッシュ要因の持つ影響力を世界レベルで比較検討し,特にインターネットがもたらした動員力を浮かび上がらせること,第二に,各国に鑑みて日本のインターネット選挙が特異なものなのかどうかを検討し,日本の位置を見ていくことにある。

分析の手法は,国ごとの差異を統制したマルチレベル分析HLMを採用した。

まず,投票参加の分析モデルは,最終的に次の変数を用いた。政党・候補者からの従来型動員(POLMO_OL)とインターネット経由の動員(POLMO_NE),パーソナルなサイドからの従来型動員(PERMO_OL)とインターネット経由の動員(PERMO_NE),および選択接触型の動員(MOBIL_FO)を主たる独立変数とし[25],レベル2においてマクロ要因を投入するとともに,日本の効果を検討するために,日本ダミーを切片と主要独立変数に投入した。これをまとめると次のような2レベルのモデルになる。

Level-1 Model

Prob $(GO\_VOTEY_{ij}=1|\beta_j) = \phi_{ij}$

$\log[\phi_{ij} / (1-\phi_{ij})] = \eta_{ij}$

$\eta_{ij} = \beta_{0j} + \beta_{1j}*(POLMO\_OL_{ij}) + \beta_{2j}*(POLMO\_NE_{ij}) + \beta_{3j}*(PERMO\_OL_{ij}) + \beta_{4j}*(PERMO\_NE_{ij}) + \beta_{5j}*(MOBIL\_FO_{ij}) + \beta_{6j}*(GENDER_{ij}) + \beta_{7j}*(AGE\_BORN_{ij}) + \beta_{8j}*(EDUC_{ij}) + \beta_{9j}*(JOB_{ij}) + \beta_{10j}*(POL\_KNOW_{ij})$

---

25 政党・候補者からの2タイプの動員間の相関係数は0.387,パーソナルな動員では0.405であった。政党・候補者とパーソナルな動員の従来型どうしでは0.251,ネット型どうしでは0.278となっていた。選択的接触のプッシュ動員と前4つとは0.096〜0.232までの幅の相関係数値を示した。ネット型との相関の方がやや高いが,大きな違いではない。

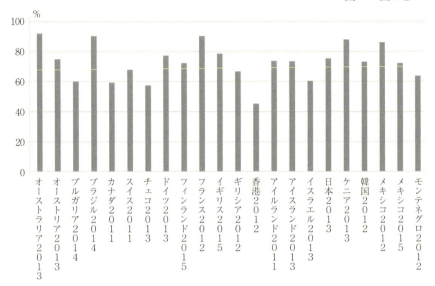

図17 国ごとの

Level-2 Model

$\beta_{0j} = \gamma_{00} + \gamma_{01}*(JAPAN_j) + \gamma_{02}*(FREEDOM_j) + \gamma_{03}*(ELE\_PARL_j)$
$+ \gamma_{04}*(ELE\_PRES_j) + u_{0j}$

$\beta_{1j} = \gamma_{10} + \gamma_{11}*(JAPAN_j) + u_{1j}$

$\beta_{2j} = \gamma_{20} + \gamma_{21}*(JAPAN_j) + u_{2j}$

$\beta_{3j} = \gamma_{30} + \gamma_{31}*(JAPAN_j) + u_{3j}$

$\beta_{4j} = \gamma_{40} + \gamma_{41}*(JAPAN_j) + u_{4j}$

$\beta_{5j} = \gamma_{50} + \gamma_{51}*(JAPAN_j) + u_{5j}$

$\beta_{6j} = \gamma_{60}$

$\beta_{7j} = \gamma_{70}$

$\beta_{8j} = \gamma_{80}$

$\beta_{9j} = \gamma_{90}$

$\beta_{10j} = \gamma_{100}$

このモデルの分析が可能だったのは，33ヶ国，サンプル数は46579であった。POLMO_OL，POLMO_NE，PERMO_OL，PERMO_Ne，MOBIL_FO，

投票参加率

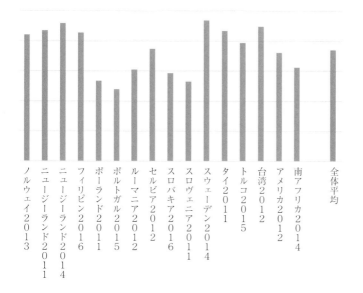

AGE_BORN, EDUC, POL_KNOWについては平均中心化し，FREEDOMについては全体平均中心化した[26]。結果は表22に見るとおりである。変量効果の一部は有意にならなかったが，全体の一貫性を優先して，日本ダミーのある独立変数には全て変量効果を仮定した[27]。

まずデモグラフィック要因の効果としては，男性より女性の方が，年長ほど（生年の効果であるのでマイナスとなる），教育程度が高いほど，有職者ほど，政治知識が豊かであるほど，投票参加をする傾向が見られる。マクロなレベル2の効果として国の自由度や政体の効果は特に見られなかった。

動員系統の効果を通覧すると，政党・候補者からの従来型動員には強めの投票参加効果があり，彼らからのインターネット経由の動員にもプラスの効果が認められる。一方，パーソナルな従来型動員には効果があるが，イン

26　除外された国では利用できなかった変数を除いて全38選挙の分析を別途行った（主要変数は政党・候補者からの動員があったかどうかのみ）が，下記の論点と一貫する結果であった。

27　パーソナルなネット型動員についてのみ変量効果を外しても結果に相違は見られなかった。

表22 投票参加のHLM分析

固定効果	レベル1	レベル2	係数	t値	d.f.	p値
For INTRCPT1, β_0	切片					
INTRCPT2, γ_{00}		切片	1.49	4.17	28	***
JAPAN, γ_{01}		日本ダミー	-0.13	-0.14	28	
FREEDOM, γ_{02}		国の自由度	-0.22	-1.27	28	
ELE_PARL, γ_{03}		議会制	-0.39	-1.03	28	
ELE_PRES, γ_{04}		大統領制	-0.16	-0.32	28	
For POLMO_OL slope, β_1	政党・候補からの従来型動員					
INTRCPT2, γ_{10}		切片	0.24	4.72	31	***
JAPAN, γ_{11}		日本ダミー	-0.07	-0.27	31	
For POLMO_NE slope, β_2	政党・候補からのネット型動員					
INTRCPT2, γ_{20}		切片	0.13	2.41	31	*
JAPAN, γ_{21}		日本ダミー	-0.33	-0.82	31	
For PERMO_OL slope, β_3	パーソナルな従来型動員					
INTRCPT2, γ_{30}		切片	0.16	3.28	31	**
JAPAN, γ_{31}		日本ダミー	0.28	1.21	31	
For PERMO_NE slope, β_4	パーソナルなネット型動員					
INTRCPT2, γ_{40}		切片	0.02	0.47	31	
JAPAN, γ_{41}		日本ダミー	0.51	0.90	31	
For MOBIL_FO slope, β_5	選択的接触のプッシュ型動員					
INTRCPT2, γ_{50}		切片	0.46	5.91	31	***
JAPAN, γ_{51}		日本ダミー	-0.68	-1.37	31	
For GENDER slope, β_6	性					
INTRCPT2, γ_{60}		切片	0.10	4.17	46376	***
For AGE_BORN slope, β_7	生年					
INTRCPT2, γ_{70}		切片	-0.02	-19.58	46376	***
For EDUC slope, β_8	教育程度					
INTRCPT2, γ_{80}		切片	0.06	7.65	46376	***
For JOB slope, β_9	有職					
INTRCPT2, γ_{90}		切片	0.15	5.80	46376	***
For POL_KNOW slope, β_{10}	政治知識度					
INTRCPT2, γ_{100}		切片	0.37	29.88	46376	***
変量効果			分散成分	d.f.	χ^2	
INTRCPT1, u_0		切片	0.74	28	4619.15	***
POLMO_OL slope, u_1		政党・候補からの従来型動員	0.05	31	114.91	***
POLMO_NE slope, u_2		政党・候補からのネット型動員	0.03	31	51.82	*
PERMO_OL slope, u_3		パーソナルな従来型動員	0.04	31	68.24	***
PERMO_NE slope, u_4		パーソナルなネット型動員	0.01	31	31.30	
MOBIL_FO slope, u_5		選択的接触のプッシュ型動員	0.07	31	46.26	*

.05<p<.1 +, .01<p=<.05 *, .001<p=<.01 **, p<.001 ***

ターネットのパーソナルな動員には効果が見られなかった。さらに選択的接触のプッシュ動員にはプラスの効果があった。これらの点で,インターネットを経由した動員は選択的接触のプッシュも含めて政党・候補者から投票参

加を促す効果がある，と総じて言えるだろう。

こうした中で，レベル２の日本ダミーの効果を見ると有意になるものはなく，他国と差異が見られないことが判明した。

4.3 与党投票に対するインターネット動員の効果

次に投票先(与党投票 INC_VR)の分析モデルでは，政党・候補者からの動員変数において，どの政党からの動員だったかまで尋ねた回答を用いて４つのタイプの効果を検討することとした。つまり，与党動員従来型(POLM_I_O)，与党動員ネット型(POLM_I_N)，野党動員従来型(POLM_O_O)，野党動員ネット型(POLM_O_N)である。パーソナルな動員，および選択的接触のプッシュによる動員は与野党のいずれかからのものかは尋ねていないので，前者は従来型動員とインターネット経由の動員，後者は動員があったかどうかに関して独立変数とした。さらに与党に対する感情温度，およびデモグラフィック要因をモデルに加えた。またこれらのレベル２の要因として日本ダミーを投入した。全体のモデルは次のようになる。

Level-1 Model

$\text{INC\_VR}_{ij} = \beta_{0j} + \beta_{1j}*(\text{LIKE\_INC}_{ij}) + \beta_{2j}*(\text{POLM\_I\_O}_{ij}) + \beta_{3j}*(\text{POLM\_I\_N}_{ij}) + \beta_{4j}*(\text{POLM\_O\_O}_{ij}) + \beta_{5j}*(\text{POLM\_O\_N}_{ij}) + \beta_{6j}*(\text{PERMO\_OL}_{ij}) + \beta_{7j}*(\text{PERMO\_NE}_{ij}) + \beta_{8j}*(\text{MOBIL\_FO}_{ij}) + \beta_{9j}*(\text{GENDER}_{ij}) + \beta_{10j}*(\text{AGE\_BORN}_{ij}) + \beta_{11j}*(\text{EDUC}_{ij}) + \beta_{12j}*(\text{JOB}_{ij}) + \beta_{13j}*(\text{POL\_KNOW}_{ij}) + r_{ij}$

Level-2 Model

$\beta_{0j} = \gamma_{00} + \gamma_{01}*(\text{JAPAN}_j) + \gamma_{02}*(\text{FREEDOM}_j) + \gamma_{03}*(\text{ELE\_PARL}_j) + \gamma_{04}*(\text{ELE\_PRES}_j) + u_{0j}$

$\beta_{1j} = \gamma_{10}$

$\beta_{2j} = \gamma_{20} + \gamma_{21}*(\text{JAPAN}_j) + u_{2j}$

$\beta_{3j} = \gamma_{30} + \gamma_{31}*(\text{JAPAN}_j) + u_{3j}$

$\beta_{4j} = \gamma_{40} + \gamma_{41}*(\text{JAPAN}_j) + u_{4j}$

$\beta_{5j} = \gamma_{50} + \gamma_{51}*(\text{JAPAN}_j) + u_{5j}$

$\beta_{6j} = \gamma_{60} + \gamma_{61}*(\text{JAPAN}_j) + u_{6j}$

$\beta_{7j} = \gamma_{70} + \gamma_{71}*(\text{JAPAN}_j) + u_{7j}$

$\beta_{8j} = \gamma_{80} + \gamma_{81}*(\text{JAPAN}_j) + u_{8j}$

$\beta_{9j} = \gamma_{90}$
$\beta_{10j} = \gamma_{100}$
$\beta_{11j} = \gamma_{110}$
$\beta_{12j} = \gamma_{120}$
$\beta_{13j} = \gamma_{130}$

　分析可能だったのは，31ヶ国となり，サンプル数は30007であった。平均中心化，全体平均中心化は投票参加と同様である[28]。
　結果は，表23に見るとおりである[29]。デモグラフィック要因の効果としては，年齢が高いほど与党投票しやすい傾向はあるが，他には目立つ効果はない。レベル2の国の自由度の効果は見られないが，政体の効果として大統領制と議会制の混合政体よりも議会制または大統領制で与党投票が下がる効果が認められる。
　一方，レベル1での与党に対する感情温度の効果は非常に大きい。これをコントロールした上で動員の効果を見ていくと，与党からの従来型動員・インターネット経由の動員の双方ともに与党投票に対するプラスの効果が見て取れる。また，野党からの従来型動員は与党投票にマイナスに働いていることが明瞭であり，インターネット経由の動員もマイナスの有意傾向にあった。パーソナルな動員は党派の区別を越えて，従来型動員でのみ与党への投票に負の効果をもたらしていた。選択的接触のプッシュ的動員の効果は見て取ることができない。
　レベル2での日本ダミーの効果を見ると，他国と異なり，選択的接触のプッシュ型動員ではプラスの効果をもたらしていた。与党に有利なプッシュがあったことを示しているだろう。
　まとめると，政党・候補者からの動員は従来型もネット型もともに与党投票に対して，与党にはプラス，野党に対してはマイナスの効果が見られる点で，インターネットが投票の選択に動員を通じて関与していると言えるが，選択的接触のプッシュ要因の効果の大きさに関しては世界レベルでは必ずし

28　なお，与党感情温度の効果が巨大であったため，これを除いた分析を別途実施したが，下記の論点と一貫する結果であった。したがって上のモデルの分析結果のみを述べる。欠損値の問題で除外された国は，ブラジル，カナダ，スイス，アイルランド，ケニア，ポルトガル，南アフリカであった。

29　ここでも有意にならなかった変量効果を外しても結果に相違は見られなかった。

表23 与党投票のHLM分析

固定効果	レベル1	レベル2	係数	t値	d.f.	p値
For INTRCPT1, β_0	切片					
INTRCPT2, γ_{00}		切片	0.56	10.26	26	***
JAPAN, γ_{01}		日本ダミー	0.15	0.87	26	
FREEDOM, γ_{02}		国の自由度	0.01	0.40	26	
ELE_PARL, γ_{03}		議会制	-0.20	-3.73	26	***
ELE_PRES, γ_{04}		大統領制	-0.27	-3.37	26	**
For LIKE_INC slope, β_1	与党感情温度					
INTRCPT2, γ_{10}		切片	0.10	139.14	29753	***
For POLM_I_O slope, β_2	与党政党・候補からの従来型動員					
INTRCPT2, γ_{20}		切片	0.02	3.12	29	**
JAPAN, γ_{21}		日本ダミー	0.00	-0.09	29	
For POLM_I_N slope, β_3	与党政党・候補からのネット型動員					
INTRCPT2, γ_{30}		切片	0.03	3.99	29	***
JAPAN, γ_{31}		日本ダミー	-0.09	-1.39	29	
For POLM_O_O slope, β_4	野党政党・候補からの従来型動員					
INTRCPT2, γ_{40}		切片	-0.03	-4.02	29	***
JAPAN, γ_{41}		日本ダミー	-0.04	-1.00	29	
For POLM_O_N slope, β_5	野党政党・候補からのネット型動員					
INTRCPT2, γ_{50}		切片	-0.02	-1.92	29	+
JAPAN, γ_{51}		日本ダミー	0.20	1.55	29	
For PERMO_OL slope, β_6	パーソナルな従来型動員					
INTRCPT2, γ_{60}		切片	-0.01	-2.45	29	*
JAPAN, γ_{61}		日本ダミー	0.03	1.24	29	
For PERMO_NE slope, β_7	パーソナルなネット型動員					
INTRCPT2, γ_{70}		切片	0.01	0.91	29	
JAPAN, γ_{71}		日本ダミー	-0.03	-0.39	29	
For MOBIL_FO slope, β_8	選択的接触のプッシュ型動員					
INTRCPT2, γ_{80}		切片	-0.02	-1.49	29	
JAPAN, γ_{81}		日本ダミー	0.16	2.07	29	*
For GENDER slope, β_9	性					
INTRCPT2, γ_{90}		切片	0.01	1.66	29753	+
For AGE_BORN slope, β_{10}	生年					
INTRCPT2, γ_{100}		切片	0.00	-4.38	29753	***
For EDUC slope, β_{11}	教育程度					
INTRCPT2, γ_{110}		切片	0.00	-0.32	29753	
For JOB slope, β_{12}	有職					
INTRCPT2, γ_{120}		切片	0.00	0.71	29753	
For POL_KNOW slope, β_{13}	政治知識度					
INTRCPT2, γ_{130}		切片	0.00	1.21	29753	

変量効果		分散成分	d.f.	χ^2	
INTRCPT1, u_0	切片	0.03	23	5636.42	***
POLM_I_O slope, u_2	与党政党・候補からの従来型動員	0.00	26	48.60	**
POLM_I_N slope, u_3	与党政党・候補からのネット型動員	0.00	26	34.84	
POLM_O_O slope, u_4	野党政党・候補からの従来型動員	0.00	26	44.87	*
POLM_O_N slope, u_5	野党政党・候補からのネット型動員	0.00	26	36.83	+
PERMO_OL slope, u_6	パーソナルな従来型動員	0.00	26	49.40	**
PERMO_NE slope, u_7	パーソナルなネット型動員	0.00	26	32.58	
MOBIL_FO slope, u_8	選択的接触のプッシュ型動員	0.00	26	33.41	
level-1, r	モデルの残差分散	0.12			

も明瞭に折出されなかった。これは詳しく党派性を尋ねていないということにも一因があろう。が，選択的プッシュは日本では与党投票にプラスであったが，頻度が低かったことに鑑みれば，微力ではあった。

5　2017年衆院選：CSES 5 データの分析

　2017年の衆院選に際して，CSES 5のデータ取得が行われた（2018年1月実施）。調査は山田真裕関西学院大学教授らのグループにより実施されたものである[30]。衆院選後の一般有権者に対する面接調査（一部郵送調査）により1688の回答を得た（回収率56.3％）。CSES 4や他のデータとの比較は難しいが，直近の国政選挙におけるインターネット選挙の一端が垣間見えるので，これを対象にいくつか分析を行い，2013年以来の変化を見ておこう。

　この調査では，RQ3要因のインターネットによる動員は測定されていない。動員の効果そのものが検討対象ではなかったためである。RQ2要因であるインターネットでの報道接触（問3（選挙情勢報道接触の媒体），問6（インターネット経由のニュース接触））がプル要因として測定されており，またこの5年間の多様な政治参加を尋ねる中で，インターネット内での政治発言（問31 2選択肢）がRQ4のインタラクティブ要因（の一部）として測定されていた。

　まずその単純集計を見よう。選挙情勢を伝える媒体の中で，インターネットが占める位置は図18に見るように，マスメディアである新聞やテレビという競合媒体には遠く及ばない（複数回答）。選択肢として2番目に挙げられていたが，新聞から見ると1／2，テレビ経由と比べると1／4の規模であった。ただし，図の右端に2013年に「全国の選挙情勢を知る」媒体としてインターネットが役立ったかのデータを付加した（既出の図1（112頁）より）。設問文そのものは同一ではなかったが情勢報道接触について尋ねた項目への反応率である。これをみれば4年間の間でインターネットのもつ影響力が徐々に選挙過程においても伸張していると受け止めることは可能だろう。

　さらに図19に見るように，インターネットやSNSでニュース全般に接触したかどうかを尋ねると，過半数の有権者が何らかの形で接触していた。

---

[30] 学術振興会科学研究費の番号は基盤研究（A）17H00971である。筆者はこの研究の連携研究者であるが，早期のデータ利用と分析の公表を快諾してくださったことを記して感謝する。

図18　2017年衆院選の選挙情勢を知った伝達媒体

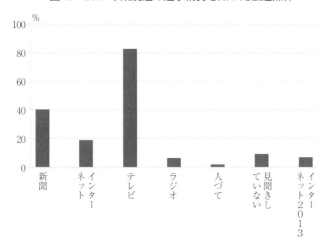

図19　2017年衆院選でインターネットやＳＮＳでニュースに接触したサイトやアプリ

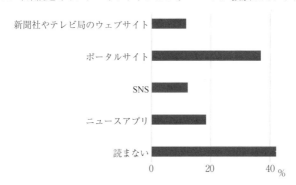

2013年には接触しない人々が６割以上であったことに鑑みると，接触者数が逆転したことが判明する。Yahoo!を中心とするポータルサイトは依然として有力で有権者の４割近くに情報源としてプルされ，４年前より１割以上増えているのみならず，新聞やテレビのサイトへの接触量も増大した上に，それを上回る規模でニュースアプリを経由したニュース接触は２割近くの有権者に利用されるまで到達している。またSNSを経由した接触もマスメディアのニュースサイト並の接触を得るまでに拡大した（ともに12％）。

　これらのことに鑑みると，プル媒体としてのインターネットはマスメディ

アから主力の座を奪うまでには達していないものの，選挙において複数の経路からの情報接触を有権者に可能にする媒体にまで成長したと言える。メディアとしてのカスタマイズ力を生かした多様な接触媒体となり得てきたのである。

では，政治参加の中で，インターネットを通じた政治参加は相対的に有権者の能動的な参加手段となりえたか。図20に示すように，インターネットを通じた政治参加は未熟な状況だと言わざるを得ない。数値にして2つの選択肢はそれぞれ2％であり[31]，リアル世界の政治参加手段と比べると，デモ参加やマスコミへの意見表明ほどにもハードルが高い手段であった。

最後に，これらプル要因とインタラクティブ要因の多変量解析を行い，インターネットが選挙の中で占める位置を検討しておこう。ここでは選挙情勢の報道接触に関してインターネット上のどのようなニュース接触形態

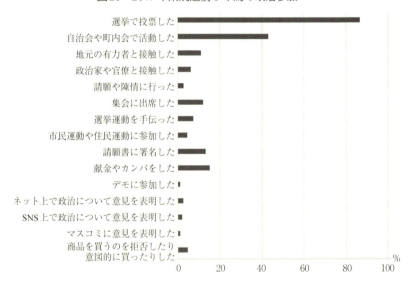

図20　2017年衆院選前5年間の政治参加

31　より正確な文言は次の通りである。
「インターネット（ウェブサイトやブログ，Twitter）上の誰でも見られる場所で政治についての意見を述べた」「LINE, Facebook, 電子メールなど特定の人を対象にしたSNS上で政治についての意見を述べた」。

が貢献したのか，衆院選投票参加にネットニュースの接触形態が差異をもたらしたかをまず検討し，次に投票政党の選択においてネットニュースの接触形態との間に何らかの関連性が見られるかを分析する[32]。最後に，インターネットによる政治参加の検討を行う。

分析ではサンプルウェイトの調整を行い，従属変数に応じてロジット，順序ロジット，ポワソン回帰を行った（ポワソン回帰は政治参加のみ）。コントロール要因として，性別，年齢，学歴，有職，政治知識を投入し，またインターネットとの比較対象とするため政治情報の入手先として閲読新聞数とテレビニュース視聴指標[33]を投入した。さらに政治バイアスのコントロールを行うために，政党感情温度を投入した[34]。主な独立変数はインターネットニュースの接触の方法，およびインターネット上での政治参加とした。政治参加が独立変数に入るのはいささか奇妙だが，インタラクティブなRQ4要因として意味があるので投入した。

表24の最左側の数値は，情勢報道にインターネットで接触した有権者（全体の17％）の特性を検討したものである（疑似R^2はウェイトなしで計算した数値である）。男性・高学歴・高政治知識といった特性がインターネットでの情勢報道接触に貢献している。またここではインターネット上での異なる形態のニュース接触要因の効果を比較可能で，ポータルサイトが最強であったがマスメディアのウェブサイトやニュースアプリの貢献度も高く，SNS経由でも情勢報道接触度が上がることが見て取れる。カスタマイズされたインターネット接触もその形態によって効果の濃淡が異なる，ということである。

また表の中央の数値は，選挙情勢報道にさまざまな形で接触した全体の数値（各マスメディア，インターネット，人づての加算）に対する順序ロ

32　動員要因を尋ねていないので，CSES 4の国際比較データとは比較できない。

33　2017年調査では，具体的に視聴したテレビ番組は尋ねられておらず，民放とNHKのニュースのどちらを視聴するか，双方か，という設問であった。そこでNHKと民放の両方のニュースを見ていたら2点，どちらかなら1点，見ていない場合を0点とした代替指標を作成した。これとテレビによる情勢報道接触との関連性を見ると，点が高いほど接触量も高かったため，テレビの政治ニュース視聴の指標として利用可能と考えた。

34　政党支持に関しては，どの政党を支持するかの1段階でしか尋ねておらず，支持強度まで測定していないために，感情温度計で代替した。

表24　2017年衆院選における情勢報道接触と投票参加の規定要因

	衆議院選挙情勢見聞き：インターネット	衆議院選挙情勢見聞き：全体	2017年衆院選投票
	係数	係数	係数
性別	− 0.47 *	− 0.27 *	0.00
年齢	− 0.01	0.03 ***	0.03 ***
学歴	0.18 **	0.13 ***	0.22 ***
仕事あり	0.16	0.05	− 0.02
政治知識度	0.27 *	0.29 ***	0.21 *
政治情報：新聞が情報源	0.09	0.89 ***	0.53 ***
政治情報：テレビが情報源	0.25	0.52 ***	0.36 ***
ネットニュース：新聞社やテレビ局のウェブサイト	1.58 ***	0.84 ***	− 0.12
ネットニュース：ポータルサイト	1.80 ***	0.63 ***	0.06
ネットニュース：ＳＮＳ	0.72 **	0.43 *	0.26
ネットニュース：ニュースアプリ	1.09 ***	0.50 ***	− 0.08
ネット上で政治について意見した	0.17	− 0.66	0.46
ＳＮＳ上で政治について意見した	1.31 *	1.17 *	− 0.13
自民党感情温度	− 0.05	− 0.01	0.01
希望の党感情温度	− 0.08	− 0.03	− 0.07 +
公明党感情温度	− 0.04	− 0.02	0.10 **
共産党感情温度	− 0.10 +	− 0.04	− 0.04
立憲民主党感情温度	0.01	0.01	− 0.01
日本維新の会感情温度	0.01	− 0.04	− 0.04
定数/カットポイント１	− 2.43 **	0.66	− 2.13 ***
カットポイント２		3.68	
カットポイント３		5.87	
カットポイント４		8.03	
疑似R^2	0.3104	0.1381	0.1155
N	1354	1354	1354

ジット分析である[35]。結果は，マスメディアの効果を示すのみならず，先ほどと同様，インターネット関連変数による効果も顕著である。ということは，情勢報道接触の全体量に対して，インターネット経由の情報接触が貢献したことを意味している。

一方，投票による政治参加に関しては，インターネットの接触手段は差異をもたらさず，従来のマスメディア接触の方に動員力があることを見て取れる。

次いで，表25は投票政党との関連を見たものであるが，新しく結成された希望の党とポータルサイトやSNSのネットニュースとは親和性があるこ

35　最大値５点を取得した実数が小さいので４点以上で丸めた。

3章 「インターネット選挙」導入がもたらした変化と国際的文脈　171

表25　2017年衆院選における投票行動の規定要因

	自民党投票数	希望の党投票数	公明党投票数	共産党投票数	立憲民主党投票数
	係数	係数	係数	係数	係数
性別	0.24 +	− 0.43 *	− 0.17	0.65 *	− 0.38 *
年齢	0.00	0.03 **	0.01	0.00	0.02 *
学歴	0.06	− 0.03	− 0.11	0.26 *	0.13 *
仕事あり	0.06	0.39	0.16	0.07	− 0.34 +
政治知識度	0.13	0.26 *	− 0.11	− 0.04	0.27 *
政治情報：新聞が情報源	0.10	0.20	0.16	0.27	0.07
政治情報：テレビが情報源	0.13	0.29	− 0.17	0.06	0.47 **
ネットニュース：新聞社やテレビ局のウェブサイト	− 0.04	− 0.28	0.36	− 0.38	− 0.32
ネットニュース：ポータルサイト	− 0.06	0.52 *	0.01	− 0.52	0.09
ネットニュース：ＳＮＳ	− 0.16	0.77 *	0.02	− 0.31	0.28
ネットニュース：ニュースアプリ	− 0.22	0.37	− 0.06	− 0.73 +	0.42 +
ネット上で政治について意見した	0.43	− 0.91	− 0.26	0.06	0.53
ＳＮＳ上で政治について意見した	− 0.49	0.29	− 1.00	0.93 +	− 0.64
自民党感情温度	0.53 ***	− 0.36 ***	− 0.34 ***	− 0.21 **	− 0.22 ***
希望の党感情温度	− 0.03	0.51 ***	− 0.12	− 0.10	− 0.07
公明党感情温度	0.00	− 0.15 **	0.88 ***	− 0.01	− 0.07
共産党感情温度	− 0.05	− 0.13 *	− 0.10	0.72 ***	− 0.01
立憲民主党感情温度	− 0.21 ***	0.02	− 0.14 +	− 0.11	0.42 *
日本維新の会感情温度	− 0.06	0.01	− 0.04	− 0.25 *	0.03
カットポイント１	2.78	4.10	3.07	5.26	4.21
カットポイント２	3.48	5.07	4.35	6.36	5.25
疑似R^2	0.1865	0.1511	0.3053	0.3451	0.2148
N	1354	1354	1354	1354	1354

とが出ている。また急遽結成された立憲民主党ではニュースアプリの接触にやや効果が見える。TwitterなどのSNSで同党に関する情報が大量にツイートされたが(上ノ原，2018)，期間が短かったこともあってかニュースとしての扱いとは異なるためか，SNSのニュースが同党への投票に効果を及ぼしたとは言えない。

最後に，政治参加の中でのインターネットが占める位置を，２つのタイプのインターネットによる参加，および政治参加全般に対するインターネット関連のニュース接触効果を見ておこう。表26がその分析結果である。

インターネット上での政治参加にも政治参加全般にもマスメディアサイトのニュースへの接触が貢献しており，紙媒体の新聞やテレビニュース視聴にも匹敵する効果をマスメディアサイトはもたらしていた。

さらに，SNS上でのニュース接触も全体にプラスの効果を持っており，こ

表26　2017年衆院選におけるインターネット選挙参加・政治参加全般に貢献する要因

	ネット上で政治について意見した	SNS上で政治について意見した	政治参加全般
	係数	係数	係数
性別	0.03	0.02	−0.06
年齢	0.00	−0.02	0.02 ***
学歴	0.11	−0.27	0.02
仕事あり	0.01	−0.80 +	0.12 **
政治知識度	0.28	0.09	0.04 +
政治情報：新聞が情報源	0.44 +	0.28	0.19 ***
政治情報：テレビが情報源	−0.12	0.04	0.10 **
ネットニュース：新聞社やテレビ局のウェブサイト	1.16 **	0.35	0.23 ***
ネットニュース：ポータルサイト	0.43	0.50	0.09 *
ネットニュース：ＳＮＳ	1.31 **	1.89 ***	0.23 **
ネットニュース：ニュースアプリ	0.17	0.59	0.05
定数	−5.35 ***	−2.96 +	−0.67 ***
疑似R^2	0.1375	0.1434	0.0626
N	1538	1538	1538

れはポータルサイトの効果より幅広い。またニュースアプリの効果は見て取れない。2016年のアメリカ大統領選では，結果的には影響はなかったとされるものの，SNS上のフェイクニュースの問題が話題となった（（「『偽ニュース』米大統領選の結果左右せず，米調査」，AFP NEWS2017.1.20））。日本でもSNSを経由したニュースに政治参加を促進する効果が見られ，しかもそれはインターネット上での参加に留まらず，政治参加全般に対しても効果を持っていることが明瞭に見られた。このことに鑑みると，インターネット上でのプル要因の力が2017年には一般の有権者にまで発揮されだしたと言えるのではないだろうか。もちろん従来のマスメディア接触やマスメディアによるニュースサイトの効果は継続しているが，ポータルサイトやSNS経由のプルにもインパクトが出始めているのである。

6　結論：現時点のインターネット選挙

本章のまとめとして，RQに対する結果を比較可能なRQ2, RQ3, RQ4をポイントとして見ておこう。

・RQ2: インターネットは，マスメディア的なプルの情報伝達を補完したか。インターネットの貢献は2013年参院選時点の一般有権者に対しては多少

なりともあったが，マスメディアと比べると非力であった。だがその非力ぶりは2017年衆院選時にはかなり改善されており，情勢報道接触全体にもプラスに貢献するまでに浸透してきていた。また，アクティブユーザの行動においては，インターネットの有効性は2013年から2016年時点まで持続していた。

- RQ3: インターネットは政党や候補者による動員のプッシュ効果を増進したか。

　2013年に「インターネット選挙」の解禁が法制化され，喧伝されたときに，しばしば念頭に置かれたのが動員にインターネットを活用することだったが，2013年時点では一般有権者に対してはかなり限定的な客体からのアプローチの量しか確認できなかった(2017年時点ではデータがなく判断できない)。アクティブユーザに関しては，2013年時点で既に動員が生じていることが確認でき，2016年時点では政党や候補者からの発信が増大したこともあり，プッシュ要因としての効果は継続していた。

　国際比較データによる動員についての比較検討の結果は，インターネットからの動員は国際的な文脈から見ると2013年の日本では全般的に顕著とは言えないものであった。マルチレベル分析の結果からは，日本は動員の効果が他国に必ずしも劣るわけではなく，選択的接触のプッシュ型動員では他国以上に与党投票への効果が見えていた。2017年選挙の日本データの分析に鑑みても，インターネットによる投票行動へのインパクトについて悲観することはない。インターネットを通じた動員が拡大していく可能性は十分にある。

- RQ4: 候補者と有権者，あるいは有権者同士が相互にインタラクティブに交流するのを増進させるかどうか。

　一般有権者については2013年時点で，何らかのSNSユーザであれば限定的に交流増進が生じていたものと考えられるが，2017年には，ネットニュースに有権者の多数派が接触するまでになり，インターネット内での政治的発言を促進することを確認できた。アクティブユーザに関しては2013年時点ですでにインタラクティブな政治コミュニケーションがなされていた。2016年はSNS内の党派的接触は弱化したものの，客体側からプッシュされた情報がSNS内での議論への参加や政治参加を促進したという意味で有効であり続けた。先に引用した小林ら(Kobayashi, et al., 2018)の論文が示したよう

に，日本のTwitterユーザはアメリカと異なりイデオロギー的に分断されていないことを踏まえれば，SNSを通じて異なる視点からの議論が生じる可能性や政治的寛容性の増大を期待することがあってもよいだろう．

本章では，まだ不活発だが，多大な可能性を持つとも思える日本のインターネット選挙を中心に国際的かつ時系列的に実証的な検討を進めた．丁寧な分析を可能にするデータを膨大に蓄積することに時間の多くが割かれ，その点ではインターネットのインパクトを明瞭に見るのはこれからでもある．しかしながら，本章の目的の一つは，インターネット選挙を検討する体系的な枠組みを作り，これに基づいた枠組みで分析すべきであって，アプリごとの効果を見ているだけであってはならない，という点である．その点で4つのRQに集約してインターネットの効果のあり方を検討してきた．今後の研究としてはこの枠組みを活かして，インターネット選挙に関わる行動の理論的，体系的な検討を追求していきたい．

4章
社会関係資本と文化的価値観：
日本の特異性は析出されるか

1 「日本特異論」

『文化と自己』と題されたヘルゲーゼンとトムセンの編著(Helgesen & Thomsen (eds.), 2006)は，筆書も加わった十年来のプロジェクトの成果で，スカンジナビアと東アジアそれぞれ四ヶ国の比較政治文化研究だった。

同書9章の冒頭でヘルゲーゼンは書いている(Helgesen, 2006)。東アジア各地でいくつもインタビューし，その中で「西側のやり方があなたの国の文化や生活のあり方を脅かしてはいないか」と尋ねたところ，日本人の回答は他の東アジアでは聞かれないものだった。他国では脅かされていると回答が返ってくるのに，日本人の大学生は一様に「われわれ自身が西洋の一員であるのに，どうして脅かされていると感じるだろうか」と答えるのに驚いたというのである。このことは，日本人のアジアに対する態度は西洋人のそれに似ているという日本研究者クラインの洞察に相通ずるものがある，というのがヘルゲーゼンの解釈だった。彼は続いて，鎖国期以後の日本の歴史と文化や道徳教育に触れ，その同質性と調和の強調，階層的秩序の強さといった東アジアに共通する特徴の一方で，日本と中韓との差異の大きさに言及している。

同書では各国でやや小規模の比較社会調査を行っているが，そこで典型的に見られたのは，日本人の政治文化に対する態度が，日本を除く東アジアとスカンジナビアとの間の中間に位置するという発見だった(たとえばIkeda, 2006)。これらを受けてヘルゲーゼンは，政治文化の点からは，日本は西側東側の要素が入り交じっており，そこは「文明の衝突」の場なのではあるまいか，と結語している(同書)。

このように，日本人は自国の西洋性を主張する一方で，西洋から見れば日

本は特異だと想定したり，示そうとする傾向を持つ。古くは日本皇国論をはじめとした流れの数々を挙げるまでもないが，近代的な形でも苅部(2017)が指摘するように，1つの大きなケースとして和辻哲郎(1932)が「国民道徳論」(苅部から引用，p.220)において日本の風土に根ざした「わが国民の特殊性」を主張していることが挙げられるだろう[1]。さらに司馬遼太郎は『アメリカ素描』の中で(1986, p.18)，アメリカを文明，日本を文化と規定し，文明には誰もが参加できる普遍性や合理性，機能性への追求があるが，文化は固有でその中にいる人にしか通じない，と論じている。「文化とは，日本でいうと，婦人がふすまをあけるとき，両膝をつき，両手であけるようなものである。立ってあけてもいい，という合理主義はここでは，成立し得ない。不合理さこそ文化の発光物質なのである」(同)。日本だけがそうだと彼は語らないが，特異性・特殊性の意識はある。

　これらばかりではない。現代においてはネット上に素朴な形での特殊論の充満を見ることができる。グーグルにおいて，「(日本 OR 日本人) AND (特異性 OR peculiarity)」で検索をすると200万件以上がヒットする。ヒットしたページの中には，「日本文化の特異性と異文化間コミュニケーション」といった学術的な記事もある[2]。が，その一方で，「縄文人の流れを引く『日本人の脳の特異性』は日本語の中にある」「日本文化の特異性とネオテニー的性格について」といった怪しげな主張もある。エッセー的に「外国人が心底驚く日本人の特異な『自然観』」や「不思議な国　ニッポン」といった印象論的なブログもある。さらに，事実の中から，テクノロジーのガラパゴス化の特異性，先進国の中でのニュースメディア接触の特異性，また日本近代史の特異性を指摘するページもある。そして，われわれが行った世界価値観調査の成果も日本の特異性を示す「証拠」として挙げられてさえいる。日本(人)の特異性イメージは広い文脈で信じられていると言ってよいかもしれない[3]。

1　和辻哲郎と近代日本倫理思想に関しては高橋(2012)も参照されたい。
2　契約の文化と間柄の文化，鍵の文化と「ふすま」の文化といった対比が用いられているが，査読を経た記事ではない。類似して日本人の特異性に触れたイ・オリョン(1982)のベストセラー『「縮み」志向の日本人』(講談社学術文庫，2007)を強く連想させる。
3　これほど盛んに論じられているにもかかわらず，(特異性論のわき出る源泉の一つであろう)日本思想史についてまとまった書籍が乏しいという苅部(2017)の指摘は

誰しも自国民が特別だ，独自だとなれば，優越感をくすぐられてもおかしくないが，これらの論説は独善的なイメージなのか，根拠のある主張なのだろうか。世論調査ベースの東西の比較政治文化研究の成果の1つからは，事実に反するかに見える。ブロンデルと猪口（2008）は2000年にアジア・ヨーロッパ18ヶ国調査を行い，政治文化としてアジア的価値の特異性がヨーロッパと比較して見出せるかどうかを実証的に検討した。その結果は，かろうじて両者の差は見えるものの，わずかなものに過ぎず，明確に分離できるものでは最早ない，と論じている。その中で，日本に関しては東アジア・東南アジアの人々から離れた固有の位置を示していたが，とりわけユニークだという断定はできないと結論づけている。

2　日本特異論を二つの国際比較文脈の中で実証する

本章では価値観との関わりの中で日本の位置づけを試み，猪口らとはやや異なる視点から日本特異論の実証的根拠を探索する分析を行う。日本特異論は，見てきたように，民族性や自然観，日常生活の中の道徳性，歴史的特異性など多岐に及ぶが，本書の研究主題は政治行動であるため，社会関係資本の機能と政治文化に焦点を当てる。

まず東アジア・東南アジアの中で，アジアに特化して開発されてきた価値観の尺度を用い，21世紀になってからの15年余りの変動を包含したアジアンバロメータ調査1波〜4波計48調査の比較実証分析を通じて日本の特異性を検討する。次いで世界価値観調査第6波の世界60ヶ国データを用いて，世界の中での日本の位置を検討するという二段構えの分析を行う。猪口らが東西の政治文化の差異に焦点を当てていたのに対し，ここでは日本にフォーカスする。また彼らが多様な側面（政治システム，意思決定，個人主義，社会経済的ガバナンスに対するそれぞれの態度）から差異ないし非共通性を析出する，つまりは分類ないし分離を目的としていたのに対し，ここではグルーピングではなく，社会関係資本と民主主義の評価を従属変数としたときに，日本に属しているという人々の属性が他国の人々と比べて差異を見せるかどうかに限定した分析を行うことで，日本特異論との整合性を政治行動の範囲の中で吟味していく。ベフ（1997）の指摘するように多文化の中での日本の特異性を析出すべきであり，単に西洋と日本との比較に留まるべきではな

興味深い。

い。さらにその比較は各国の代表性あるサンプルによって行われるべきであり，この点で本章は新しい挑戦であると強調したい。

2.1 「アジア的価値」

アジアンバロメータ調査では，公的・私的の二つの側面においてアジア的価値観の尺度が安定して析出されている。たとえば同調査の第3波を用いた池田・竹本(2018)の論文では，日本データにおいて両側面で共通した二次元が析出されている。これを受けて本章では，公的な側面の役割に着目して，アジア的価値観とみなしうる価値の志向性が社会関係資本や民主主義の評価に及ぼす効果を検討する。

ここでいう公的な側面とは，社会や国に対する人々の価値の二つの志向性を指す。一つは垂直性強調(パターナリズム)であり，もう1つは調和志向である。垂直性強調とは，社会的な上位者が下位者との階層的な関係性の中でより権威的に，またより保護的に振る舞うことを受容する文化的な志向性である。さらに上位者はときに下位者の意思に反して「よい意図」の強調を通じてこの振る舞いを押し通すことがあるが，それはこの上下関係が互酬的な関係性であることにおいてのみ許容される。調和志向とは，ある社会的状況の中で同意できないことがあってもそれを抑圧し，葛藤や紛糾がないかのように振る舞おうとする文化的な志向性であり，調和した状態を維持・達成することを高く評価する心的傾向である。

これまでの研究では，日本人は平均的には東アジア・東南アジアの人々の中で，垂直性強調も調和志向も最も低い部類に属する(池田・竹本, 2018, p.65)。しかしながらどちらの志向も欠如しているわけではなく，日本人を対象とした分析では制度信頼や政治参加においてこれらの価値の及ぼす効果が認められている(同書, p.76)。

2.2 「カルチュラルマップ」

一方，世界価値観調査では，イングルハートとウェルツェルのカルチュラルマップがよく知られている(http://www.worldvaluessurvey.org/WVSContents.jsp?CMSID= Findings)。

彼らは世界の価値観を分類するにあたって二つの次元が存在すると指摘している。第1の次元は生存価値．対．自己表現価値の対立の軸であり(以後，ウェルツェルにならって「自己表現価値」と短縮する)，かつて物質主義－

脱物質主義と呼ばれてきた価値観(Inglehart, 1977, 1990)に類似する(第6波60ヶ国のプールデータから計算すると脱物質主義尺度との相関は0.476である)。第2の次元は伝統的価値．対．非宗教的で解放的な(emancipativeな)価値である(以後「世俗的価値」と短縮する．第1次元との相関は0.345，脱物質主義尺度との相関は0.144である)。

彼らの解説によれば，それぞれの価値観を強く持つ人々は社会的な志向性が次のように異なる．つまり「生存価値(の重視者)は，経済的身体的な安全性を重視し，エスノセントリックな特徴が比較的明瞭で，他者に対する信頼や寛容性は低い傾向がある」一方，「自己表現価値(の支持者)は，環境保護を重視し，外国人やゲイ・レズビアンに寛容でジェンダーの平等に関心を寄せ，経済や政治において社会の意思決定に参加しようとする要求を高く持つ傾向がある」．また「伝統的価値(の保持者)は，宗教の重要性，親子の絆と家族的価値，権威への服従を強調することによって，離婚や人工妊娠中絶，安楽死や自殺に反対し，これらの価値観の強い国では，自国に関するプライドが高くナショナリスティックな外貌を持つ傾向にある」一方，「世俗的価値(の保持者)はその反対の志向性を持つ」(上記サイトからの引用による)。

この両軸で展開される二次元の平面上の中程上側に日本は位置し，近隣の香港，韓国，台湾などとともに儒教文化的なグループに分類されている．距離的には生存価値の値がより高い中国もまた同じグループに位置づけされ，いずれも世俗的価値の高さが1つの特徴となっている．こうした中でも日本は特異と言いうるのだろうか．

本章では，アジア的価値とカルチュラルマップという，いずれも独立して知られてきたものを，共通の分析枠組みの中で検討し，両者を組合わせた空間において日本の占める文化的な布置を明らかにしたい．

2.3 価値観の実証データの外観

データの概要紹介に先立つが，以下で用いる価値観の実証データをより詳細に見ておこう．

2.3.1 アジア的価値のコーディングと分布

これまで実施されてきたアジアンバロメータ調査1波から4波で共通する項目に見る各国・地域の立ち位置を見ておこう．

私的なアジア的価値観については，4つの波で共通した項目は少ないが，

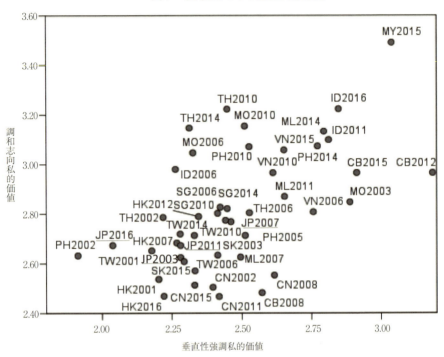

図1　私的なアジア的価値の散布図

　調和志向で共通する1項目（「家族のためには，自分の個人的利害は二の次にすべきだ」：賛成反対の4点尺度。以下全て同じ），垂直性強調で共通する2項目（「たとえ理不尽でも，子どもは親の要求に従うべきだ」「生徒なら教師の権威を疑うべきではない」の合算）を散布図で示したのが図1である。日本人はいずれの価値も強調しない方向性こそあるものの，図の中で見つけにくいことから分かるように，突出して私的なアジア的価値が低いわけではない[4]。

　公的なアジア的価値観については，4つの波で共通で尋ねられた項目が6項目と多いので，4波全ての回答を因子分析し，そこで得られた2因子をそ

　4　国名の略号は次の通り：JP 日本，HK 香港，SK 韓国，CN 中国，MO モンゴル，PH フィリピン，TW 台湾，TH タイ，ID インドネシア，SG シンガポール，VN ベトナム，CB カンボジア，ML マレーシア，MY ミャンマー。

れぞれ調和志向と垂直性強調と名付けた(分析は最尤法によりバリマックス回転。因子間の相関係数は0.166)。調和志向の因子負荷の高い項目は「人々が多くの団体を組織すると，地域の調和が崩れるだろう」「もし人々の考え方があまりにも多様すぎたら，社会は無秩序になるだろう」，垂直性強調の因子負荷の高い項目は「政府のリーダーたちは家長のようなもので，われわれは彼らの決定にすべて従うべきだ」「社会の中で特定の思想を議論してよいかどうかは政府が決定すべきだ」「重要な問題については，裁判官は行政府側の主張に沿った判決を下すべきである」「倫理的に正しいリーダーには，すべての決定をゆだねることができる」であった。この二因子を散布図の形で各国・各調査年の平均値を図示したのが図2である。ここでは日本が外れた位置にあることが明瞭である。なかんずく，調和志向よりも垂直性強調の低さが目立つ。つまり，東アジア・東南アジアの人々の中で日本人は他と比

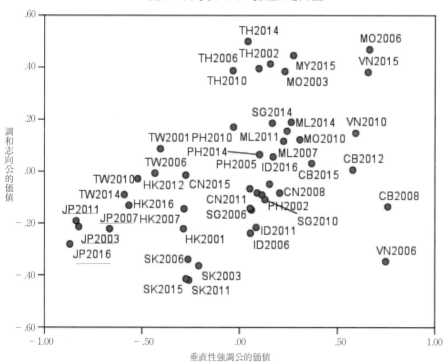

図2　公的なアジア的価値の散布図

べて公的なアジア的価値観において乖離した傾向を示し，とりわけ垂直性強調の低さが顕著である。

2.3.2　カルチュラルマップのコーディングと分布

次にカルチュラルマップであるが，2次元の平面にプロットしてマップ化する価値観のスコアは，ウェルツェルにより作成されたものである(http://www.worldvaluessurvey.org/ WVSContents.jsp?CMSID=welzelidx)。内容的には複数の下位インデックスから合成された世俗的価値と自己表現価値から成る。ここでは下位インデックスの構成項目のみ列挙し，ウェイトの与え方などのより詳細な作成法は上記ページを参照していただきたい[5]。

世俗的価値のコーディングに用いた変数群は以下の通りである。

- Defiance index（挑戦指標）：「将来の生活様式の変化に関する意見：権威や権力がより尊重される」（逆転：そのような変化が悪いと考える方が高得点で世俗的価値が高くなる：q22_c），「自国民（日本の場合は「日本人」）であることに誇りを感じるか」（逆転：誇りを感じない方が高得点：q67），「親が誇りに思えるよう努めることが人生の目標」（逆転：反対だと得点が高い：q11_a）。
- Disbelief index（不信心指標）：「生活における重要度（宗教）」（逆転：重要でないほど高得点：q1_f），「自分を信心深いと思うか」（逆転：q46），「お祈り・お参りの頻度」（逆転：q45）。
- Relativism index（相対主義指標）：「公共交通機関の料金をごまかすのは許容可能か」（逆転：完全非許容のみ0，他は1点：q66_b），「脱税は許容可能か」（逆転：q66_d），「仕事に関連してワイロを受け取ることは許容可能か」（逆転：q66_e）。
- Skepticism index（懐疑性指標）：「制度信頼（軍隊・自衛隊）」（逆転：信頼しないと高得点：q36_b），「制度信頼（警察）」（q36_f），「制度信頼（裁判所）」（q36_g）。

---

[5] 以下で「逆転」と記したのは，元の回答の数値と値を逆転させてコード化したことを意味する。qの番号は日本版世界価値観調査第6波の問いの番号に対応する。池田編(2016)を参照されたい。

自己表現価値のコーディングに用いた変数群は以下の通りである。

- Autonomy index（自律性指標）：「子どもに身につけさせる性質で特に大切なもの（自主性）」（イエスで自己表現価値が高くなる：q5_1），「同（想像力・創作力）」（q5_4），「同（決断力・忍耐力）」（逆転：q5_10）。
- Equality index（平等志向指標）：「仕事が少ない場合，男性が女性より仕事に就ける」（反対で得点：q10_q），「一般的に男性の方が政治指導者として適している」（反対で得点：q11_d），「大学教育は女子より男子にとって重要」（反対で得点：q11_e）。
- Choice index（選択性指標）：「社会的事象許容度（同性愛）」（許容ほど高得点：q66_f），「同（妊娠中絶）」（q66_g），「同（離婚）」（q66_h）。
- Voice index（発言強調指標）：国や個人のこれから10年の目標に関する脱物質主義的な回答の中で次の3つの選択肢を重視するかどうかでインデックスを作成(q18_a, q18_b, q19_a, q19_b)：「重要な政府決定に関してもっと国民に発言権を与える」「言論の自由の擁護」「人々が職場や地域社会でのものの決め方にもっと発言できるようにする」。

こうしたカルチュラルマップを作成すると，図3のようになる[6]。日本の位置はいずれの価値の次元も高い方に属するが，突出しているわけではない。ウェルツェルたちはこの位置づけを近傍の台湾や香港とまとめて儒教文化圏としてグルーピングしたが，目立つほどグループ化されているわけではないことは，図から明らかである。特異と呼べるのはスウェーデンとカタールくらいである。

3　政治文化と社会関係資本・民主主義の評価に関する仮説

以下で選ぶべき従属変数については，政治文化論の中でリベラルな民主主義の貢献要因とされてきた変数，および民主主義の評価に関わる変数を選択する。前者ではパットナムの社会関係資本論に根ざし，信頼（一般的信頼と制度信頼），および政治参加を選んだ（具体的な変数は4節参照）。他方で民主主義の評価に関連しては，アジアンバロメータ調査からは「民主主義はわれわれの社会の問題を解決することができる」かどうかへの回答をインデックスとし，世界価値観調査では民主主義の必須要素の認識に関する2つの因子とした。

6　韓国Koreaは自己表現価値のスコアがないので図から欠如している。

図3　自己表現価値と世俗的価値の散布図

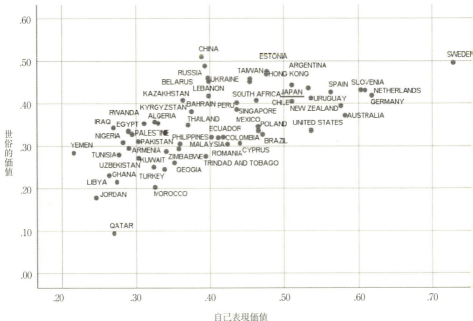

　ここで選択した従属変数と価値観との関連性について，以下で全般的な予測を行って仮説（Hypothesis: 略してH）を立て，かつ日本の特異性についてリサーチクエスチョン（Research Question: RQ）を設定しておこう。

・H1. 一般的信頼

　一般的信頼は，未知の他者，他者一般に対して人々がデフォルトでどの程度信頼をおくかの判断であり，信頼の高さが社会関係の開放性につながることから，広い社会的ネットワーク，多様な社会的機会の増大に通じ，社会関係資本の形成にとって重要な要因である。

　アジア的価値の保持者は他者への志向性に関し，対人的な上下関係の明確さを求めること，調和的な関係性を追求することから，新規でオープン，また幅広い関係性の取得に対しては慎重であらざるを得ないだろう。社会関係を階統的にコントロールするために，また異質な関係性の出現を抑制する傾向性を持つだろう。不確実性の高さを回避するためである。筆者は東アジア

でのいくつか研究グループの会合の初回,男性の研究者たちが互いの年齢を知りたがるのを一度ならず目撃しているが,これは垂直性強調における対人関係の不確実さを下げようとする行為のように思われた。

アジア的価値の保持者は結果として,とりわけ未知の他者に対する用心深さが高く,新規に出会う相手に対してその相手を直ちに信頼できるとは仮定しなくなる。こうしたアジア的価値の両次元は一般的信頼と負の関連性を持つと予測されるだろう。

一方,世界価値観調査における,自己表現価値の次元では,自己表現の可能性を追求するほど開放的な社会的関係性を追求し,他者との間に未知の可能性を拓くことに重点を持つ志向性を示すだろう。同様に伝統的価値と対極の世俗的価値の対比では,前者の方が固定的で閉鎖的な社会的関係性を志向すると予測しうる。したがって,自己表現価値と世俗的価値のそれぞれに重点を置くほど,一般的信頼は高くなるだろう。

・H2. 制度信頼

民主政治においても強権的な政治においても,その政治制度を構成する具体的な制度的構築物である三権のシステム,社会統制のシステム,各種の社会的インフラ等に対する制度信頼は重要である。一般に,制度は信頼されることでそのパフォーマンスのコスト,制度違反に対する監視のコスト,敵対者に対抗してその存在の正当さを主張するコストを下げられるはずだから,本来的には信頼されることが制度維持にプラスとなる。一方で,制度の存在が制度下の市民にとって,彼らの社会的目標や個人的な目標の実現にとって妨げとなると認識されれば,信頼は揺らぐ。それは制度の側から見ると制度維持のためのコスト上昇につながり,制度の不安定さをもたらすため,敵対者に対して制度側で抑圧するか,調整を図る必要が生じる。

アジア的価値における垂直性強調のロジックは,社会的な上位者が下位者に対して上位者を信頼し,リスペクトさえ要求し,他方でその信頼とリスペクトに応えることを(少なくとも理想や理念として)目指す。また,調和志向的には上位者と異なる見解は信頼とリスペクトに反するとしてこれを抑圧し,ときに非同調・不服従を規範的に排斥する。このことと一貫して,社会を規範的に支える階統性を有した制度に対して「正しいもの」として信頼するよう要求する傾向を持つだろう。いわば「お上」への信頼の要求である。被支配者側も文化的規範的にこれを受容するが,支配者が支配するに値しな

いと判断されるときはその限りではない。つまり無条件の服従は必ずしも仮定されない。

一方，世界価値観調査からの予測はどうなるだろうか。まず，前節のカルチュラルマップのコーディングで見てきたように，独立変数である世俗的価値の一部に社会統制的な制度に対する信頼の懐疑性指標が含まれてしまっているので，ここでは世俗的価値の分析はあまり意味がない。制度への懐疑という点で，従属変数の1つである統制関連制度への信頼に対するのみならず，他の社会・政治的な制度への信頼に関わる従属変数とも負の相関が予想されるだろう。制度信頼の多次元性については後述する。

自己表現価値についてはどうだろうか。この価値を高く持つ場合，自己表現を抑圧するような制度的な仕組みからの解放の追求といった側面が強くなれば，制度維持のコストに反してでも制度に対して懐疑的な志向性を持つ可能性はあるだろう。しかしながら，制度側において，少なくとも自己表現をサポートするないしは妨げないような制度的な仕組みをとっている限りにおいては，制度信頼との関連性はプラスになると考えられる。

このように考えてくると，ここでの予測は制度側のあり方との交互作用を考える必要がある。制度側のあり方の1つの指標としてフリーダムハウス評価（「世界の自由度」）を想定しよう。この評価指標は，評点の低い方が報道の自由や政治的権利など世界人権宣言に則った基本的人権の尊重度が高くなる配点がなされる。これを制度側の指標とすると，制度的な自由度が高い社会（指標の値が低い社会）では，自己表現価値と制度信頼はプラスの相関を持つだろう[7]。逆に制度的な自由度が低い社会では，自己表現価値と制度信頼との相関はマイナスとなるだろう。

---

[7] 下記の政治参加の項で述べるのと同様に，制度的な自由度の高い社会では批判も自由であり，ために制度信頼の低い「批判的市民」（critical citizens：Dalton, 2004; Norris, 1999）が多数を占めることも考えられる。その点で予測した正の相関は弱化することが考えられるが，制度的な自由度の低い社会で予想される自己表現価値と制度信頼の負相関ほどの明確性はもたないと考えられる。前者では政治システム全体に対する制度信頼はあるが，システムのパフォーマンスや運営のあり方に対する批判，つまりそのレベルでの制度に対する不信（典型的には政治不信）は十分に強いといった分化が考えられる。

・H3. 政治参加

　アジア的価値による予測では，政治参加は階層的な上位者の意向に左右される可能性が考えられる。参加の結果として上位者の意図を反映したり，協調するような活動を支援する性質の参加は，垂直性強調が大きいほど増加するだろう。大政翼賛会的な参加のあり方であり，上位者からの動員とも相俟った促進効果が考えられる。同様のことは，第二次大戦後の日本政治の中でも，選挙への動員行為の中でかつては広く見られた（Richardson, 1991b; 本書1章）。このような政治参加は必ず同質的な参加と異論の抑圧を伴うため，調和志向も促進的に働くと思われる。これらの参加の性質は潜在的にプロテスト的要素を持つ参加とは相容れない。

　この種の予測の難しさは，一方で上位者の選好が政治参加そのものを抑圧する可能性（リーダーに白紙委任を要求），他方で下位者の私生活志向（池田, 2007）の強さによって参加そのものに意欲が弱い可能性，があることによって増大する。過去の池田の分析からはそうした可能性が一部で示されているものの，分析結果は安定していない（池田, 2012; Ikeda, 2013）。本章は日本の特異性を検討することが主眼であるので細部のメカニズムの検討には立ち入らず，アジアンバロメータ調査4波全体での傾向性を検討し，日本がアジアにおけるパターンから，ずれを起こしているのかどうかに絞って見ていく。

　世界価値観調査の2次元による予測では，自らの自己表現価値と世俗的価値をいずれにおいても強く支持するほど政治参加の促進要因となることが予測される。自己表現価値は社会発言の機会を多く求めるため，多様な政治参加を促進する。他方，伝統的価値は権威への服従を求める志向性から政治参加には抑制的である可能性があり，その対極の世俗的価値は政治参加には促進的であろう。ただし，アジア的価値の例で見るように，伝統的価値による動員の可能性はあり，また世俗的価値による政治からの離脱もありうる。

・H4. 民主主義の評価

　アジア的価値を支持する人々の視点からの予測を考えると，階層的秩序を重視し，調和を強く要請する志向性は，リベラルな民主主義の方向性とは異なることが直ちに指摘できるだろう。リベラルな民主主義にプラスに作用する社会関係資本のロジックは，水平的な社会関係と異質で多様な人々の意見交換が前提となっていた（例：Putnam, 2000）。このため，アジア的価値の二つの次元での強い価値意識はいずれも民主主義に対する評価を低くすると予

測されるだろう。

　カルチュラルマップによる予測については，世界価値観調査で以下に見ていくように民主主義に必須の要素に関する2次元の尺度を用いて検討する。つまり，必須のものとして市民の権利を強調する次元，および統制的支配を強調する次元である。前者はリベラルな民主主義と一貫している。カルチュラルマップの自己表現価値，世俗的価値という二軸で見た場合，自己表現価値，世俗的価値が高い方では市民の権利を支持し，統制的支配に対しては批判的だろう。

・RQとしての日本の特異性

　上記の予測の中で，従属変数に対して回帰分析を行うにあたり，切片および価値観の2つの次元という3点において（下記に見ていくような階層的リニアモデリングHLMによる分析を行うとき），日本ダミー変数（日本を1，他を0とする）を設定し，アジア的価値とカルチュラルマップの分析とともに，日本の位置が特異な効果を示すかどうかを検討する。つまり，リサーチクエスチョンは，アジア的価値と世界的な文化の位置づけの中で，日本人の政治行動や意識に関して日本特異論に支持的な結果が出るかどうか，である。アジア的価値やカルチュラルマップの二次元のそれぞれにおいて日本の位置が他と乖離することによって，日本ダミー変数が有意になるかどうかが注目点である。

4　データと分析方法

4.1　アジアンバロメータ調査

　2018年末現在，アジアンバロメータ調査は第4波まで終了しており，共通変数を結合させたファイルが同プロジェクトのメンバー内で利用可能であり，分析にはこれを用いる。東アジア・東南アジアの国々を対象にした第1波は2001～2003年8ヶ国・地域で実施，第2波は2005～2008年にかけて13ヶ国・地域，第3波は2010～2012年に13ヶ国・地域，第4波は2014～2016年に14ヶ国・地域で実施された[8]。

---

[8] 同調査は，中国に関する体系的で適切なサンプリングを行った調査を含むことでよく知られている。

日本の特異性の析出対象である日本のアジアンバロメータ調査がカバーした時期である2001年から2016年は，日本に関しては二度の政権交代，東日本大震災の被災とそれに続く福島第一原子力発電所事故，少子高齢化の進展や終身雇用制度の崩壊に向かう動きの中で，経済的にはGDP世界2位からの転落，対外的には近隣諸国との摩擦増大など，大変動期であったと言えよう。それにも拘わらず，日本で実施された4波の調査とも極めて安定した数値を保っていることが認められた。制度信頼，対人信頼，政治参加，民主主義の評価，アジア的価値の位置づけなどにおいて大きな変動はない(Ikeda, Takemoto, & Yasuda, 2016)。

　データ分析の方針としては，HLMを用いるが，調査時点が互いに異なる4波をレベル3として設定せず，国・地域と個人の2レベルの分析とする。4波全て揃った国・地域は8に留まり，また調査実施の回数も時系列として扱うには不足と考えた。レベル2では各波ダミーとともに，国ごとの調査年に対応するGDP（per capita）とフリーダムハウス評価，および日本ダミーを用いる[9]。

　詳細なモデルの紹介は個々の分析の項に譲るが，主たる独立変数を公的なアジア的価値の二次元とし，変量効果をこれらと切片に想定した上で，独立変数の固定効果を検討する(Raudenbush and Bryk（2002）に基づく)。固定効果のみを想定するのは，性，年齢，教育程度，有職ダミー，主観的階層位置，都鄙居住(調査員判断による)，および社会参加ダミーである。

　以下に各従属変数の詳細を述べよう。

　一般的信頼に関しては，「一般的に言って，あなたは『ほとんどの人は信頼できる』と思いますか」に対する肯定的回答を1とし，対照となる「用心するにこしたことはない」やDK・NA回答は0とする尺度とした。

　制度信頼は，総理大臣，裁判所，内閣，政党，国会，行政機関，自衛隊，警察，地方自治体，新聞，テレビ，選挙管理委員会，NGOやNPOなど非政府の市民団体の信頼に関する因子分析を行い，一因子を抽出したので，その因子スコアを従属変数とした。

　政治参加は次の各質問項目の肯定的回答の加算である：「前回の選挙で投票したか」，「選挙の応援集会や演説会へ行ったか」，「特定候補者・政党への

　9　このレベルでは欠損値は許容されないので，採用できる変数には大きな限定がある。

投票を誰かに依頼したか」，(以下は過去3年間の行動として設問)「役所の高い地位にいる人との接触や相談をしたか」，「国会議員や地方議員との接触や相談をしたか」，「その他の影響力を持つ人との接触や相談したか」，「問題を提起するため請願書に署名等をしたか」，「デモや抗議運動に参加したか」，「政治的目的のため影響力や暴力を行使したか」(4つの波で共通して尋ねていない項目をカットしている)。このように，選挙政治参加・統治政治参加を合成した尺度となっている。

民主主義の評価については「民主主義はわれわれの社会の問題を解決することができる」かどうかの設問を検討し，「できない」との回答を対照とするダミー変数とした。

なお，独立変数に用いる社会参加については，次のいずれかの団体・組織に加入しているかどうかのダミー変数とした：政党，自治会・町内会，宗教団体，スポーツやレクリエーションのクラブ，文化団体(趣味のサークルなど)，慈善団体，市民運動団体・住民運動団体，労働組合，農協，専門職の団体，経済団体，PTA，生産者の協同組合，生協・消費者団体，学校の同窓会，政治家の後援会，その他の職業団体，その他のボランティアグループなどの団体である。ダミー変数とした理由は，国・地域ごとのばらつきが大きく，どれにも入っていない人が大多数となる国・地域があるためである(香港，シンガポール，中国で加入が少ない)。同じ理由で，当該変数を従属変数とすることも断念した。団体・組織参加は社会関係資本形成の重要変数であるがやむを得ない。しかしながら，この変数はパットナム的な社会関係資本論から言えばネットワークの指標であり，信頼や政治参加と相互にポジティブな関連性を持つという理論的期待を念頭に，独立変数の1つとして設定した。

4.2 世界価値観調査

本章では，世界価値観調査の6回の調査の中から，最も直近の第6波調査データの60ヶ国プールデータを用いる。世界的によく知られた国際比較調査であり，池田編(2016)で当時利用可能だった57ヶ国の比較検討を行っているのでここで詳しくは触れないが，日本の中での第1波調査(1981)からの変化を見ておくことはいささか有用であるかもしれない。日本での6波の調査がカバーしたのは，高度経済成長期以後，石油ショックを経た後のバブル経済と民営化の流れであり，その後の経済の長期停滞や世界金融危機の経

験,政治の流動化と多党化・政権交代,二度の大震災とオウム真理教事件など,多事多難の変化の時期である。アジアンバロメータ調査ではカバーしていなかった20世紀末のデータからの変動としては,「中流」意識の低下,競争に価値を置く信念の弱化,自己表現価値のうち社会的な発言を重視する価値意識の低下,政治参加の下降などが見て取れる。

第6波の世界比較の分析方針は,上記のアジアンバロメータ調査と同様とし,HLMを用いて価値の二次元の効果を検討する。変数を概観しよう。

一般的信頼はアジアンバロメータ調査と同一である。

制度信頼は各種制度に対する因子分析の結果を受けて,五つの因子をそれぞれ従属変数として検討する。すなわち,政治・行政,社会統制機関,民間系制度,ボランタリー組織,新聞・テレビの次元である。因子負荷量の高い組織・団体は,政治・行政信頼因子では政府,政党,国会,行政,社会統制機関信頼因子では自衛隊,警察,裁判所,民間系制度信頼因子では,大学,大企業,銀行,ボランタリー組織信頼因子では環境保護団体,女性団体,慈善団体,新聞・テレビ信頼因子では新聞・雑誌,テレビだった。

政治参加については,請願書・陳情書への署名,不買運動(ボイコット),平和的なデモ,ストライキ,その他の抗議行動のそれぞれにおける過去一年間の参加経験を加算した。

民主主義に対する評価については,詳しく説明する必要があるだろう。ここでは,民主主義に対する態度の二つの因子である,市民の権利を民主主義の重要な必須要素とみなす民主主義観,強権的な統治をよしとするような民主主義観を用いて分析する。日本単独の分析でも60ヶ国の分析でも同様に抽出された2因子は,次のように構成される。つまり,9つの項目についてそれが民主主義の性質として必須かを10点尺度で尋ねた設問(q38;V131-V139)への回答に基づく(下記は日本データの数値)。その項目とは,(1)「豊かな人に課税し貧しい人に補助する」(日本データでは賛成側である6～10点の計は67%だった:「わからない」を除く),(2)「最終的に宗教団体が法律を解釈する」(6%),(3)「国民が指導者を自由選挙で選ぶ」(83%),(4)「国民が国から失業手当を受ける」(72%),(5)「政府に能力がない場合軍隊が支配する」(5%),(6)「市民権で国の弾圧から守られる」(77%),(7)「収入が平等になるよう国が統制する」(27%),(8)「国民が為政者に従順である」(13%),(9)「女性が男性と同じ権利を持つ」(80%)であり,回答から2因子を析出した(最尤法によって因子抽出しカイザーの正規化を伴うバリ

マックス回転を行った結果)。

民主主義に必須であるのが,市民の権利であるとする第一因子(3,6,9に負荷量高),またそれとは全く異なり,強権的な統制的支配を支持する第二因子(2,5,8に負荷量高)である(値が高いほど「必須」を示す[10])。元の回答の分布からは,日本人では第一因子に関連する要因への支持は高く,第二因子への支持は低い[11]。

社会参加変数は次の個々の団体参加の加算とした:教会・宗教団体,スポーツ・レクリエーション団体,芸術・音楽・教育団体,労働組合,政党,環境保護団体,同業者団体・職業団体,慈善団体,消費者団体,自助・相互援助グループ,その他ボランティア団体。

なお,デモグラフィック要因で投入したのは,性,年齢,収入,教育程度,有職ダミー,主観的階層位置であり,都鄙居住変数は欠損国が少なからずあったため採択しなかった。

4.3 アジアンバロメータ調査と世界価値観調査との実証的対応

日本では,アジアンバロメータ調査第3波と世界価値観調査第6波が同一対象者に対するパネル調査となっていた(池田編,2018)。2つの調査の間に東日本大震災を挟んだため,2調査とも回答を得た対象者は575サンプルに限られるが,対応する項目間の相関を見ることができる。

サンプルが限定されているため一貫性のおおざっぱな目安でしかないが,一般的信頼の相関係数は2波の間で0.59(2値なのでテトラコトリック相関),社会参加は0.32,政治参加は0.16であった。制度信頼の尺度は両調査で違うものであったので個々の対応する制度信頼対象項目間の相関は0.2〜0.4の正の相関となっていた。

概ね低すぎない相関の強さだと考えるが,政治参加に関しては,東日本大震災と原発事故をはさんだ政治的混乱に何らかの影響を受けて相関が低下した可能性があると考えられる。アジアンバロメータ調査3波を実施した2011年末は民主党の野田内閣の組閣当初の時期にあたる。震災と原発事故への対応の問題を大きく抱えた不人気の菅民主党内閣(末期の支持率は

---

10 2つの因子間の相関係数は日本で−0.106,60ヶ国プールデータで0.081だった。
11 なお,再分配政策に対応する,豊かな人に課税(1),失業手当(4),収入の平等化(7)の項目は世界価値観調査全体ではどちらの因子へも負荷量が高く,日本のデータでは1,4は第2因子の負荷が小さかった。

18%)を引き継いだものであったが，組閣当初9月には6割に達した支持率から12月の支持・不支持の逆転(支持率37%，不支持42%。NHK月例調査による)まで急降下中であった。11月初めに消費税増税を明言したことも背景にあると思われる。

5 アジアンバロメータ調査の分析結果

5.1 一般的信頼

一般的信頼の分析モデルは下記の通りである(変数名とその意味の対応は結果の表1を参照のこと)。このモデルは他の従属変数にも踏襲される。ただし従属変数のあり方によってのみ分析が異なる。一般的信頼は2値変数型のモデル，制度信頼は通常の連続変数型モデル，政治参加はポワソン分布型の型モデル，民主主義の評価は2値変数型のモデルとする。

Level-1 Model

Prob $(Q23\_DUMM_{ij}=1|\beta_j) = \phi_{ij}$

$\log[\phi_{ij}/(1-\phi_{ij})] = \eta_{ij}$

$\eta_{ij} = \beta_{0j} + \beta_{1j}*(FG_{ij}) + \beta_{2j}*(PUB\_VER_{ij}) + \beta_{3j}*(PUB\_HAR_{ij}) + \beta_{4j}*(SE1_{ij}) + \beta_{5j}*(SE2_{ij}) + \beta_{6j}*(SE4_{ij}) + \beta_{7j}*(WORK_{ij}) + \beta_{8j}*(SE10_{ij}) + \beta_{9j}*(SE\_URBAN_{ij})$

Level-2 Model

$\beta_{0j} = \gamma_{00} + \gamma_{01}*(J\_DUMMY_j) + \gamma_{02}*(WAVE2_j) + \gamma_{03}*(WAVE3_j) + \gamma_{04}*(WAVE4_j) + \gamma_{05}*(GDP\_PER_j) + \gamma_{06}*(FREEDOME_j) + \gamma_{07}*(PUB\_VER_j) + \gamma_{08}*(PUB\_HAR_j) + u_{0j}$

$\beta_{1j} = \gamma_{10}$

$\beta_{2j} = \gamma_{20} + \gamma_{21}*(J\_DUMMY_j) + u_{2j}$

$\beta_{3j} = \gamma_{30} + \gamma_{31}*(J\_DUMMY_j) + u_{3j}$

$\beta_{4j} = \gamma_{40}$

$\beta_{5j} = \gamma_{50}$

$\beta_{6j} = \gamma_{60}$

$\beta_{7j} = \gamma_{70}$

$\beta_{8j} = \gamma_{80}$

$\beta_{9j} = \gamma_{90}$

表1　アジアンバロメータ

		従属変数→一般的信頼			
固定効果		レベル1	レベル2	係数	t値
For INTRCPT1, β_0	INTRCPT2, γ_{00}	切片		−0.708	−2.26 *
	J_DUMMY, γ_{01}		日本ダミー	−0.507	−1.04
	WAVE2, γ_{02}		第2波ダミー	−0.089	−0.24
	WAVE3, γ_{03}		第3波ダミー	−0.136	−0.38
	WAVE4, γ_{04}		第4波ダミー	−0.165	−0.45
	GDP_PER, γ_{05}		一人あたりGDP	0.000	2.10 *
	FREEDOME, γ_{06}		フリーダムハウス評価	0.317	3.39 **
	PUB_VER, γ_{07}		垂直性強調	−1.138	−2.27 *
	PUB_HAR, γ_{08}		調和志向	−0.891	−1.79 +
For FG slope, β_1	INTRCPT2, γ_{10}	団体・組織参加		0.210	7.00 ***
For PUB_VER slope, β_2	INTRCPT2, γ_{20}	垂直性強調		0.055	1.58
	J_DUMMY, γ_{21}		日本ダミー	−0.050	−0.46
For PUB_HAR slope, β_3	INTRCPT2, γ_{30}	調和志向		−0.134	−4.53 ***
	J_DUMMY, γ_{31}		日本ダミー	−0.102	−1.11
For SE1 slope, β_4	INTRCPT2, γ_{40}	性(男性1,女性2)		−0.137	−5.34 ***
For SE2 slope, β_5	INTRCPT2, γ_{50}	年齢		0.008	7.91 ***
For SE4 slope, β_6	INTRCPT2, γ_{60}	教育程度		0.029	4.20 ***
For WORK slope, β_7	INTRCPT2, γ_{70}	有職ダミー(値1が有職)		−0.015	−0.53
For SE10 slope, β_8	INTRCPT2, γ_{80}	主観的社会階層		0.091	6.70 ***
For SE_URBAN slope, β_9	INTRCPT2, γ_{90}	都鄙ダミー(値1が都会)		−0.086	−2.67 **
変量効果				分散成分	χ^2
	INTRCPT1, u_0		切片	0.533	3794.6 ***
	PUB_VER slope, u_2		垂直性強調	0.027	144.9 ***
	PUB_HAR slope, u_3		調和志向	0.020	146.5 ***
level-1 units				47567	
level-2 units				43	

　変数の落ちがなく，全体として分析対象にすることができたのは43の国・地域と波であり[12]，サンプル数は43000〜48000強であった。平均中心化した変数は，PUB_VER, PUB_HAR, SE2, SE4, SE10であり，全体平均中心化した変数はレベル2のGDP_PER, FREEDOME, PUB_VER, PUB_HARであった。

　一般的信頼の分析結果を表1の一番左側の結果欄に示す。

　固定効果を見ると，レベル1の効果として，社会関係資本論の予測通り，団体・組織参加は信頼を高める強い効果がある。これに対してアジア的価値

---

[12] 調査実施国から見て全体で48ユニットあるはずだが，モンゴル2003，モンゴル2013，中国2002，カンボジア2008，韓国2006のデータが欠落している。用いた変数のいずれかに欠損値があった。また制度信頼の分析で42となっているのは，さらに2001年香港データが欠落しているためである。

調査の分析結果

制度信頼		政治参加		民主主義評価	
係数	t値	係数	t値	係数	t値
0.144	1.20	0.261	2.50 *	1.001	3.40 **
0.170	1.07	0.076	0.61	1.425	7.17 ***
−0.067	−0.56	0.252	2.18 *	0.060	0.19
−0.087	−0.77	0.241	2.42 *	0.353	1.15
−0.184	−1.42	0.140	1.35	0.330	1.12
0.000	5.50 ***	0.000	−1.92 +	0.000	−1.78 +
0.248	9.12 ***	−0.079	−3.45 **	0.033	0.58
0.590	4.95 ***	0.130	0.91	1.453	4.96 ***
−0.094	−0.50	0.347	3.17 **	−0.593	−1.72 +
0.078	5.96 ***	0.318	16.03 ***	0.118	2.80 **
0.238	14.51 ***	−0.037	−1.95 +	0.118	3.58 ***
−0.095	−4.89 ***	−0.013	−0.58	−0.283	−3.78 ***
0.031	2.99 **	−0.020	−2.54 *	−0.018	−0.63
−0.054	−3.77 ***	−0.015	−1.41	−0.321	−3.15 **
−0.009	−0.76	−0.103	−7.71 ***	0.010	0.39
0.000	−0.81	0.010	10.00 ***	−0.001	−0.29
−0.026	−6.35 ***	0.025	7.84 ***	0.005	0.52
−0.043	−3.85 ***	0.125	7.73 ***	−0.049	−1.59
0.049	6.16 ***	0.023	3.44 ***	0.104	5.12 ***
−0.079	−2.14 *	−0.063	−3.31 ***	−0.073	−2.00 *
分散成分	χ^2	分散成分	χ^2	分散成分	χ^2
0.056	4996.4 ***	0.065	3806.6 ***	0.210	1789.2 ***
0.007	413.5 ***	0.009	277.3 ***	0.021	121.7 ***
0.003	174.0 ***	0.001	93.7 ***	0.019	125.8 ***
43053		48452		45545	
42		43		43	

の効果を見ると，調和志向が低いほど一般的信頼が高く，一方，垂直性強調の効果は見られなかった。前者は仮説H1を支持している。デモグラフィック要因の効果は，男性の方が，年齢が高い方が，教育程度が高い方が，主観的な社会的地位が高い方が，都鄙の差異では田舎の方が，一般的信頼が高いという結果であった。教育程度と社会的地位，および団体・組織参加の効果は社会関係資本論と整合的である。

レベル2の効果として，切片に対する効果を見ると，まず調査波の効果はなく，15年間で大きな変化がないことを示している。アジア的価値に関しては，垂直性強調も調和志向もいずれもマイナス（後者は統計的傾向であるが）となり，国・調査波単位でも仮説H1に沿う結果であった。なお，一人あたりGDPの効果はプラスであるが，フリーダムハウス評価（低いほど自由度

が高い)の効果もプラスであった。後者は想定外である。

日本の特異性に関する3つのダミー変数の効果はいずれも析出されず，日本の回答が他の東アジア・東南アジアの国々と比べて低くも高くもないことを示していた。

5.2 制度信頼

制度信頼の分析結果は表1の2列目に示す。

レベル1の固定効果が示しているのは，団体・組織参加のプラスの効果のみならず，垂直性強調と調和志向が高いほど制度信頼もまた高いことを示しており，前者は社会関係資本論に整合的で，後者はアジア的価値の予測H2に整合的であった。デモグラフィック要因の効果については，性・年齢の効果は見えないが，他では効果が見える。つまり教育程度が低いほど，仕事を持たないほど，主観的階層が高いほど，都会より田舎ほど信頼が高いという結果であった。

レベル2の効果については，切片に対して垂直性強調のプラスの効果が見える。レベル1とともに，この側面でのアジア的価値の効果は明瞭であった。また，一人あたりGDPとフリーダムハウス評価の効果がともにプラスであった。豊かな国や自由度の高い国ほど，まともな制度が機能していると受け止められている。

日本ダミーの効果がここでは析出された。それはアジア的価値に関して，垂直性強調も調和志向もいずれも低い人が制度信頼が高い，という効果である。この点で，日本は他の東アジア・東南アジアの国々の人々と反応が異なっている。これを事後シミュレーションによって図示すると，図4のようになる。日本という文脈の中では垂直性強調のインパクトは弱化し，確かに垂直性強調ほど制度信頼が高まる傾向はあるものの，垂直性強調の低い人でも制度信頼が比較的高いため，日本においてスロープはより緩やかである。他方，調和志向の効果はもっと明瞭で，他国では調和志向が強いほど制度信頼が高くなるが，日本ではその逆で調和志向はマイナスに働く。垂直性強調と調和志向のそれぞれの切片の効果の強弱の差によってこのようになる。

5.3 政治参加

レベル1の効果で見えるのは，これまでと共通しているように，まず団体・組織参加の正の効果である。またアジア的価値のうち垂直性強調はマイ

図4 アジア的価値と制度信頼：日本.対.東アジア・東南アジア

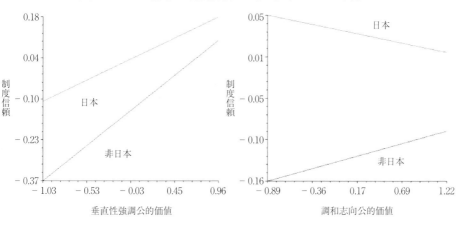

ナスの統計的傾向を持ち，調和志向はマイナス方向に有意であった。垂直性強調が高いほど，調和志向が高いほど，政治参加が抑制されることを示していた。換言すれば，上位者や周囲他者は動員圧力としては作用せず，抑圧として作用している。デモグラフィック要因で見ると，男性ほど，年齢が高いほど，教育程度が高いほど，有職ほど，主観的社会階層が高いほど，田舎ほど政治参加が高くなっていた。

レベル2の効果を見ると，調査回の効果があり，対照波である第1波に比して第2波，第3波で参加が高くなっていた。またGDPの効果はややマイナス傾向であり，フリーダムハウス評価はマイナスであった。後者は自由度の高い社会ほど政治参加が高まることを示している。さらにアジア的価値の国・波別効果を見ると，ここでは調和志向がプラスとなっており，H3と整合的である。これは国・地域別に見ると調和志向が高いほど政治参加が高くなる一方で，個人レベルにおいては調和志向の高さが政治参加にむしろマイナスに働くということを示しており，複雑な構造を有している可能性を示唆している。

日本ダミーの効果は観測されない。つまり他の東アジア・東南アジアの国々と構造的な違いはないということになる。

5.4 民主主義の評価

まず初めに，日本データを例として「民主主義は社会の問題を解決できる

力があるか」という設問に対する回答の変化を見ておくと，図5のようになる。2011年のデータでは，東日本大震災と原発事故後の混乱を反映して民主主義の問題解決力を悲観する回答が増大する傾向が見られたが，日本人の多数派は概ね民主主義の問題解決力に対してポジティブな評価を持っていることが分かる。このポジティブ評価を1，他を0として行った分析を表1の最右列の結果は示している。

レベル1の効果をまず見ると，ここでも団体・組織参加の効果があり，社会関係資本が民主主義の評価にプラスに効果を持つことを示している。一方，アジア的価値の効果では垂直性強調の効果のみが見え，垂直性を強調するほど民主主義の評価が高くなっていた。これはリベラルな民主主義論から期待される予測とは逆の効果であり，仮説H4に反する。「問題解決力」という選択肢の表現が上意下達的な階層的発想と親和的と受け止められた可能性があるかもしれない。デモグラフィック要因の効果は明瞭ではなく，主観的社会階層が高いほど，また農村ほど民主主義の評価が高くなっていたのみである。

レベル2の効果に目を移すと，一人あたりGDPが低いほど民主主義の評価が高い傾向性が見えるが，フリーダムハウスの自由度の効果は見られない。アジア的価値の効果に関してはレベル1と同様に垂直性強調が高いと民主主義の評価が高く，一方で調和志向についてはマイナスの傾向性が見て取れる。後者のみH4を支持する。

図5　民主主義の評価の推移：日本データ

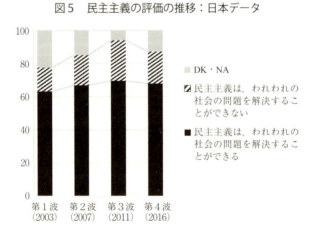

日本ダミーの効果は，切片と2つのアジア的価値において全て検出された。全般に日本は民主主義の評価そのものが他国・地域より高いが，垂直性強調と調和志向の効果についてはともにマイナスであり，垂直性強調が弱いほど，調和志向が弱いほど，民主主義の評価が高くなっていることが判明した。これを図示すると，図6のようになる。差は大きくないが，日本でのアジア的価値の効果の作用はリベラルな民主主義から予測される効果に近い。言葉を換えれば，水平な社会関係への志向性が強いほど，調和ではなくて多様性を許容する志向性が強いほど，民主主義の評価が高いのである。この点で，日本は東アジア・東南アジアの国々の中では特異である。

5.5　知見の考察

アジア的価値の効果について全体的に見ておこう。垂直性強調は政治参加を抑圧する一方で，制度信頼を高め，民主主義の評価を高める効果を有していた。権威主義的・パターナリスティックな効果と言えるかもしれない。調和志向は，予測通り一般的信頼を下げ，制度信頼を上げていたが，政治参加はマイクロには抑制し，国・地域レベルでは促進的であった。

次に，日本の特異性に注目すると二つのパターンが浮かび上がる。一般的信頼および政治参加と，制度信頼および民主主義の評価のパターンの差異である。前者はアジア的価値の効果から乖離せず，後者では乖離していた。つまり，一般的信頼や政治参加ではアジア的価値と同様の効果を持ち，他方，制度信頼や民主主義の評価では，日本はアジアの他国・地域と異なり，垂直

図6　アジア的価値と民主主義の評価：日本.対.東アジア・東南アジア

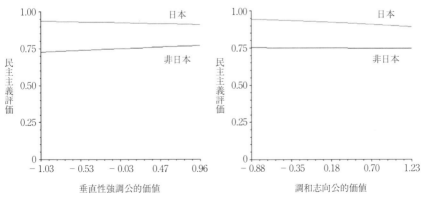

性強調や調和志向が弱い人で制度信頼が高く,民主主義の評価が高くなる傾向があった。

推測するに,一般的信頼や政治参加は制度信頼や民主主義の評価よりも周囲の他者たちによる影響を受けやすいものと思われる。一般的信頼は社会関係の中で他者との接触によって育まれるものであり,政治参加にも集団的要素が多く含まれる。そうした他者の存在が社会・文化的なインパクトとしてアジア的価値の効果を日本人でも維持していると考えることはできないだろうか。つまり,社会関係資本論にも見るように私たちは周囲の他者に大きく意識や行動を左右される。したがって、他者の存在を介した社会・文化的な影響を通して,アジア的価値の効果が生じている,と考える。

一方,制度信頼や民主主義のあり方はともに社会が作り出した制度的な仕組みに対する評価であり,必ずしも周囲他者の影響なくしても保持しうるものである。またこれらはアジア的価値とは独立して第二次大戦後に形成されたものである。制度信頼の対象においても,政治行政的な制度をはじめとして戦前の制度的枠組みを引き継いだものはない。ここにおいては戦後の日本の学校教育などによるエンカルチュレーションの効果が考えられうる。日本データだけを分析すると,学歴に関しては高いほど明確に制度信頼が高く,民主主義の評価も高いことが観測できる。日本を除くアジアンバロメータ調査の対象国の傾向と異なっているのはこの教育効果を反映している可能性があるだろう。同様に,日本では学歴が高いほど一般的信頼も高くなっていた。

こうしたことを踏まえて,学歴変数のレベル2の要因として日本ダミーを投入したのが,表2である。学歴に対する日本ダミーは全て統計的に有意となった。まず,予想されたとおり,制度信頼と民主主義の評価において日本ダミーはプラスに有意であった。このことは日本の教育がアジアの中で突出して制度信頼や民主主義の評価を高めるのに貢献していることを示している[13]。

さらに,一般的信頼は日本ダミーを投入したことにより,教育程度の切片の統計的有意性が消滅した。ということは,アジアンバロメータ調査全体で

---

[13] アジアンバロメータ調査の4波を通じて,1940年以前の生まれは18%,1930年以前の生まれは5%であり,後者のうち高等教育を受けた対象者は39%であったが,この年齢層の高等教育でも大半は第二次世界大戦後の高等教育を受けているはずである。したがってここでの全体の教育程度の効果は,戦後日本の教育の効果と考えられる。

見られた教育程度による一般的信頼上昇効果は日本の教育程度の効果であった。先ほどの知見では，日本は一般的信頼は全体としてアジア的価値観から乖離していないとは言え，教育程度が高いほど日本人はそうした価値から乖離し，一般的信頼を高めていたのである[14]。

まとめると，推測を裏付けるように，学歴という公教育の成果がアジア的価値観の効果を弱化させるインパクトを持つ。それは日本において制度信頼や民主主義の評価について見られた。一般的信頼についてはアジア的価値観そのものの効果が日本では異なることはなかったが，学歴が高いほど一般的信頼が上がる傾向が日本ではあり，それがアジアの他国と異なる日本の特徴であった。

6　世界価値観調査の分析結果

世界価値観調査第6波の国際比較分析が可能だったのは，56〜58ヶ国[15]であった。全体のサンプルは72300程度から最大で88206であった（表3，表4を参照）。分析のモデルは下記に一般的信頼を従属変数としたものを挙げる（変数名とその意味の対応は結果の表を参照のこと）。他の分析も従属変数を変えて独立変数部分は同一である。分析手法はHLMとし，一般的信頼は2値変数型のモデルであるが，制度信頼は通常の連続変数型モデル，政治参加はポワソン分布型のモデル，民主主義の評価は連続変数型のモデルとした。結果の表ではアジアンバロメータ調査と比較しやすいように変数の順番を一

---

[14] 政治参加は日本では教育程度が高いほど低下しており，これはアジアの中では逆方向であったが，この特異性は従前から知られ，検討されている（蒲島，1988）。

[15] レベル1からケースによって韓国，バーレーン，クウェート，カタール，エジプトのデータが不十分でカットした。60ヶ国全体の他の国・地域の列挙をすると，世界価値観調査のコード順に次のようになる：アルジェリア，アゼルバイジャン，アルゼンチン，オーストラリア，バーレーン，アルメニア，ブラジル，白ロシア（ベラルーシ），チリ，中国，台湾，コロンビア，キプロス，エクアドル，エストニア，ジョージア，パレスチナ，ドイツ，ガーナ，香港，インド，イラク，日本，カザフスタン，ヨルダン，韓国，クウェート，キルギスタン，レバノン，リビア，マレーシア，メキシコ，モロッコ，オランダ，ニュージーランド，ナイジェリア，パキスタン，ペルー，フィリピン，ポーランド，カタール，ルーマニア，ロシア，ルワンダ，シンガポール，スロヴェニア，南アフリカ，ジンバブエ，スペイン，スウェーデン，タイ，トリニダード・トバゴ，チュニジア，トルコ，ウクライナ，エジプト，アメリカ，ウルグアイ，ウズベキスタン，イエメン。

表2 アジアンバロメータ調査の分析結果：

従属変数→一般的信頼

固定効果		レベル1	レベル2	係数	t値
For INTRCPT1, β_0	INTRCPT2, γ_{00}	切片		-0.649	-2.188 *
	J_DUMMY, γ_{01}		日本ダミー	-0.278	-0.578
	WAVE2, γ_{02}		第2波ダミー	-0.071	-0.203
	WAVE3, γ_{03}		第3波ダミー	-0.159	-0.479
	WAVE4, γ_{04}		第4波ダミー	-0.216	-0.639
	GDP_PER, γ_{05}		一人あたりGDP	0.000	2.2 *
	FREEDOME, γ_{06}		フリーダムハウス評価	0.307	3.541 **
	PUB_VER, γ_{07}		垂直性強調	-0.764	-1.641
	PUB_HAR, γ_{08}		調和志向	-1.159	-2.526 *
For FG slope, β_1	INTRCPT2, γ_{10}	団体・組織参加		0.208	6.882 ***
For PUB_VER slope, β_2	INTRCPT2, γ_{20}	垂直性強調		0.051	1.625
	J_DUMMY, γ_{21}		日本ダミー	-0.022	-0.229
For PUB_HAR slope, β_3	INTRCPT2, γ_{30}	調和志向		-0.123	-4.31 ***
	J_DUMMY, γ_{31}		日本ダミー	-0.078	-0.878
For SE1 slope, β_4	INTRCPT2, γ_{40}	性（男性1，女性2）		-0.146	-5.665 ***
For SE2 slope, β_5	INTRCPT2, γ_{50}	年齢		0.009	8.779 ***
For SE4 slope, β_6	INTRCPT2, γ_{60}	教育程度		0.006	0.355
	J_DUMMY, γ_{61}		日本ダミー	0.130	2.325 *
For WORK slope, β_7	INTRCPT2, γ_{70}	有職ダミー（値1が有職）		-0.044	-1.503
For SE10 slope, β_8	INTRCPT2, γ_{80}	主観的社会階層		0.090	6.6 ***
For SE_URBAN slope, β_9	INTRCPT2, γ_{90}	都鄙ダミー（値1が都会）		-0.105	-3.201 **
変量効果				分散成分	χ^2
	INTRCPT1, u_0		切片	0.548	3876.18 ***
	PUB_VER slope, u_2		垂直性強調	0.019	111.71 ***
	PUB_HAR slope, u_3		調和志向	0.018	133.03 ***
	SE4 slope, u_6		教育程度	0.009	388.70 ***
	level-1, r		モデルの残差分散		
level 1				47567	
level 2				43	

部入れ替え，表3では一般的信頼，政治参加，民主主義の評価を従属変数とした分析を掲載し，続く表4では制度信頼の5次元をそれぞれ従属変数とした分析を掲載した。平均中心化した変数は，SACSECVA, RESEMAVA, AGE, INCOME, EDUCATIO, SUBJ_CLA, SOC_PARTであり，全体平均中心化した変数はレベル2のSECULAR, EMANCIPA GDP_CAP FREEDOMであった。

Level-1 Model

Prob (GTRUSTij=1| β_j) = ϕ_{ij}

log $[\phi_{ij}/(1-\phi_{ij})] = \eta_{ij}$

教育程度の日本ダミーの効果

制度信頼		政治参加		民主主義評価	
係数	t値	係数	t値	係数	t値
0.149	1.217	0.234	2.618 *	1.013	4.692 ***
0.174	1.09	0.107	0.677	1.408	4.426 ***
−0.064	−0.52	0.246	2.463 *	0.042	0.168
−0.092	−0.779	0.254	2.661 *	0.343	1.426
−0.183	−1.371	0.162	1.662	0.297	1.218
0.000	4.835 ***	0.000	−1.805 +	0.000	−1.098
0.243	8.838 ***	−0.087	−3.588 **	0.052	0.832
0.600	5.021 ***	0.208	1.56	1.405	4.159 ***
−0.100	−0.534	0.337	2.621 *	−0.509	−1.509
0.078	5.898 ***	0.320	34.967 ***	0.119	3.829 ***
0.239	14.825 ***	−0.035	−2.093 *	0.113	3.377 **
−0.086	−4.228 ***	−0.022	−0.41	−0.257	−2.385 *
0.032	3.172 **	−0.018	−2.439 *	−0.019	−0.624
−0.039	−3.326 **	−0.025	−1.021	−0.290	−3.003 **
−0.010	−0.773	−0.103	−12.422 ***	0.011	0.395
0.000	−0.476	0.010	31.614 ***	0.000	−0.353
−0.027	−6.324 ***	0.026	6.546 ***	0.001	0.098
0.051	8.539 ***	−0.029	−2.17 *	0.093	3.175 **
−0.047	−4.343 ***	0.129	13.69 ***	−0.048	−1.637
0.049	6.214 ***	0.023	5.415 ***	0.104	7.395 ***
−0.080	−2.218 *	−0.056	−5.834 ***	−0.071	−2.156 *
分散成分	χ^2	分散成分	χ^2	分散成分	χ^2
0.056	4982.32 ***	0.064	3831.67 ***	0.211	1752.29 ***
0.008	414.81 ***	0.008	251.92 ***	0.024	128.00 ***
0.002	162.91 ***	0.001	89.08 ***	0.019	124.56 ***
0.000	154.41 ***	0.000	185.61 ***	0.001	70.08 **
0.478					
43053		48452		45545	
42		43		43	

$\eta_{ij} = \beta_{0j} + \beta_{1j}*(\text{SACSECVA}_{ij}) + \beta_{2j}*(\text{RESEMAVA}_{ij}) + \beta_{3j}*(\text{SEX}_{ij}) + \beta_{4j}*(\text{AGE}_{ij}) + \beta_{5j}*(\text{INCOME}_{ij}) + \beta_{6j}*(\text{EDUCATIO}_{ij}) + \beta_{7j}*(\text{WORK}_{ij}) + \beta_{8j}*(\text{SUBJ\_CLA}_{ij}) + \beta_{9j}*(\text{SOC\_PART}_{ij})$

Level-2 Model

$\beta_{0j} = \gamma_{00} + \gamma_{01}*(\text{JAPAN\_DU}_j) + \gamma_{02}*(\text{SECULAR}_j) + \gamma_{03}*(\text{EMANCIPA}_j) + \gamma_{04}*(\text{GDP\_CAP}_j) + \gamma_{05}*(\text{FREEDOM}_j) + u_{0j}$

$\beta_{1j} = \gamma_{10} + \gamma_{11}*(\text{JAPAN\_DU}_j) + u_{1j}$

$\beta_{2j} = \gamma_{20} + \gamma_{21}*(\text{JAPAN\_DU}_j) + u_{2j}$

表3　世界価値観調査の分析結果：その1

固定効果		レベル1	レベル2	係数	t値	
For INTRCPT1, β_0	INTRCPT2, γ_{00}	切片		-1.277	-14.35	***
	JAPAN_DU, γ_{01}		日本ダミー	-0.322	-0.50	
	GDP_CAP, γ_{04}		一人あたりGDP	0.000	5.80	***
	FREEDOM, γ_{05}		フリーダムハウス評価	0.094	1.39	
	SECULAR, γ_{02}		世俗的価値	8.087	5.82	***
	EMANCIPA, γ_{03}		自己表現価値	-2.766	-1.49	
For SOC_PART slope, β_9	INTRCPT2, γ_{90}	団体・組織参加		0.043	13.40	***
For SACSECVA slope, β_1	INTRCPT2, γ_{10}	世俗的価値		-0.396	-2.48	*
	JAPAN_DU, γ_{11}		日本ダミー	-1.023	-0.90	
For RESEMAVA slope, β_2	INTRCPT2, γ_{20}	自己表現価値		0.810	4.67	***
	JAPAN_DU, γ_{21}		日本ダミー	0.080	0.07	
For SEX slope, β_3	INTRCPT2, γ_{30}	性（男性1，女性2）		-0.092	-4.42	***
For AGE slope, β_4	INTRCPT2, γ_{40}	年齢		0.003	4.04	***
For INCOME slope, β_5	INTRCPT2, γ_{50}	収入		0.044	7.61	***
For EDUCATIO slope, β_6	INTRCPT2, γ_{60}	教育程度		0.032	6.12	***
For WORK slope, β_7	INTRCPT2, γ_{70}	有職ダミー（値1が有職）		0.015	0.68	
For SUBJ_CLA slope, β_8	INTRCPT2, γ_{80}	主観的社会階層		-0.064	-5.11	***
変量効果				分散成分	χ^2	
	INTRCPT1, u_0		切片	0.37347	4500.1	***
	SACSECVA slope, u_1		世俗的価値	1.08424	300.5	***
	RESEMAVA slope, u_2		自己表現価値	1.2704	365.9	***
	level-1, r		モデルの残差分散			
level-1 units				88206		
level-2 units				58		

$\beta_{3j} = \gamma_{30}$

$\beta_{4j} = \gamma_{40}$

$\beta_{5j} = \gamma_{50}$

$\beta_{6j} = \gamma_{60}$

$\beta_{7j} = \gamma_{70}$

6.1　一般的信頼

　表3から一般的信頼の固定効果を見よう。レベル1での団体・組織参加の効果は有意でアジアンバロメータ調査の結果と同様である。世俗的価値の効果はマイナスで信頼を下げるが，自己表現価値はプラスで信頼を上げる方向に作用した。後者のみH1の予測通りである。デモグラフィック要因の効果は，男性，年長，収入高，教育程度高，主観的社会階層低ほど信頼が増す。

(一般的信頼，政治参加，民主主義の評価)

政治参加		第一因子：民主主義に必須_市民の権利		第二因子：民主主義に必須_統制的支配	
係数	t値	係数	t値	係数	t値
− 1.081	− 6.19 ***	0.058	1.50	− 0.032	− 0.96
0.718	0.53	0.002	0.01	− 0.553	− 2.20 *
0.000	− 2.88 **	0.000	− 1.48	0.000	− 1.00
− 0.291	− 2.19 *	− 0.032	− 1.02	0.025	1.02
− 4.643	− 1.72 +	0.384	0.59	− 0.133	− 0.26
7.990	2.21 *	0.582	0.67	− 1.627	− 2.41 *
0.083	53.69 ***	− 0.019	− 17.64 ***	0.003	3.19 **
0.221	1.69 +	− 0.944	− 13.92 ***	− 0.142	− 2.45 *
− 0.509	− 0.54	0.085	0.16	0.401	0.90
1.501	10.87 ***	0.573	6.94 ***	− 0.536	− 7.39 ***
− 0.227	− 0.23	0.773	1.26	0.027	0.05
− 0.277	− 22.60 ***	− 0.018	− 2.70 **	0.026	4.31 ***
0.006	15.42 ***	0.002	8.01 ***	− 0.001	− 6.98 ***
0.000	0.12	− 0.007	− 3.68 ***	0.007	4.29 ***
0.095	31.30 ***	0.023	13.76 ***	− 0.032	− 21.52 ***
0.059	4.75 ***	0.010	1.51	− 0.026	− 4.29 ***
− 0.021	− 2.83 **	0.023	5.70 ***	0.032	9.25 ***
分散成分	χ^2	分散成分	χ^2	分散成分	χ^2
1.68023	29344.4 ***	0.077	9263.8 ***	0.057	10190.8 ***
0.78041	499.8 ***	0.225	687.7 ***	0.164	575.6 ***
0.8463	531.2 ***	0.343	725.3 ***	0.264	830.2 ***
		0.622		0.482	
82423		72292		72292	
58		57		57	

　レベル2の効果として，世俗的価値はプラスの効果を持ち，国レベルでは世俗化されているほど一般的信頼が高く，個人レベルとは逆でH1の予測に沿っていた。自己表現価値の効果は見られない。また一人あたりGDPが高いと一般的信頼は増すが，フリーダムハウス評価とは関連していなかった。日本ダミーの効果はいずれからも析出されなかった。

6.2　制度信頼

　次に，別の表4(206-207頁)に掲載された制度信頼の5次元の分析結果を見よう。レベル1での団体・組織参加の効果は全てプラスの効果を持っており，制度信頼を高めるのに貢献している。これは社会関係資本論と整合的な結果である(たとえばDalton (2004))。

　価値観の効果としては，世俗的価値が全般に制度信頼を低くしている。こ

表4 世界価値観調査の分析結果：

従属変数→制度信頼_政治・行政

固定効果		レベル1	レベル2	係数	t値	
For INTRCPT1, β_0	INTRCPT2, γ_{00}		切片	9.226	47.55	***
	JAPAN_DU, γ_{01}		日本ダミー	-1.318	-0.89	
	SECULAR, γ_{02}		世俗的価値	3.475	1.12	
	EMANCIPA, γ_{03}		自己表現価値	-0.211	-0.05	
	GDP_CAP, γ_{04}		一人あたりGDP	0.000	1.71	+
	FREEDOM, γ_{05}		フリーダムハウス評価	0.258	1.74	+
For SOC_PART slope, β_9	INTRCPT2, γ_{90}	団体・組織参加		0.081	22.95	***
For SACSECVA slope, β_1	INTRCPT2, γ_{10}	世俗的価値		-5.681	-19.64	***
	JAPAN_DU, γ_{11}		日本ダミー	0.832	0.39	
For RESEMAVA slope, β_2	INTRCPT2, γ_{20}	自己表現価値		0.264	1.12	
	JAPAN_DU, γ_{21}		日本ダミー	-1.475	-0.86	
For SEX slope, β_3	INTRCPT2, γ_{30}	性（男性1，女性2）		-0.037	-1.73	+
For AGE slope, β_4	INTRCPT2, γ_{40}	年齢		-0.001	-0.87	
For INCOME slope, β_5	INTRCPT2, γ_{50}	収入		0.078	13.14	***
For EDUCATIO slope, β_6	INTRCPT2, γ_{60}	教育程度		-0.044	-8.28	***
For WORK slope, β_7	INTRCPT2, γ_{70}	有職ダミー（値1が有職）		-0.134	-6.06	***
For SUBJ_CLA slope, β_8	INTRCPT2, γ_{80}	主観的社会階層		-0.067	-5.32	***
変量効果				分散成分	χ^2	
	INTRCPT1, u_0		切片	1.939	24565.0	***
	SACSECVA slope, u_1		世俗的価値	4.296	999.8	***
	RESEMAVA slope, u_2		自己表現価値	2.665	527.1	***
	level-1, r		モデルの残差分散	6.269		
level-1 units				74765		
level-2 units				56		

のことは尺度構成のあり方からも予想された点ではあるが，別の見方をすれば，伝統的な価値が制度信頼を高くしていることを意味しており，アジア的価値の効果で垂直性強調や調和志向が制度信頼を高めていたことに通じているという解釈もできよう。

　自己表現価値については，社会統制機関とボランタリー組織に対してこれらへの信頼にプラスに働いていた。他の制度因子に対しても有意でないものの方向はプラスであった。諸制度が自由な表現に許容的であり，信頼できるという全般的傾向を示しているように思われる。

　デモグラフィック要因の効果に関しては，収入が高いほど一貫して制度信頼が高まる一方で，いくつかの例外はあるものの，年齢が高いほど，教育程度が高いほど，有職ほど，主観的社会階層が高いほど制度信頼は低くなっており，批判的能力や社会経験の長さや幅と制度への不信が相関していること

その2（制度信頼の諸次元）

制度信頼_社会統制機関		制度信頼_民間系制度		制度信頼_ボランタリー組織		制度信頼_新聞・テレビ	
係数	t値	係数	t値	係数	t値	係数	t値
8.170	79.10 ***	7.991	79.74 ***	7.662	71.64 ***	4.897	58.33 ***
0.557	0.71	0.115	0.15	-1.429	-1.77 +	0.249	0.39
-3.693	-2.03 *	-0.203	-0.13	-2.537	-1.67	2.308	1.76 +
-0.602	-0.25	-1.132	-0.55	3.788	1.88 +	-2.182	-1.25
0.000	4.06 ***	0.000	0.45	0.000	0.14	0.000	2.10 *
0.206	2.35 *	0.046	0.61	-0.025	-0.34	-0.022	-0.35
0.045	18.64 ***	0.034	12.81 ***	0.060	20.90 ***	0.025	12.98 ***
-7.493	-27.79 ***	-4.098	-18.52 ***	-4.057	-18.49 ***	-2.321	-15.47 ***
1.222	0.61	1.131	0.67	0.957	0.57	0.948	0.84
0.457	2.89 **	0.204	1.30	1.308	7.98 ***	0.019	0.17
-1.089	-0.94	-0.647	-0.56	-0.499	-0.41	-0.152	-0.19
-0.102	-6.99 ***	-0.036	-2.20 *	0.195	11.00 ***	-0.014	-1.21
-0.004	-7.37 ***	-0.005	-8.64 ***	-0.004	-6.18 ***	0.001	1.60
0.055	13.51 ***	0.055	12.09 ***	0.011	2.23 *	0.033	10.28 ***
-0.032	-8.79 ***	-0.002	-0.43	0.009	1.94 +	-0.021	-7.31 ***
-0.088	-5.84 ***	-0.039	-2.35 *	-0.068	-3.73 ***	-0.072	-5.94 ***
-0.031	-3.61 ***	-0.074	-7.72 ***	-0.032	-3.06 **	-0.005	-0.77
分散成分	χ^2	分散成分	χ^2	分散成分	χ^2	分散成分	χ^2
0.550	14336.9 ***	0.525	10842.1 ***	0.597	10109.5 ***	0.378	17735.8 ***
3.850	1939.3 ***	2.602	1164.9 ***	2.522	992.4 ***	1.186	1088.9 ***
1.198	511.0 ***	1.162	411.8 ***	1.263	430.0 ***	0.582	433.8 ***
3.071		3.725		4.265		2.037	
76447		75713		73317		80452	
56		58		58		58	

を窺わせる。

　レベル2の効果はあまり一貫しておらず，一人あたりGDPの高さが信頼にプラスのケースが3，フリーダムハウス評価の高さ（自由度の低さ）が社会統制機関への信頼にプラスのケースが見られた。日本ダミーの効果はここでも切片と二つの価値の次元のどちらに対してもどれも有意とはなっていなかった。

　制度信頼については，前述の仮説を検討するために，さらにフリーダムハウス評価と自己表現価値との交互作用の検討をしよう。具体的には，レベル1の自己表現価値に対して，フリーダムハウス評価をレベル2変数として設定する。フリーダムハウス評価を指標とする自由度の差異が自己表現価値の

スロープを変える，というモデルである[16]。

煩雑を避けるために，統計的に有意となった3つの従属変数についてのみ結果を図示しよう（図7）。有意であったのは，民間系制度信頼，ボランタリー組織制度信頼，新聞・テレビ制度信頼を従属変数とした際の自己表現価値と政治的自由（フリーダムハウス評価）との交互作用である[17]。

図は左から順に，民間系制度信頼，ボランタリー組織制度信頼，新聞・テレビ制度信頼を従属変数とした結果をグラフ化し，自己表現価値との関連を見たもので，フリーダムハウス評価1（国の自由度が高い）と評価7（国の自由度が低い）とでは自己表現価値が制度評価に及ぼす効果が大きく異なることを示している。

図7　自己表現価値と自由度（フリーダムハウス評価）との交互作用

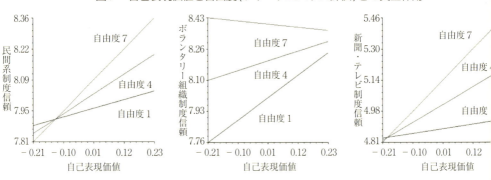

16　価値観の効果を一貫して検討するため，同時に世俗的価値に対してもフリーダムハウス評価を投入したものがここで図示した結果である。さらに日本ダミーの効果を見るため，レベル1の自己表現価値に対してレベル2にフリーダムハウス評価，日本ダミー，および両者の交互作用変数を投入して，三次の交互作用を検討することが原理的には可能である（Stevens & Schulte, 2016）。しかしながら本研究では日本ダミーと日本ダミー×フリーダムハウス評価の得点は多重共線性を引き起こし計算不能であった。交互作用だけ残した分析は可能だが，日本ダミーの値は1，交互作用の値はフリーダムハウス評価の日本評点1.5が投入されるだけなので，結果は交互作用を投入しない場合とあまり変わらない。このため，ここでは日本ダミーの効果の検討は断念する。上記二次の交互作用の図示のうち，フリーダムハウス評価が1の近傍がほぼ日本のスロープとなる。

17　モデル間の逸脱度の差異のχ^2検定を行うことで，変量効果において前モデルとの差異を検討すると，表示した結果はどれも統計的にはモデルの説明力を上げていた。

民間系制度信頼と新聞・テレビ制度信頼の場合には，国の自由度が高いと自己表現価値が与える信頼へのインパクトは弱化するという結果であり，逆に自由度の低い国では自己表現価値の高い人々が民間の大企業や銀行・大学，あるいはメディアをより信頼することを意味する。自由度の低い社会で，自己表現を追求する人々は民間組織やメディアに大きな信頼を寄せているのである。

一方，ボランタリー組織制度信頼では，国の自由度によって自己表現価値のインパクトが異なり，自由度の高い国では自己表現価値を高く持つと制度信頼は上昇するが，自由度の低い国では逆にマイナス方向となることが判明した。これは本章での予測通りである。さまざまな制度的な組織の中でも，ボランタリー組織（ここでは具体的には環境保護団体，女性団体，慈善団体の制度信頼を指す）は政治的自由と最も関連が深く，自由度が高い国ほどこれらが信頼される組織として認識されているという解釈ができる[18]。

6.3 政治参加

第三に，政治参加についてはどうであろうか。表3（204-205頁）に戻ってみると，レベル1での団体・組織参加の効果はここでもプラスになっている。価値観の効果では自己表現価値の効果が高度にプラス方向に働いており，H3に整合的である。デモグラフィック要因は，男性，年長，教育程度高，有職，主観的社会階層低ほど参加にプラスであった。団体・組織参加，性，年齢，教育の効果が自己表現価値以上に強い。

レベル2の効果では，自己表現価値が国レベルでもプラスであり，H3と整合的であった。またフリーダムハウス評価が低いほど（自由度が高いほど）政治参加を高めていた。一貫した結果と言えよう。他方，一人あたりGDPが低いほど政治参加にはプラスであり，豊かになると政治参加が弱化する傾向も見られる。日本の国レベルでの特異性に関する効果は，全て有意水準からはほど遠い。

---

[18] ただし，信頼の度合いは，自由度の高い国での自己表現価値が低い人々で最低の値となっていることに注意が必要だろう。自己表現価値の下位の指標として男女平等に関わる平等志向指標が含まれていたことが関係している可能性があるだろう。

6.4 民主主義の評価

第四に，民主主義の評価に関する二つの因子を検討しよう。値が高いほど当該の評価が高いことを踏まえると，レベル1での団体・組織参加の効果は，民主主義の必須要素を市民の権利とするという因子に対してマイナスである一方，統制的支配因子に対してプラスであった。これは社会関係資本論と必ずしも整合的ではない。

価値観の効果を見よう。世俗的価値はいずれに対してもマイナスの効果を持ち，自己表現価値は前者にプラス，後者にマイナスであった。世俗的価値の第1因子への効果のみ，H4と整合的ではなかった。世俗的であるほど，一般市民の権利に対しても自己利益に反すると見なすのであろうか。

デモグラフィック要因の効果は，主観的社会階層がいずれに対してもプラスの効果を持つ以外は両因子でほぼ逆の効果を持っており，男性は女性よりも，年齢が高いほど，収入が低いほど，教育歴が高いほど，市民の権利因子にプラスとなり，統制的支配因子にはマイナスであった。

レベル2の効果では，自己表現価値が統制的支配因子にマイナスとなり，H4の予測通りであったが，他では明確な方向はなかった。GDPやフリーダムハウス評価にも効果は見られない。

日本ダミーの効果については，唯一，統制的支配因子に対して，日本という国レベルの効果において他より有意に低く評価していた。日本人が他国よりも特異的に統制的支配を警戒するという結果である。日本のデータを見ると，統制的支配の賛成派はかなりの少数派であり，多数の反対派がこのマイナスの効果を生み出していることになる。続く5章でこの点に関した分析を続ける。

6.5 知見の考察

分析結果を総覧すると，自己表現価値に関しては，H1からH4を通じて概ね予測に沿っていた。つまり，自己表現価値が高いほど，一般的信頼が高くなり政治参加を促進するのみならず，制度信頼に関しては全体の分析と追加の分析を通じて社会統制機関，民間系制度，ボランタリー組織に対してプラスの相関を持っていることが判明した。民主主義の評価に関しても，市民の権利を強調する方向に寄与した。一方，世俗的価値の効果はそれほど明瞭ではなかった。社会関係資本や民主主義に対する評価は生存価値．対．自己表現価値の差異によって異なっており，伝統的価値．対．世俗的価値は，より

個人的なものに関わると考えられているのかもしれない。

　こうした中で，日本ダミーの効果は一部を除いて観測されず，社会関係資本や民主主義の評価という点からは世界の中で日本が特異であると強く主張することはできない。わずかに他と異なっていた統制的支配に対する人々の態度の意味については次章で改めて検討する。

7　結論

　なぜ，日本の特異性の検討が必要だったか。その一つは，特異論を強調することで，ある価値観の体系から見て（アジア的価値であっても自己表現価値であっても）ロジカルでない考え方や行動を擁護する，ないし居直ることに問題があるからである。独自の価値観の体系を持ち，それがかなりの歳月を経て一貫しているのでない限り，日本は特別だという主張は意味をなさない。じっさいには，アジア的価値と西欧的な価値観の狭間で，折衷的なパターンが観測されたことを，日本の政治文化の特徴としたとしても，何らかのアジア的ないし西欧的な特殊な性質や傾向が一貫したり両立しているとは言えない。制度信頼や民主主義評価が非アジア的でありながら，政治参加は抑制されたままであり，教育程度もそこにプラスに寄与していないという点で参加民主主義が具現するという状況をデータは一貫して示してはいない。

　全般的に，日本人は制度信頼や民主主義の評価についてはアジア的価値からの逸脱が見られ，世界レベルでは自己表現価値や世俗的価値において特異性は観察されなかった。前者で日本の戦後の公教育や制度形成との関連があると示唆する分析結果からは，制度信頼や民主主義評価に関しては日本が特異というより，他のアジアの諸国や地域に異なる特徴があると言ってよいのかもしれない。これは冒頭のヘルゲーゼンの驚愕の観察と通底しているとも言えるだろう。

5章
統治の不安と政治意識・行動：
日本人の不安の国際的文脈

1　統治の不安とは

「統治の不安」。これが本書最後のキーワードである。

統治の不安と似た意味合いを感じられる「政治不信」というキーワードは，日常語の中でもしばしば使われる。日本の政治学の文脈の上でも長らく研究の対象であった。日本政治学会の『年報政治学』では2010年に『政治行政への信頼と不信』という特集を組んでおり，また日本選挙学会が特集した1990年代後半の『選挙研究シリーズ』では全13号のうち4冊までが政治不信に関連した題材を扱っていた[1]。それは必ずしも日本に特異の現象ではなく，先進諸国の比較政治研究の文脈でも代表的な研究者たちがこぞって関心を持っていた事象である(Pharr & Putnam, 2000; Norris, 1999)。

しかし日本人の政治意識や行動は先進諸国と似ているばかりではない。世界価値観調査第6波(WVS6)日本調査(2010)の中で見えたのは，政治不信が高いにも拘わらず，政府や統治に関わろうとする能動的な態度は日本人に弱い(山田, 2016, 2018)。日本人が政治や行政に対して傍観者的であることは否定できず，さらに日本人はリベラルな民主主義を堅固に支持する(安野, 2016)一方で，「世界の中でも公的に意見を表明することを強くためらう傾向が顕著である。多くの領域にそれが当てはまる。宗教への態度，女性の役割への態度，高齢者に対する認識，直接政治参加行動，政治制度についての認識など，日常を越えるものや公的な事象に関する意見保留傾向の高さで日本人は一貫していた」という点であった (池田, 2016, p. 299)。政治に関わる意見を保留し，距離を置くことは政治不信の解消にはつながらず，逆に参加し

---

[1] https://www.jaesnet.org/research/publications/series.html

ないために不信はそのまま温存される。そのままでは政治不信には打開策がない。

　こうした政治への距離感や非関与と，戦後の日本人が培った民主主義の確固さの狭間で，統治の不安という概念を新たに提案したい。それは政治不信では説明しきれない事象をとらえると思われるからである。政治家や行政の諸種の不正行為や一部利益の過剰代表・自己利益の追求，あるいはそれらの隠蔽，正統性の範囲を超えた権力の行使，市民に対する応答性の欠如など，政治不信をもたらす諸事象は枚挙にいとまがない。こうした政治不信は政治や行政の現在，あるいは過去のあり方に対して低い評価を下すことを含意している。

　一方，ここで提起する統治の不安は，「これから我が国に起きるかもしれないこと，起こってもらっては困ること，統治者がコントロールできないかもしれないこと，一度起きたら取り返しがつかなくなるかもしれないこと」が生じる可能性への不安感覚から生じている（池田，同，p.305）。こうした統治の不安は他国に比して日本人に高いことがWVS6から推測される。政治不信は日本に限って突出しているわけではないが，統治の不安は突出している点できわめて特徴的である。統治の不安は，何か本質的に我が国に根ざしたものから来るのだろうか。たとえば度重なる天災の経験によるのか，あるいは政治不信とどのように関連づけられるのか，民主主義に対する態度と関連しているのだろうか。まずは第一に，世界に普遍的な要因で日本に突出するこの不安感を説明できるか検討する必要がある。それこそが社会科学的なアプローチである。

2　日本人の統治の不安の国際的な位置と客観データが持つ意味

　「統治の不安」について具体的な市民の反応を見よう。統治の不安の根拠は，WVS6の中で「あなたは，次のような状況に陥ることを，どのくらい心配していますか」に対する回答に見られる。ここでは人々の心配事として次の6項目を問うていた（日本語調査票 問61）。「職を失うこと，職が見つからないこと」「子どもに良い教育を受けさせられないこと」といった家庭／家族の将来・現在に関わるリスクと，「自分の国が巻き込まれる戦争」「テロ」「内戦」「政府による盗聴や手紙・Eメールの検閲」といった自分たちの社会や国家の現在や行く末に関わるリスクである。現状の問題を反映しているというよりは，未来の時点で起きうることに対するリスクの認識を問うもので

ある。その認識には，統治者が果たしてこれらのリスクをコントロールできるのか，という心配，不安が含意されていると考える[2]。

表 1 (竹本, 2016a 改訂[3]) は，WVS6 の 60 ヶ国データにおけるこうしたリ

表 1　日本人の統治の不安の国際的な位置

順位	A) 失職	平均得点	順位	B) 子どもの教育	平均得点	順位	C) 自国の戦争	平均得点
1	メキシコ	3.65	1	メキシコ	3.74	1	チュニジア	3.87
2	ガーナ	3.62	2	チュニジア	3.70	2	ルワンダ	3.80
3	ルワンダ	3.62	3	ガーナ	3.67	3	ジョージア	3.72
4	コロンビア	3.58	4	コロンビア	3.66	4	アルメニア	3.71
5	アルメニア	3.53	5	マレーシア	3.65	5	マレーシア	3.66
14	日本	3.25	32	日本	2.93	11	日本	3.46
56	ヨルダン	2.10	56	ニュージーランド	2.09	56	ドイツ	2.12
57	オーストラリア	2.09	57	アメリカ	2.00	57	アルゼンチン	2.07
58	スロベニア	2.07	58	オーストラリア	1.98	58	ニュージーランド	1.90
59	オランダ	2.01	59	スウェーデン	1.89	59	オランダ	1.57
60	スウェーデン	1.97	60	オランダ	1.83	60	スウェーデン	1.56

順位	D) テロ	平均得点	順位	E) 内戦	平均得点	順位	F) 盗聴・検閲	平均得点
1	チュニジア	3.90	1	チュニジア	3.89	1	マレーシア	3.42
2	ルワンダ	3.89	2	ルワンダ	3.85	2	ジョージア	3.15
3	マレーシア	3.65	3	ジョージア	3.67	3	メキシコ	3.15
4	イエメン	3.57	4	マレーシア	3.64	4	チュニジア	3.14
5	メキシコ	3.57	5	イエメン	3.59	5	日本	2.96
13	日本	3.38	24	日本	2.92			
56	スロベニア	2.15	52	ニュージーランド	1.72	55	ニュージーランド	1.82
57	ニュージーランド	1.99	53	ドイツ	1.67	56	スロベニア	1.75
58	アルゼンチン	1.97	54	オーストラリア	1.66	57	オランダ	1.68
59	スウェーデン	1.93	55	オランダ	1.39	58	スウェーデン	1.66
60	オランダ	1.79	56	スウェーデン	1.31	59	ヨルダン	1.64

(竹本, 2016a を改訂)

2　この設問には「起きては困る怖いこと」と「実際に起きるかもしれない可能性」が分離されていないことに注意しておこう。このことが以下にみるように，可能性を越えた不安の表明につながる。

3　竹本の発表論文以後，WVS6 は 57 ヶ国データから最終的に 60 ヶ国のデータまでが公開されたため，日本の順位にはわずかに変動があったことを反映した表となっている。以下の分析でも 60 ヶ国版を用いる (http://www.worldvaluessurvey.org/WVSEventsShow.jsp?ID=367)。

スク認識の日本人の位置を示している。元の「とても心配」に4点,「全く心配していない」に1点を与える方式の逆転尺度による[4]。子供の教育を除いて,全体として日本の順位がそれなりに高いことが見て取れるだろう。

こうした日本人の不安の高さは客観的なリスクや危険性と対応しているのだろうか。竹本が治安に関して行った分析(竹本, 2016b)と同様の検討をしよう。

まず,失業率の日本の順位を見よう。調査時点に近い世界の比較データを検討すると, 2010年ILOデータでは, WVS6の60ヶ国中日本の失業率は42位と低いことが判明する(全体では世界188ヶ国中127位)。次いで,子どもの教育の機会を大学進学率で見ると57ヶ国中客観データのある39ヶ国で17位(世界106ヶ国中32位(UNESCO 2012年))と中位に留まっている。日本人の教育程度が高いというのは謬見である。さらに自国の戦争,テロ,内戦に関しては,それぞれに特化した指標はあるものの全て5段階評価できめが粗く同順位の比較が難しいため,これらを含めた世界平和度指数(Global Peace Index)で検討する[5]。結果は,対象国59ヶ国中[6], 日本は2位(世界154ヶ国の内3位(2011年))と,平和なことにおいてトップクラスであった。最後に,盗聴・検閲に関わる指標として,報道の自由度のランキング(Freedom House, 2010年)とインターネット自由度ランキング(Freedom House, 2013年)を見よう。それぞれの順位は, 60ヶ国中7位(全データ196ヶ国中32位), 34ヶ国中[7] 5位(同60ヶ国中22位)であった。

これらの結果から見ると,教育程度が意外なほどの中位であることを除けば,総じて心理的な心配の方が客観的な状態よりも上ぶれしていることが見えてくる。いくつか図示してみよう。

まず失業への不安である。図1から完全失業率の相対的な低さにもかかわらず不安の高い(心配の平均得点の高い)国の1つに日本が位置していることが見える。同様の傾向を持つ国は他にもかなりあることから,失業不安の心

---

4 60位まで順位のない項目は,いくつかの国でデータが欠けていることを意味している。

5 英エコノミスト・インテリジェンス・ユニットによるデータ。https://ja.wikipedia.org/wiki/世界平和度指数#2007_2014_世界平和度指数ランキング。

6 パレスチナのみ世界平和度指数のデータがないのはきわめて残念である。

7 世界価値観調査2010の分析対象国のうち24ヶ国のデータがインターネット自由度ランキング2013には欠けていた。

図1　失業や職のない心配と失業率

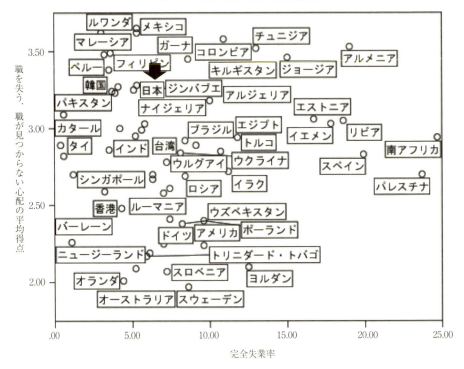

理と実態とのずれはそれほど特異ではないことも分かる。

　次に、「自分の国が戦争に巻き込まれる不安」について見よう(図2)。
　その結果は、客観的なリスクと心理的な不安が相関していない点で日本が突出していることを示している。図に右上がりの対角線を引くと、左上には過剰に心配、右下には過小に心配をしている国の人々が位置する。日本は過剰の中の過剰国の一つであることが明白となる。テロの心配や内戦の心配についてもほぼ同様の結果で、図に見るような外れ値の位置にあった(図は非掲載)。東アジア独特の情勢を反映しているという指摘はありうるが、同じ外れ値の位置を得た内戦に対する心配でも、それが地政学と直接関連しないにもかかわらず、同様の結果をもたらしているのは、東アジア情勢が理由で

図2 戦争に巻き込まれる心配と平和度スコア

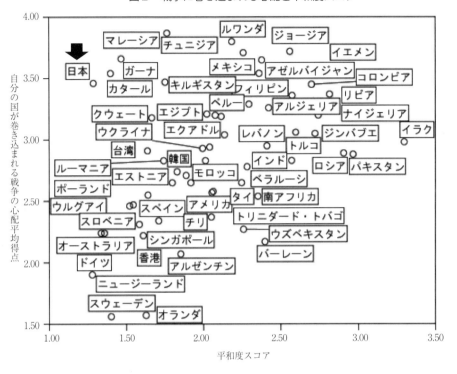

ないことをうかがわせる[8]。スウェーデンやニュージーランドと同程度の平和

---

[8] 2017年の北朝鮮の一連のミサイル実験による危機感や，2011年の福島原発事故の報道事例，あるいは2013年の特定秘密保護法成立によって，日本人はリスクの実感を持つ機会をもったかもしれないが，本データは2010年11〜12月に取得されているので，これらは事後の出来事である。しかし2010年9月の尖閣諸島中国漁船衝突事件がきっかけとなった日中の対立の方は，リスク認知の一部となった可能性はあるだろう（いわゆる「尖閣ビデオ」のYouTubeへの流出は11月4日で，翌日からメディアで広く報じられた）。だが本データの戦争の心配回答は内戦やテロの心配の回答との間で相関が高く，それぞれ0.62，0.76もある。この点から考えると反応の背景として合理性はない。なお，日本の直近の内戦は西南戦争（1877）であり，現在切迫している内戦があるとは考えられない。また，家庭や職業生活のリスクの中でも，失業の不安は小泉政権の後半から注目された格差拡大などに心理的根拠があり得る。また，教育の機会についても同様の根拠があった可能性があることは指摘してよいかもしれないが，本データの取得時期から考えて，直接的に社会・国家そ

度スコアを持ちながら、戦争の心配の度合いの方は日本がはるかに高いことが明らかである。

　最後に盗聴や検閲の心配と報道の自由度、インターネット自由度との関連性を見よう。ここでも、日本の値は外れ値的な位置にあることが見て取れる（図3）。主観と客観にずれがあり、主観的な不安の方が高いのである。

　これらのずれにどんな意味があるだろうか。ここで概念化した統治の不安に対し、その内容から見て、日本人の我々は「明日は飢えて死ぬかもしれない」という不安を持たされるまでの状況には置かれていない。また、大地震のような天災で発生した孤立無援に陥った人々に国や地方自治体が手をさしのべてこないという不安のような状況を予想することはできない。社会や政治が貧窮や絶望的な被災に対してそこまで鈍感すぎたりするような状況には日本人は置かれてない、という反論もあるかもしれない。だから、日本社会はそれなりに健全で、ここで言う統治の不安を特に取り上げる意味が分からない、と指摘されるかもしれない。たしかに、ここでの統治の不安の尺度

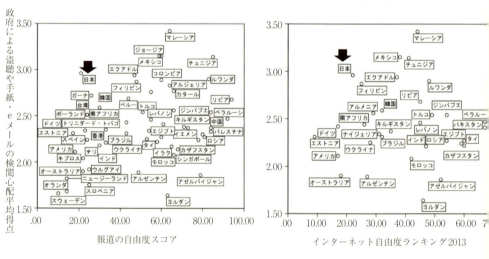

図3　盗聴・検閲の心配と報道／インターネットの自由度

　ものが外部から脅かされるリスクと関連してはいないはずである。
　なお、検閲は日本国憲法で禁じられているが、報道の自由度のランキングは原発事故報道のあり方と特定秘密保護法の成立（直接的には検閲と関連はしていないものだが）によって、2016年には日本は180カ国中72位と下がっている。

には，絶対的な貧困の不安や危機にある市民に国や地方自治体がバックアップできないといった統治の欠如まで含む要素は含まれていない。

だがここで主張したいのは，絶対的などん底に落ちて這い上がれないといった実存を脅かすまでの不安ではなくて，相対的剥奪の語で知られるような(relative deprivation; Merton, 1957)，一種の下落感が統治する側に対してもたれている，ということである。マートンの相対的剥奪は，他者との比較や，時間的な比較の中で，比較すべき対象として準拠する他者と比べ自分は不当にも権利や幸福や利得を奪われている，準拠する過去と比べて自分はうまくやれていない，という感覚であった。つまり現実に起きていることが，そうであってはならない，という怒りの感覚であった。

同様に，統治者が，対処できるはず，向上できるはずのことができない／しない，という，統治者に疑われる能力の欠如や先見力に対する期待のなさ[9]から生じる，自らの存在のあやうさや下落の予感の怯えの感覚がここにある。つまり筆者が強調したいのは，マートンの剥奪感とはやや異なり，今の現実ではなく将来起こりうる可能性において剥奪感を持つということである。日本の未来のあるべき姿(準拠)を脳裏に描き，われわれはもっと平和だと感じていいはず，もっと安心して職業についていていいはず，ではないか。しかし実際にはそうしたことが現実のものとならない，あるいはそうした現実を奪われ，将来的に否定されるような怯えを感じているということである。

客観的根拠に比して過大に不安があるということは，その過大なレベルまで落ちていくのではないか，という下落の予感への怯えであり，その意味で今までこの国が戦後から現在まで達成してきた平和や雇用や発展がストンと崩落して情けないことになる，という未来に起きうる剥奪への怯えがあることを意味しているのではないか。この怯えに対処して，自らの力，みんなの力でなんとかするぞという感覚は日本人には乏しい。政治的な選択肢のなさ，政治を安心して託せない政治家，社会関係資本の低下，という政治的な環境の劣化の中で政治から距離を置きつつ怯えているしかない，という状況が統治の不安を未来の相対的剥奪の予感として浮かび上がらせる。

絶対的な貧困や危機でなければ，たいしたことではないだろうか。そんな

---

9 これは(政治)不信が実績に基づいて感ずるものであるのとは異なり，実績ではなく，期待である。

ことはない。我々の未来に対する希望が明るい色に見えないのは、政治のもつ統治力の欠如、政治的環境劣化の改善の見込みのなさが生みだす、未来における相対的剥奪の予感のゆえである。

3　統治の不安の構造

　日本人の統治の不安は、特定の世代や偏った判断をするグループに依るのだろうか。まずは世界価値観調査の日本データから検討していこう。

　データの構造を見るために探索的な因子分析をまず行った。最尤法によって因子抽出しカイザーの正規化を伴うプロマックス回転を行った結果は、次の表2の通りである。

　この結果は、ここで言う統治の不安が相互に関連しながらも2つの因子に分かれることを意味している。第一因子は「統治の不安_社会・国家リスク」、第二因子は「統治の不安_家庭・生活リスク」と名付けることができるだろう。前者は、社会や国家レベルでの先行きの不安を感じる戦争・テロ・内戦への心配や国レベルでの人権侵害の不安であり、後者は個人として、ないしは家庭生活の中で感じる将来的な不安定感である。両者の因子間相関は0.553であり、因子スコアは値が高いほど不安が高くなる（心配である）尺度とした。

　この構造を得たところで章の始めに戻って考えよう。統治の不安は政治不信と異なる、と述べた。では両者のつながりはあるのだろうか。世界価値観調査では制度信頼以外に政治不信に関わる項目は少ないのだが、関連しうる事項を整理しよう。制度信頼は別途以下で取り上げる。

　比較しうる一つは政治的有効性感覚である。それは1章図2（26-27頁）で触れたような政治に対して人々が感ずるエンパワーメント感覚であり、政治

表2　統治の不安の構造

	因子	
	第一因子	第二因子
A）職を失うこと、職が見つからないこと	0.398	0.725
B）子どもに良い教育を受けさせられないこと	0.446	0.764
C）自分の国が巻き込まれる戦争	0.826	0.487
D）テロ	0.906	0.442
E）内戦	0.813	0.466
F）政府による盗聴や手紙・Eメールの検閲	0.696	0.446
寄与	3.486	1.053
分散の%	58.098	17.551

不信を吹き飛ばす源泉となり得るものである。政治的有効性感覚項目で構成した因子と統治の不安の二つの次元との相関はいずれも弱いマイナスであった。つまり，統治の不安が強い人は政治的有効性感覚がやや低く，エンパワーメントをいささか欠く，ということを意味する。

汚職の認識も政治不信の一面を構成する。パネルデータとして取得していたアジアンバロメータ調査では中央官庁の汚職の広がりの認識，政府の汚職取り締まりの厳しさの認識を尋ねていた。これらと統治の不安との関連を見ると（N=574），わずかに家庭生活リスクの方で中央官庁の汚職の広がり認識とプラスの関連性が見られた（$r=0.122$）。つまり不安が高いほど汚職も広がっていると見る傾向があったが，全体としては認識が連動しているわけではない。

これらは，統治の不安は政治不信の関連要因とも弱いつながりを持っていることを示しているが，統治の不安と政治不信の間に直接的な関連性は弱く，基本的には独立していると考える。先進諸国の中で政治不信は日本は他国と類似しているが，統治の不安は日本だけ突出していることが，この独立性を裏付ける。

4　統治の不安を形作る要因のロジック

次に，この2つの因子を説明しうる諸要因との関連性を検討する。分析可能な対象者数はWVS6日本調査の2443サンプルとする[10]。

リサーチ・クエスチョンないし仮説生成につながる変数選択のポリシーとして，次の5つの差異に注目する。

1. 基本要因としてのデモグラフィック要因による差異
2. 回答者自身の周囲の社会的・経験的な環境による差異
3. リスク事態に対処責任のある制度要因に対する態度がもたらす差異

---

[10] 世界価値観調査を実施した2010年とアジアンバロメータ調査ABS 3を実施した2011年秋との間には，東日本大震災が発生し，パネルサンプルの継続は大変に困難であったことを注記しておく。ABS 3とのパネルサンプルでは574，CSES 4では365，ソーシャルネットワーク調査では440と減少してしまうので，世界価値観調査の設問だけから検討する。本章の執筆に際して予備的分析においてアジアンバロメータ調査以後のパネルサンプルとの間でも関連変数の検討を行ったが，前節で見た以外の特筆すべき結果は見えていない。

4．制度要因や社会的・経験的環境に対する態度を左右する価値観がもたらす差異
5．国に対する特異な態度がもたらす差異

対応する調査項目とともに，より具体的に述べよう。

第一に，デモグラフィック要因として検討するのは，性，年齢，学歴，世帯収入である。統治の不安にこうしたベースの人口統計学上の差異があるかを見るのは，当然のベースラインである。

第二に，回答者自身の周囲の社会的・経験的な環境を吟味するのは，日々の生活の中で何らかの危険な事態を体験することが人々の認識の差をもたらすと想定しうるからである。個人のネガティブな体験が自らの家庭や生活のリスク認知につながることは容易に想定できよう。しかし，それが社会・国家リスクの認識にまで汎化され拡大されるかどうかは，実証的に分析しないとわからない。ネガティブな体験が自分の国や社会の不安定さに由来すると認識されれば汎化されうるだろう。分析には，近隣の治安認知（WVS6日本版から問57：以下，本章は全て同調査から），過去一年の問題事態経験（問63：食糧不足，犯罪経験，医療を受けられない経験，現金収入がない経験）を用いる。

第三に，リスク事態を発生させないための制度要因に対する態度を検討する。人々の安全や安心を守り，対処責任を持つ制度はリスク事態抑制に効果を持つと認識され，リスク認知の低下につながる可能性があるだろう。4章で触れた制度信頼の5因子（問36　ボランタリー組織信頼，政治・行政信頼，社会統制機関信頼，民間系制度信頼，新聞・テレビ信頼の各因子[11]）で検討する。とりわけ政治・行政や社会統制機関は対処責任の認識に直結しうる。これらはまさに政治不信の結果として生ずる態度要因でもある。

さらにより一般的には，民主主義や強権政治に対する態度も関連している可能性があるだろう。特に社会・国家リスクには，自らの国の政治がどれほど強権的なのか，リベラルに運営されているのか，という認識により制度の持つリスク制御力の認識も変わる可能性があるだろう。ここではその指標と

11　因子負荷量の高い組織・団体は，ボランタリー組織信頼因子では環境保護団体，女性団体，慈善団体，政治・行政信頼因子では政府，政党，国会，行政，社会統制機関信頼因子では自衛隊，警察，裁判所，民間系制度信頼因子では，大学，大企業，銀行，新聞・テレビ信頼因子では新聞・雑誌，テレビだった。

して，4章で言及した市民の権利意識因子と統制的支配因子を用いる。

第四に，制度要因に対する態度，あるいは物質的社会的環境を左右する価値観を検討する。世界価値観調査でよく知られた脱物質主義・物質主義スコアの各スコア(問18－20から合成)によって吟味する。脱物質主義的価値観のロジックの元となったマズローの欲求の階層理論では，人間の欲求の低い段階では物質主義的な価値である生理的欲求や安全への欲求などが優先されるため，それらに対応したリスク認識が生じやすいと考えられる[12]。したがって，物質主義スコアが高いと家庭・生活リスクを高く認識するだろうし，また社会・国家リスクにも敏感である可能性があるだろう。社会・国家リスクは物質的な困難をもたらすからである。脱物質主義のもたらす効果はこれらと逆方向になると想定する。両スコアの相関は0.133である。

第五として，国に対する態度を次の二つの側面から検討する。いずれもこれらの特異さが統治の不安の特異さにつながるものかどうかを見るのである。

1) 日本人としての誇り

日本に対する情緒的／アイデンティティとしての「日本人としての誇り」の感情の度合い(問67)を検討する。誇りを感ずるほどリスクを過小視するようなバイアスがあるのかどうかを分析する。自国への誇りの感情の値(「非常に感じる」「かなり感じる」を合わせた値)は日本が世界で最小の65.4％であった。

2) 国のために戦うか，正義の戦争はあるのか

日本人の戦争に関する意見は世界価値観調査の中でもとりわけ否定的であり，国のために戦うか(問21「もう二度と戦争はあって欲しくないというのがわれわれすべての願いですが，もし仮にそういう事態になったら，あなたは進んでわが国のために戦いますか」)，は日本が世界で最も肯定的な意見が少ないことが知られている(7.8％)。正義のための戦争はあるか(問62「ある条件のもとでは，正義のための戦争は必要だ」)に対する肯定的な回答(7.2％)も，57ヶ国中下から10番目であり，日本より低いのは旧ソ連圏が主であった。仮定的な設問とはいえ，こうした日本の特徴は統治の不安という特性と連動しているだろうか。

---

[12] 4章では，世界価値観調査から文化的価値観として自己表現価値と世俗的価値を用いたが，本章ではリスク認知に直接関連した要因を分析するため，脱物質主義／物質主義尺度を用いることとする。

5 統治の不安：二変量間の関連性

分析の入り口として行った相関係数やグループ間の差異の検討の結果は，それほど多くの変数に強い関連はないことを示していた。

5.1 基本要因としてのデモグラフィック要因による差異

まず，性差は社会・国家リスクにのみ見られた。女性の方がかなり高くリスクを認知している（表3。t検定による）。

また，年齢と教育程度にも関連性があった。年齢については，社会・国家リスクの認知に関して40代までと60代以上には差があり，若いと得点が低く（リスク認知が低いということである），年長者の方が高く，50代は中間であった（素年齢での相関係数は0.138：表4。群間の差異を検討した一元配置分散分析は掲載していない）。家庭・生活リスクについては逆で，40代までで得点が高く，60代以上で低く，50代は中間であった（同−0.265）。つまり年長である方が社会・国家リスクを高く認識する一方で，家庭・生活リスク認知は低かった。

個別項目の値ごとに年齢との関連を見ると，自国が巻き込まれる戦争，テロ，内戦の3項目で60代，70代の平均値は心配の値がさらに明白に高い。盗聴や検閲の不安に関しては，60代，70代に加えて20代も高く，これらの世代のリスク認識は世界的に見ても高かった[13]。

教育程度では，社会・国家リスクで高学歴層にリスク認知が低く，家庭・生活リスクでは逆で低学歴層のリスク認知が低かった。収入に関しても差異が見られた。弱い相関ではあるが，収入の低い方がいずれのリスクも高く認

表3　統治の不安：性別

性別			平均値	差異のt値
統治の不安_社会・国家リスク	1 男性		−0.16	−7.81 ***
	2 女性		0.13	
統治の不安_家庭・生活リスク	1 男性		−0.07	−1.70
	2 女性		−0.01	

13　WVS 6日本版回答者の最年長者は1930年生まれであり，戦争を幼少／少年期に直接認識しているのは最年長層に限られる。「70代以上」とはここでは1940年以前，「60代以上」は1950年以前の生年を指す。したがって直接経験が主たる要因とは言いにくいものの，戦後間もない時期から朝鮮戦争，東西冷戦初期にかけての生々しい記憶はあるかもしれない。

表4 統治の不安：年齢・教育程度・世帯収入別の相関係数

	満年齢	教育程度	世帯収入
統治の不安_社会・国家リスク	0.138 ***	− 0.160 ***	− 0.054 *
統治の不安_家庭・生活リスク	− 0.265 ***	0.058 **	− 0.041 +

注：有意性は両側検定による

識する傾向が見られた。社会的な弱者がリスクに敏感であることを反映している可能性がある。

5.2 回答者自身の周囲の社会的・経験的な環境

安全で豊かな国とされる日本の中にあっても，現実世界において治安や医療や経済的なリスクが存在することは明らかである。国際比較という文脈の中でとらえた二通りの設問との関連を見よう（表5）。

近所の治安の現状を尋ねた設問（問57）は，値が低い方が安全となる4件法の質問なので，社会・国家リスク，家庭・生活リスクともに，治安が良いほどリスク認知が低いことを意味している。身近なリスク経験の認識と確かに連動しているのである。

次の身の回りの4つの生活リスクに関する一連の項目（問63）は，世界ベースの比較質問なので，日本において肯定的な回答が高いわけではない（「頻繁にある」「ときどきある」合わせてA, B, Cで4〜6％，Dで12％。値が低い方がリスクを高く認識している）。しかしリスクの体験頻度が低くとも人々には社会の現実を補って考える手がかりとなり，現実生活のリスクは家庭・生活リスクを高く認知する不安と明確な関連性を持っており，社会・国家リスクとは身近な生活での食料・飲料不足や犯罪の脅威の認識とが連動していることを見てとれる。

5.3 リスク事態に対処責任のある制度要因に対する態度がもたらす差異

制度信頼や民主主義への評価はリスクに対する認識の歯止めとして関連性

表5 統治の不安：社会的・経験的な環境上のリスクとの相関係数

問57および問63	近所の最近の治安	過去1年間の頻度			
		A)十分な食料・飲料がない	B)家で犯罪に巻き込まれる恐れ	C)必要な薬や治療を受けられない	D)現金収入がない
統治の不安_社会・国家リスク	0.046 *	− 0.052 *	− 0.083 ***	− 0.025	− 0.028
統治の不安_家庭・生活リスク	0.098 ***	− 0.074 ***	− 0.061 **	− 0.070 **	− 0.091 ***

を持っているだろうか。

表6に見るように，まず制度信頼の複数の因子が社会・国家リスクを低く認識することと，弱いとは言え有意に関連していた。ボランタリー組織信頼，政治行政制度信頼，社会統制機関信頼，新聞・テレビ信頼の各因子の高得点が社会・国家リスク認知の低い得点と関連していた。制度への不信は統治への不安と緩やかに連動しているということである。一方，家庭・生活リスクに対しては政治行政制度信頼と，社会統制機関信頼がともに高いほどリスク認知を高く意識する方向性を持っていた。理由は必ずしも明らかではないが，リスク認知の高い人が政治・行政や社会統制機関を頼って信頼するという相関が生じている可能性もあるだろう。

次に，民主主義に必須の性質についての二次元の尺度との間には興味深い関連性が見出された（表7）。

市民の権利や再分配政策を重要な必須要素とみなす民主主義観[14]は，家庭・生活リスクに危機感を強めに持つが，社会・国家リスクとは関連していない。市民の権利や再分配政策の強調は失業や教育機会の状況に対して批判的で，リスクを高く見積もることを意味しているようである。一方，尺度を構成する主要項目が(2)「最終的に宗教団体が法律を解釈する」（賛成者6％），「政府に能力がない場合軍隊が支配する」（5％），「国民が為政者に

表6　統治の不安：制度信頼との相関係数

問36	第一因子：制度信頼_ボランタリー組織	第二因子：制度信頼_政治・行政	第三因子：制度信頼_社会統制機関	第四因子：制度信頼_民間系制度	第五因子：制度信頼_新聞・テレビ
統治の不安_社会・国家リスク	－0.073 ***	－0.064 **	－0.059 **	0.021	－0.061 **
統治の不安_家庭・生活リスク	0.001	0.062 **	0.047 *	0.006	－0.025

表7　統治の不安：民主主義の意識・評価との相関係数

問38と問37 D	第一因子：民主主義に必須_市民の権利	第二因子：民主主義に必須_統制的支配	D)民主的な政権（好ましいが低い得点）
統治の不安_社会・国家リスク	－0.003	0.077 ***	0.091 ***
統治の不安_家庭・生活リスク	0.051 *	0.070 **	0.038 +

14　4章の世界価値観調査全体の因子に比べると，日本だけの分析では市民の権利因子に再分配政策を必須の要素と見なす意見である「豊かな人への課税」「失業手当」が結びついている傾向があった。「収入の平等化」についてはむしろ統制的支配因子に結びついていた。

従順である」(13%)とそれぞれ少数の人々しか支持のない，強権をよしとするような民主主義観は家庭・生活リスクの危機感と結びついているのみならず，社会・国家リスクを高く見積もる点にも正の関連性を持っていた。このことは，民主主義の好ましさを尋ねた設問(問37D)への回答とも一貫しており，ここでは民主主義は「好ましくない」とする回答がリスク認知に結びついていた。リスクが高いと感ずると，民主主義は好ましくなく，強権的な政治を求めたがる少数派の意見が反映されている可能性がある。

5.4 制度的要因や社会的・経験的環境に対する態度を左右する価値観がもたらす差異

表8に見るように，社会・国家リスクに関してのみ予測通り，物質主義スコアが高いと社会・国家リスクの認知が高く，脱物質主義スコアが高いと逆であった。脱物質主義的価値観は戦争や検閲に対して楽天的なのであるが，一方，家庭・生活リスクとの間に予想された関連性を得ることはできなかった。

5.5 日本に対する態度・評価がもたらす差異

1) 日本人としての誇り

相関係数を見ると(表9)，日本人としての誇りを感じる方が社会・国家リスクに対して危機感を覚えることを示している(値が低いほど誇りを感じる)。家庭・生活リスクとは逆だが弱い関連性を示すのみである。

2) 国のために戦うか，正義の戦争はあるか

表記の項目への反応の日本的特異性については既に述べたが，一方で「わ

表8 統治の不安：脱物質主義・物質主義との相関係数

問18-20	脱物質主義スコア	物質主義スコア
統治の不安_社会・国家リスク	-0.059 **	0.057 **
統治の不安_家庭・生活リスク	0.022	0.009

表9 統治の不安と日本人である誇りとの相関係数

問67	日本人であることに誇りを感じるか
統治の不安_社会・国家リスク	-0.143 ***
統治の不安_家庭・生活リスク	0.048 *

表10 統治の不安と戦争に対する態度の関連性

統治の不安	社会・国家リスク			家庭・生活リスク		
		サブグループ			サブグループ	
		a	b		a	b
問21 戦争事態になったら，国のために戦うか	1 はい	−0.131		1 はい	−0.229	
	2 いいえ	−0.048	−0.048	3 わからない		−0.012
	3 わからない		0.061	2 いいえ		0.007
		サブグループ			サブグループ	
問62 ある条件のもとでは，正義のための戦争は必要だ		a	b		a	b
	1 賛成	−0.366		1 賛成	−0.074	
	3 わからない		0.013	3 わからない	−0.048	
	2 反対		0.060	2 反対	−0.026	

からない」という距離感を置く回答が日本に多いことも目立っている。その比率が高いので「わからない」回答まで含めて一元配置の分散分析を行ったところ（表10），少数派である肯定的意見の持ち主に比較的一貫した傾向が見られ，このグループは社会・国家リスクも家庭・生活リスクも低く見積もる傾向が見て取れる（値の低いサブグループに分類されやすい：Scheffeの検定（p<.05））。

　ここまでの結果を概括してみると，全体としては統治の不安とデモグラフィック要因や共通経験，価値観などとの間に明白で強い関連要因は見えにくい。換言すれば，日本人の特異的な社会・国家リスクの認知の高さは，特定の心理的・社会的な集団に固有のものであると言うよりも，社会全体に相当程度広く共有されているということなのではないかと思われる。しかもそれは見てきたように，客観的な情勢を反映しておらず，「誰が」そのリスク認知を支えているかに関して性別と世代以外には差はそれほどはっきりしていない。日本人の特異なリスク認知を，特定の傾向を持った人々が強く牽引しているとはデータからは言い切れない。

　ただし，いくつかの緩やかな傾向を指摘できる。現実の身近な生活リスクのある人々，制度信頼の低い人々，物質主義スコアの高い人々，日本人としての誇りが高い人々に，社会・国家リスクが高く結びつく傾向は少なくとも見て取れる。

6　統治の不安の多変量解析：日本を対象とした分析

　次に家庭・生活リスクと合わせて多変量解析を試みることで，これら要因

の効果の構図を検討しよう。

　分析はOLSとして人口分布を反映するウェイト付きで解析した。従属変数は，統治の不安の二因子である社会・国家リスクと家庭・生活リスクであり，独立変数としてデモグラフィック要因には，性・年齢・教育程度・世帯年収を用いた。続いて，いくつかの予備的分析から判断して，回答者自身の周囲の社会的・経験的な環境として近所の最近の治安，制度要因として制度信頼の五つの因子，および民主主義に対する態度の二つの因子，価値観要因として物質主義スコア，日本に対する態度として日本への誇り回答，および「自国のために戦うか」(「はい」回答を1とするダミー変数，「いいえ」回答を1とするダミー変数の2つ)をそれぞれ投入した。結果は表11にみる通りである(多重共線性の問題はなし)。

　社会・国家リスクについては，デモグラフィック要因による差異において女性の効果が明瞭で，男性よりリスクを強く認識している。その上で，近隣の治安のもたらす汎化効果も有意であった。このことと，物質主義スコアが高いとリスクを高く認識する傾向には一貫性がある。人々は自らの置かれた環境によるリスクや物質的なニーズのあり方から社会・国家リスクを推論している可能性が見て取れるだろう。さらに，日本人であることを誇りに思う方(値が低い方)がリスク認知は高く，誇りの心情が国家レベルのリスクに対して敏感にさせるのかもしれない。これとは逆に，自国のために戦うとする回答者では社会・国家リスクの認識の低さが明瞭であり，実際に戦う可能性を低く見ているからこそ，「戦う」と答えた可能性もある。「戦わない」回答には効果はなかった。つまり日本人の4割近くを占めるこの意見の人々は，「わからない」回答の人々も含めて，社会・国家リスク認識において日本人に平均的な回答をしている[15]。

　二変量の分析と異なる結果としては，制度信頼や民主主義観の効果が全般に不明瞭であり，これらは上記の有意な要因と比べると間接的な要因であることが示唆される。この点でも，統治の不安と政治不信は相対的に独立であると考えられる。

　家庭・生活リスクについては，デモグラフィック要因の差異は，性差よりも世代の差であった。若年ほどリスクを高く認知している。年長者は失業や

---

15 「ノー」を独立変数から省いて「イエス」のみをダミー変数として加えた分析でも，同様の効果が見られた。

表11　統治の不安の多変量解析：
日本データ

従属変数	統治の不安_社会・国家リスク	統治の不安_家庭・生活リスク
	係数	係数
性別	0.185 ***	0.073
満年齢	0.000	− 0.012 ***
教育程度	− 0.077 **	− 0.013
世帯収入	− 0.007	− 0.022 *
近隣治安	0.115 **	0.141 ***
第一因子：制度信頼_ボランタリー組織	− 0.053 +	− 0.016
第二因子：制度信頼_政治・行政	− 0.018	− 0.004
第三因子：制度信頼_社会統制機関	− 0.056 +	− 0.022
第四因子：制度信頼_民間系制度	0.035	0.032
第五因子：制度信頼_新聞・テレビ	− 0.047 +	− 0.074 **
第一因子：民主主義に必須_市民の権利	0.034	0.078 **
第二因子：民主主義に必須_統制的支配	0.055	0.048
物質主義スコア	0.026 *	0.031 **
日本人としての誇り	− 0.156 ***	− 0.087 **
自国のために戦うか(イエス)	− 0.273 ***	− 0.213 **
自国のために戦うか(ノー)	− 0.029	− 0.018
(定数)	− 0.093	0.371 *
疑似R^2	0.075	0.088
調整済みR^2	0.065	0.077
N	1420	1420

.05<p=<.1 +, .01<p=<.05 *, .001<p=<.01 **, p<.001 ***

教育機会の問題は既に「卒業」してしまっているという環境的背景があるためであろう。これらの要因をコントロールしてもなお，世帯収入が高いほど，近所の治安が良いほど，リスク認知は下がった。物質主義スコアはリスク認知を高める方向性を明瞭に示していた。これらは環境的な要因のなせる効果として一貫しており，直感的にも整合的である。

　家庭・生活リスクについてもう一点明瞭なのは，民主主義に必須の二要因の効果である。

　再分配政策を必須と認識していることは，家庭・生活リスクの認知の高さと正の関連を持っていた。また制度信頼との関連では，メディアを信頼するとリスク認知が低くなるが，メディアの報道内容やいかなるメディアと接しているのかとの関連はここからは不明である[16]。政治や行政の信頼度との関

16　この調査実施の直近の尖閣諸島中国漁船衝突事件ではメディアの報道が大量にあったが(丁, 2018)，それはリスク認知を高めるものでこそあれ，メディアの信頼

連が見られないことは(社会・国家リスク認知も含め)，こうした制度要因が他の要因と比べると間接的な要因であることを示唆している。

これらの分析に続き，性・年齢変数との交互作用を検討した(図表の掲載なし)。対象とした変数は日本人であることの誇り(標準化して使用)である。この変数では人々の性・年齢差(特に後者)が大きいからである(山崎，2016)。結果は明確な交互作用効果は見て取ることはできなかった。性・年齢変数の結果は統治の不安と独立の効果であると言える。

7　統治の不安のHLM分析：日本を世界の比較の中で見る

日本人を対象とした回帰分析の説明率は高くはなかった。それは日本人の統治の不安の高さという特異性が日本人の何らかの特定の社会的・心理的な特性を持つグループの効果に牽引されて生じているわけでは必ずしもないことを示唆している。この結果は，WVS6の国際比較データを用いて，日本人がどのような位置にあるか，また日本人の統治の不安の構造は他国と比べて異なる点があるか否かを吟味し，日本人一般の位置づけをすることの有用性を示唆している。そこで，国ごとの差異を統制したマルチレベル分析HLMを行った。

分析に当たっては，日本に対する分析とできるだけ揃えるように変数構成を行ったが，いくつかの点で変更が必要となった。

従属変数は1変数「統治の不安」とする。日本データの分析と同じ6回答を用いたが，60ヶ国全体では一因子解となったため，加算した変数を用いた(変数名GOV_ANX)。日本データのように高い相関を持ちながらも二因子になることはなかった。

独立変数の構成は，予備的分析の結果，次の通りとした(英字はモデル内変数名)。性別(SEX)，年齢(AGE)，世帯収入(INCOME)，教育程度(EDUCATIO)，近隣治安(V170：数値は国際比較データの中の質問番号。値の低い方が安全)，民主主義必須第一因子(市民の権利)(DEMFAC1)，民主主義必須第二因子(統制的支配)(DEMFAC2)，物質主義スコア(MATERIAL)，自国人であることの誇り(V211：値の低い方が誇り高い)，国のために戦うか(V66YES, V66NO：それぞれ戦うを1とし他をゼロ，戦わ

に結びついたかどうかは疑問である。事件の展開を拡大させた事象はマスメディアの外から来ている。

ないを1とし他をゼロとした2つのダミー変数とする。日本人の「わからない」回答に対応するためである[17]）。レベル2の変数として，報道の自由度スコア（PRESS_SC），平和度スコア（PEACE_SC），失業率（UNEMPLO），日本回答ダミー（JAPAN_DU）を投入する。なお，レベル1で制度信頼の関連変数は分析に投入しなかった。効果が不安定である上に，この変数が測定しきれていない国があるためである。

分析のモデルは最終的に次のモデルを採用した。日本ダミーの効果を三つの側面から見るモデルである。全体の統治の不安の切片に対する日本の効果，国を誇ることに対する日本効果，自国のために戦うか（二つのダミー変数）に対する日本効果の三点である。

Level-1 Model

$GOV\_ANX_{ij} = \beta_{0j} + \beta_{1j}*(SEX_{ij}) + \beta_{2j}*(AGE_{ij}) + \beta_{3j}*(INCOME_{ij}) + \beta_{4j}*(EDUCATIO_{ij}) + \beta_{5j}*(DEMFAC1_{ij}) + \beta_{6j}*(DEMFAC2_{ij}) + \beta_{7j}*(MAT\_SC_{ij}) + \beta_{8j}*(V170_{ij}) + \beta_{9j}*(V211_{ij}) + \beta_{10j}*(V66YES_{ij}) + \beta_{11j}*(V66NO_{ij}) + r_{ij}$

Level-2 Model

$\beta_{0j} = \gamma_{00} + \gamma_{01}*(PRESS\_SC_j) + \gamma_{02}*(PEACE\_SC_j) + \gamma_{03}*(UNEMPLO_j) + \gamma_{04}*(JAPAN\_DU_j) + u_{0j}$

$\beta_{1j} = \gamma_{10}$

$\beta_{2j} = \gamma_{20}$

$\beta_{3j} = \gamma_{30}$

$\beta_{4j} = \gamma_{40}$

$\beta_{5j} = \gamma_{50}$

$\beta_{6j} = \gamma_{60}$

$\beta_{7j} = \gamma_{70}$

$\beta_{8j} = \gamma_{80}$

$\beta_{9j} = \gamma_{90} + \gamma_{91}*(JAPAN\_DU_j) + u_{9j}$

$\beta_{10j} = \gamma_{100} + \gamma_{101}*(JAPAN\_DU_j) + u_{10j}$

$\beta_{11j} = \gamma_{110} + \gamma_{111}*(JAPAN\_DU_j) + u_{11j}$

17　全体をそのまま回帰分析に付するとVIFは3.7程度となり，かろうじて許容可能と考える。60ヶ国全体でのDK率は9.8％であった。

分析可能だったのは，53ヶ国[18]，対象サンプル数は54629である。分析にあたって，集団平均中心化した変数はAGE，INCOME，EDUCATIO，V170，DEMFAC1，DEMFAC2，MATERIAL，V66，V211，全体平均中心化した変数はPRESS_SC，PEACE_SC，UNEMPLOであった。結果は次の表12に見るとおりである（表の変数の表示順に準じた）。

まず，レベル1の固定効果の結果を見ると，女性は統治の不安を高く見積もる傾向が明瞭であり，年齢では若年層ほど，また世帯収入が低いほど統治の不安が高いことが判明したが，教育程度とは関連がなかった。近隣治安要因（V170）と物質主義スコアも統計的に有意で，近隣の治安が悪いほど，物質主義が強いほど，統治の不安を高く見積もっていた。また民主主義に必須の2因子では，市民的権利を必須とするほど，統制的支配を必須とするほど，いずれも統治の不安が高く見積もられる傾向があった[19]。さらに，自国人としての誇りや国のために戦うかどうかの2要因はいずれも有意であり，誇りを持つほど統治の不安は低く，他方，戦うと回答するほど統治の不安を高く見積もる傾向が見られる。

レベル2の効果として，まず見えるのは，切片に対する客観変数の効果として，報道の自由度スコア（PRESS_SC）のみがプラスに有意であることである。スコアが上がるほど自由度は低いことを意味しているので，報道の自由がない国・地域ほど統治の不安が高いことを意味している。平和度スコアや失業率の効果を見出すことはできなかった[20]。最後に日本ダミー変数には統治の不安を高く認識している効果が認められ，本章の冒頭で見てきたような日本人の突出した不安が他の関連要因をコントロールした上でも認められる。

さらに自国人としての誇りや国のために戦うかに対して，日本ダミーの効

---

18 53ヶ国になったのは次の理由による。レベル1からバーレーン，コロンビア，クウェート，カタール，エジプト，ウズベキスタンのデータが不十分でカット，レベル2からパレスチナの平和度指数のデータが欠損でカットした。

19 データは因果的な関連性を示しているわけではなく，あくまで他要因を統制した相関である。したがって，市民の権利（再分配政策を含む）を強く支持するということは，統治（失業対策や教育の制度）がうまくいっていない，心配だということの反映でもあるかもしれない。他方，統治に不安があるから，統制的な支配を求めるとも考えられる（統制的支配因子にも再分配政策の要因は因子負荷を持っていた（4章参照））。

20 これは，従属変数を元の個別の6つの心配事項目に設定しても同様であった。

表12 統治の不安の多変量解析：53ヶ国データのHLM

固定効果			レベル1	レベル2	係数	t値	
For INTRCPT1, β_0		INTRCPT2, γ_{00}	切片		16.054	45.6	***
		JAPAN_DU, γ_{04}		日本ダミー	5.241	2.1	*
		PRESS_SC, γ_{01}		報道の自由度スコア	0.055	3.4	**
		PEACE_SC, γ_{02}		平和度スコア	1.168	1.4	
		UNEMPLO, γ_{03}		失業率	-0.004	-0.6	
For SEX slope, β_1		INTRCPT2, γ_{10}	性別		0.193	5.0	***
For AGE slope, β_2		INTRCPT2, γ_{20}	年齢		-0.029	-22.1	***
For EDUCATIO slope, β_4		INTRCPT2, γ_{40}	教育程度		0.003	0.3	
For INCOME slope, β_3		INTRCPT2, γ_{30}	収入		-0.103	-10.4	***
For V170 slope, β_8		INTRCPT2, γ_{80}	近隣治安		0.338	13.2	***
For DEMFAC1 slope, β_5		INTRCPT2, γ_{50}	民主主義に必須_市民の権利		0.090	3.8	***
For DEMFAC2 slope, β_6		INTRCPT2, γ_{60}	民主主義に必須_統制的支配		0.304	11.1	***
For MAT_SC slope, β_7		INTRCPT2, γ_{70}	物質主義スコア		0.080	7.5	***
For V211 slope, β_9		INTRCPT2, γ_{90}	自国人である誇り		-0.477	-4.6	***
		JAPAN_DU, γ_{91}		日本ダミー	-0.333	-0.4	
For V66YES slope, β_{10}		INTRCPT2, γ_{100}	自国のために戦うか(イエス)		0.604	3.5	**
		JAPAN_DU, γ_{101}		日本ダミー	-1.733	-1.670	0.101
For V66NO slope, β_{11}		INTRCPT2, γ_{110}	自国のために戦うか(ノー)		-0.163	-0.8	
		JAPAN_DU, γ_{111}		日本ダミー	0.180	0.8	
変量効果					分散成分	χ^2	
	INTRCPT1, u_0		切片		5.504	669.6	***
	V211 slope, u_8		自国人である誇り		0.512	507.8	***
	V66YES slope, u_{10}		国のために戦う(イエス)		0.862	175.4	***
	V66NO slope, u_{11}		国のために戦う(ノー)		1.310	186.3	***
	level-1, r		モデルの残差分散		19.428		
level 1					54629		
level 2					53		

$.05<p=<.1 +, .01<p=<.05 *, .001<p=<.01 **, p<.001 ***$

果があるかを検討すると，まず自国人としての誇りの効果と日本ダミーは関連していなかった。一方，国のために戦うかについては，「戦う」という回答において日本ダミーの効果が弱いながらも認められた(p=0.101)。他国では「戦う」回答では統治の不安が高いが，日本人は逆に統治の不安が低いという弱い傾向を示した(分析の事後シミュレーションによる図4左を参照)。また，「戦わない」とする日本人ダミーの効果は見られず効果はフラットであった(図4右)[21]。これらは日本データのみの分析の結果と基本的に一貫している。

---

21 全体の切片から日本効果を取り除いたモデルを計算しても結果に変化はなかった。

図4 「自国のために戦うか」の日本の効果：事後シミュレーションによる

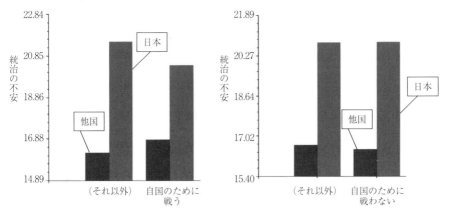

　全体としてみると，日本人は統治の不安を高く見積もる傾向を持つが，日本人の中でも国のために「戦う」決意を持つ人々はやや不安を低く見積もる弱い傾向があった。国や戦争に対する態度で日本人と類似しているのはドイツ人である（愛国心は下から5番目，戦う決意の少なさでは下から7番目：山崎（2016））。第二次世界大戦の経験が日本と共通していることは容易に想像できるが，表12と同じ分析を，日本ダミーではなくドイツダミーに置き換えて分析を行うと，結果は全く異なっていた。つまり，ドイツダミーの効果は一切なく，その意味での特異さはドイツにはなかった。
　最後に，民主主義に関する統制的支配因子の低さは日本に特徴的なので，これに対しても日本ダミーを投入したが，効果は見られなかった。
　なお，日本単体での分析との間に，いくつか差異が認められる。性差・年齢差・世帯収入の効果は日本での2つの従属変数で安定していなかった（HLMと結果は同方向）。さらに民主主義に対する態度の効果も日本では一貫していなかった。一方，近隣治安要因と物質主義スコアの効果は共通しており，さらに国に対する誇りの要因の効果もHLMの効果と共通していた。

8　結論

　日本単体の分析とHLMの分析から，日本と他の国々との間で，統治の不安に貢献する変数の構造に大きな違いは見られなかった。日本だけの分析ではいくつかの効果が不明瞭であったにすぎないように思われる。他方，比較

分析の中で，日本人が独特な統治の不安をもつことが示された。日本人の全体の不安が高い傾向性を持つ一方，戦争に対する態度(国のために戦う)は統治の不安に異なる効果を持っていた。ドイツでも生じていないこの独自の傾向性は，単に第二次世界大戦の敗戦国であったり，体験者から話を聞くなどの世代を越えての戦争の悲惨な経験に帰することは難しかろう。戦後日本の戦争に対する考え方の蓄積を丁寧に検討し，他国との差異が何によってもたらされたのか，考究する必要がある。

また前章との関連で見れば，日本は他国よりも民主主義に統制的支配を必須と認めたがらない傾向が存在し，また統制的支配賛成派は日本人の中では少数派であった。このことは，戦争で戦うとは断言せず(本章)，統制的支配への拒否感(前章)を持ちつつ，日本の市民が戦争やテロ，盗聴や検閲，あるいは失職や子どもの教育，といった統治の複合的な不安に対峙していることを意味している。同時に，市民の権利の意識もまた統治の不安を高める要因であったことは否定しがたい。少なくとも日本データの家庭・生活リスクと世界データでは明らかにそれを示している。

では何が日本人の統治の不安を鎮め，コントロールしうるのか，この要因を明らかにするためにはさらなる検討が必要となる。統治の不安が持つ意味を考えたとき，他国と比較してマクロデータでは不安と感じる状態ではないにも拘わらず，日本人に統治の不安があるということは，他国の人々よりもないものの影に怯えているということであろう。将来の陰りへの怯え，未来に生じうる相対的剥奪の予感とも言える統治の不安は今後，政治的な行動を大きく変えてしまう可能性があるだろう。

終章
不透明な政治のリアリティと先行き感覚の喪失

　平成後半期の日本政治のリアリティの構造を解くために，三つの視点からのアプローチをとるのが本書の方略だった。時代の変化の底流にある長期的な社会環境・政治環境・社会文化的な制約の構図を可視化し分節化する視点，それを複合的な理論的アプローチで支える視点，さらに国際比較の中で日本の位置を確認する視点，これら三つの視点を合わせて日本人が置かれた現在の政治のリアリティの構造を浮かび上がらせる。この意図の下に日本における長期的なデータ，また世界的に幅の広い三つの国際比較データを分析してきた。

終.1　短いレヴュー

　まず，各章での知見をまとめよう。

　1章「社会関係資本・政治的アクターと投票選択：2009年の政権交代を焦点として」では，長期的な政党の側からの動員力の低下，社会関係資本に働きかける力の低下を確認するとともに，自民党投票，民主党投票における政権交代前後の投票行動を分析した。

　まず投票選択を，政治的アクターたる政党や候補者からの働きかけやアピール(政党の能力，リーダーの魅力，政策力，動員力)と，投票の社会環境要因である社会関係資本(制度信頼，フォーマルな組織・団体，インフォーマルなソーシャルネットワーク，寛容性)という二方向の力の下での個々人の意思決定と見なし，その中で，とりわけ社会環境要因が政治を動かす力となる側面をとらえようとした。

　これに先立ち，社会環境要因の持つ政治的な力に関して日本における先行研究を概観した。日本は集団や組織の力の強い国と考えられてきたためである。そして，社会環境要因と政治的アクターに対する有権者の認知を，

最大1976年から2018年までに至る40年以上の時系列的な変化の様相において吟味した。そこで発見されたのは,「政治は動かせる」が「政治家を動かせない」というアンビバレントな認識であり,この間の社会参加・政治参加の長期的な低下,寛容性の低下といった社会関係資本の活力縮減の様相が明らかとなった。

これらを踏まえて,2005年～2013年の選挙を2009年の政権交代選挙をキーにして検討したところ,政党アクターの側の要因の効果は対象とした四回の選挙で安定していながら,社会関係資本の効果は一定ではなく,2009年の自民党の敗因の一部は社会関係資本を動かす力の敗北でもあった。社会関係資本論で考えられる活発な政治参加者像とは異なるところから民主党が票を得たことが政権交代に寄与していた。つまり民主党の勝利は社会関係資本の恩恵を受けたというより,ふだん政治参加しない人,ふだん政治について語らない人,政治制度信頼の低い人からの票によってもたらされていた姿が浮き彫りになった。

2章「政党選択の幅の理論と意味ある選択の理論：日本の国政選挙1996年～2013年」では,三宅一郎が1970年代,80年代に取り組んだ政党支持の幅の理論を発展させ,政党に対する態度の幅の理論として定式化させた後,日本人の政党に対する態度の幅を1996年から2013年までの18年間について検討し,この間,いくつかの異なる幅を持った投票者のクラスターが存在していたことを,まず明らかにした。自民党への許容と拒否を中心とするクラスターが多い中で,2000年代半ばには民主党をコアとするクラスターも成立したが,自民党が2012年の再度の政権交代で政権に復帰すると,こうした野党,特に民主党中心のクラスターは消滅した。それでも,有権者が中期的には類似した態度の幅を持ち続けることはJES III,JES IVのパネルデータにおいて明らかであり,それに対応してなされる政党選択の幅には安定性があった。それだけに,2013年の野党中心のクラスターの消滅は後々までインパクトをもたらす可能性がある重要な政治的事象である。

さらに,投票との関係において,政党に対する態度の幅の効果が大きいのは自民党であり,民主党ではそれ以外のリーダー評価や政権担当能力評価などの選択手がかりによる効果が勝っていた。民主党は有権者の心の中に安定した態度の幅を形成し切れなかった。民主党中心の選択の幅は政権交代後の失政と統治能力への失望の結果,融解した。

また，マイクロな態度の幅とマクロな政治的環境の認識である「意味ある選択認識」との関連においても，自民党に関わる態度の幅のクラスターの効果は明瞭で，同党に対するポジティブな態度を持つクラスターにおいて政権選択や投票選択における，意味ある選択認識は高くなる傾向が持続的に見られた。しかし，民主党に関しては政権交代選挙時以外，態度の幅よりは政党とリーダーの能力の認識に効果が認められたのみであった。同党は有権者の安定的で好意的な選択の幅の中心に位置し続けることはなかった。民主党への投票は，リーダーや政党の能力認識に依存しており，その評価が低下したときに，クラスターは瓦解，政権への支持も失い，意味ある選択の対象とされる認識の程度も下降した。

　3章「『インターネット選挙』導入がもたらした変化と国際的文脈」ではまず，インターネットがわれわれの能力を拡張するとはいかなる意味で論じうるのかを明らかにし，メディア論的に整理・分節化した枠組みを提示し，それに則ってインターネット選挙がわれわれに何をもたらしたのかを検討した。
　「日本初のインターネット選挙」となった2013年には，インターネットの普及が進む状況の下ではあっても，インターネットが選挙に関わる情報の授受の媒体や動員の手段（情報のプルとプッシュ）や，インタラクティブな場としての機能を，主要な情報媒体として果たしたとは言えないことを体系的に明らかにした。
　それでも，ユーザが自ら候補者や政党のSNSなどに登録したり友人化して，党派的な情報源を能動的に得る選択接触的なプッシュメディアとしての機能は，小規模ながらもSNSでのコミュニケーションに貢献しており，政党や候補者がインタラクティブな場に対して情報を浸透させる可能性を垣間見せていた。日本を含めたインターネット選挙を巡るCSES4の解析は，世界的に動員の効果，政党や候補者からの選択接触的なプッシュを比較できる機会であった。このデータの解析からは日本のインターネット選挙の未発達さが明瞭である一方で，選択接触的なプッシュが他国より与党投票に寄与していることが浮かび上がった。
　さらに，2013年の日本でアクティブユーザにおけるインターネット選挙時の動態を検討すると，インターネット内でプルされた情報の党派的バイアスの効果が確認でき，またアクティブユーザに関してはSNS内での党派的情報の授受やインタラクティブ性，およびSNS内での情報のやりとりがも

たらす投票への効果が2016年にまで持続していることが判明した。

最後に2017年末の衆院選の分析では，測定された実証データが揃っていないとは言え，日本でインターネットがメディアとして選挙の場面に明らかに浸透しつつある様相を示し，政治参加のための情報源としてもインターネットが機能し始めていることを明らかにした。

4章「社会関係資本と文化的価値観：日本の特異性は析出されるか」では，アジアンバロメータ調査と世界価値観調査から日本人の持つ価値観と社会関係資本，民主主義評価の関連性を検討した。

まず，アジア的価値観の二軸の中で，公的な垂直性強調と調和志向の二点において日本は東アジア・東南アジアの諸国との比較において外れ値に近く，どちらの志向も最低レベルでありながら，私的な価値においてはこれらの二つの文化的価値はとりたてて低すぎないこと，また世界的な文化の布置のカルチュラルマップ上では日本は儒教文化圏の一部だとされているものの，マップの二軸である世俗的価値においても自己表現価値においても日本はそれほど特異な外れ値の位置にはいないことを確認した。

ついで，マルチレベルでの分析からは，アジアンバロメータでは，日本人は一般的信頼や政治参加の点では他のアジア諸国と類似してアジア的価値観の影響を受ける方向性を持ち，ネットワークの調和志向や垂直性のインパクトを受ける一方，制度信頼や民主主義の評価ではアジアから乖離して，リベラルな民主主義の予測に沿う傾向が明らかになった。その原因として，一般的信頼や政治参加は周囲他者の行動や意見に，つまり市井の政治文化的な背景に影響を受けやすく，制度信頼や民主主義の評価は制度的な枠組みに対する教育的な効果が現れやすいと解釈し，分析を深化させるために日本の教育程度の効果を検討すると，結果はまさに，日本の教育が制度信頼や民主主義の評価を育むばかりか，一般的信頼を醸成する効果をもたらしていることが析出された。

世界価値観調査のマルチレベル分析では，世界のカルチュラルマップの二軸である自己表現価値や世俗的価値が社会関係資本や民主主義評価に多かれ少なかれ予測された効果をもたらしてはいたが，その中で日本の特異性は見いだしにくかった。つまり，リベラルな民主主義を前提とする社会関係資本の効果は日本にも当てはまっていた，ということである。

全体をまとめると，日本／日本人は政治文化においてアジアと他の世界と

の間の折衷的な様相を一般的信頼や政治参加で示すものの，概ね世界レベルで特異なものを持たず，逆に日本以外の東アジア・東南アジア諸国の方に「ずれ」があることが発見された。日本の「西欧化」の歴史は，リベラルな民主主義と政治文化を根付かせたものであり，中でも教育の効果が明瞭だったと言える。

5章「統治の不安と政治意識・行動：日本人の不安の国際的文脈」では，日本人の持つ統治の不安の様相を日本人全体で検討するとともに，これを世界価値観調査の世界データの中で相対的に位置づけることを試みた。

この章で最初に見たのは，日本人が感じる統治の不安が客観データやマクロ指標と比べて根拠のあるものなのかという点である。統治の不安とは，かたや他国との戦争やテロに巻き込まれたり，内戦が起きたり，盗聴や検閲がはびこることに対して政権担当者が対処能力を欠くのではないかという心配であり，日本人の反応は客観データから見ると特異的に高かった。また，他の側面の統治の不安である，失業の不安も失業率のデータが示す以上に他国の不安よりも高かった。

こうした，将来のあり得る国家的・国内的リスク事態に統治者がまともに対応できないのではないかという，客観的根拠を大きく上回る不安に表される統治の不安の規定要因を，日本人の中でまず検討した。規定要因として基本的なデモグラフィック要因，回答者の社会的・経験的なリスク環境，リスク事態に対処責任のある制度要因に対する態度(制度信頼，民主主義の評価)，リスクや制度への態度の背景にある価値観(物質主義的価値観)，日本に対する態度(日本人としての誇りや国のために戦うか)を分析のターゲットとしたが，統計的に有意な要因は認められても，特徴的に強力な要因は見出せなかった。近隣の治安のリスク，物質主義的価値観，日本人としての誇りや戦争への態度が統治の不安に対して比較的共通して影響力をもった要因であったが，それほど明瞭なパンチ力を持たず，また一貫したデモグラフィック要因の規定力は見出されなかった。これらからは，日本人の統治の不安は特定の社会的なグループの不安に帰せられるものではなく，日本人全体に高い，と解釈された。

次いで，世界価値観調査全体の中で日本をダミー変数とした分析を行うことで，日本における統治の不安がどのような形で生じているかを検討した。世界全体では，デモグラフィック要因で見ると，女性，年少，低収入である

ほど統治の不安が高いことを示した。また近隣の治安の心配が高く，物質主義的価値観が強いほど，さらに民主主義で市民の権利や統制的支配を強調する人ほど，統治の不安は高くなった。一方，自国民であることの誇りは低いほど，また国のために戦う意識が高いほど不安は大きかった[1]，という結果であった。日本の特異性に関する分析では，第一に全般的な日本人の統治の不安の反応の高さ(切片に対する統計的有意性)を確認した。次いで見出されたのは，戦争に対する態度の効果が認められたという点であった。「国のために戦う」と答える人々の不安がやや低いということと連動していた[2]。

終. 2　出口が見えない：統治の不安と不透明なリアリティ

全体を振り返って，平成後期の日本政治のリアリティを確認しよう。

政治のコミュニケーション経路において，現在の日本の社会関係資本はどうだろうか。政党−有権者のルートによる動員ではコミュニケーション経路のマス化が生じ，2000年代初頭にはまだ多少とも息の残っていた従来からの動員の様相は変化した。心理的に動員を促進するアジア的価値観のマイナス面も弱化した。パットナム流に言えば，ダークサイド・オブ・ソーシャルキャピタルの影はいまは薄い。リチャードソンがインフルエンス・コミュニケーションと呼んだかつての日本はもはやここにはない。

しかし，サニーサイド・オブ・ソーシャルキャピタルがいま，十分に機能しているわけではない。2009年の政権交代時，社会関係資本のサニーサイドはその予測通りに機能しなかった。ふだん社会関係資本の外にあった人々が政権交代をプッシュした。社会関係資本と政治を結びつけるような中間集団機能が失われていることが一つの背景である。インターネット選挙が導入されてからも，インターネットのコミュニケーション回路はまだ政治機能を充分に果たしていない感がある。

じっさい，インターネットの利用状況は「まだ」その機能に対する期待に追いついてはいない。人々が能動的に情報をプルする行動を促進する機能はマスメディアに追いついておらず，政党の側からのプッシュは部分的にしか

1　不安が大きいから，統制的支配を強調したり，国を誇れず，国のために戦おうとする状況になる，という逆の因果関係は十分にある。ここでは因果性の分析が目的ではないので，これ以上に議論は進めない。

2　これも因果は逆の可能性があろう。不安が低いから(戦う可能性が小さいから)戦うと答えられる可能性がある。

機能しておらず，片方で従来の動員のターゲティング力の低下をインターネットは補い得ていない。また議論の場を有効に作り出せるまでには至っていない。与党投票に特定化されたプッシュの力は見えるが，その比率から見て全体的には「これから」でしかない。

2005年以来の変化を見ると，有権者には政治を変えたというエンパワー感は多少あっても，政府を変えても政治家は変わらないという認識がある。しかも政治を変えた強い力は中間集団からやってきてはいないという現実は，社会関係資本論的には先行きの見えない状態である。

同時に，政治を選択と見たとき，政党選択の幅を失い，意味ある選択ができない有権者の状態が浮き彫りになっている。再度の政権交代以降，有権者には，自民党への好意か非好意かというクラスターが選択の幅として残るのみである。現在あるのは支配的な一党と細切れの反対政党群であり，対抗政党として許容政党の幅を持つようなクラスターとして有権者の心の中に存在しうる政党がない。これは1980年代を政党支持の幅で検討していた三宅の知見とも異質な状況であり，そのとき以上に交代しうる対抗政党の選択肢が人々の認識の中にないことを示している。

筆者はかつて行政の信頼研究の中で，「事態対処の代理人」という概念を創案した(池田, 2010)。行政という制度への信頼は，制度的枠組みを作っている組織や法制的な仕組みによる「安心」部分[3]と，制度を動かす人々（行政官）への「カテゴリー的信頼」から成り，行政官は社会的に解決すべき行政事案の事態対処の代理人だと，社会的信頼研究の応用として定式化した[4]。そして行政制度全体の信頼の中で，安心部分に関わる行政の透明性の重要さもさることながら，カテゴリー的信頼を規定する行政の公正感と職業的モラールの優越性を実証した。後者は，法規制といった制度的な縛りではなく，制度運営に携わる個人が制度信頼のためのキーであることが示された一方，まさにその点で市民の評価は著しく厳しかった。それが公権力や権威を行使する者に対する，市民の行政制度信頼の内実だった。

政治を託された代議士もまた，政治的事象や行政的事象に対する事態対処

---

3 正負のサンクションやルールによって制御される部分。
4 それは航空機のパイロットがリスク対処の代理人だというのと構造的に等価である。乗客はリスク事態が起きても対処すべき手立てをまずほとんど持たない。パイロットがリスク対処の代理人となるのである。

の代理人であることは確かであり，選挙を通じた代理と委託によって国政が動くはずであり，そうあるべきだということを前提にしていた。しかしデータ分析が示した結果は異なる。人々は政府は変えられても政治家は変えられない，と感じており，しかも政治家へのカテゴリー的信頼は恒常的に最低水準にある。だがそうだからといって，大規模な政治参加によって代理のシステムを越えて直接政治を動かそうとするわけではない。積極的な政治参加は低下している。社会関係資本は政治面で機能不全状態にある。

　こうした条件下で，何らかの不測の事態が生じたときに，政治家が事態対処の代理人であることに人々は統治の不安を感じずにはいられない。そして，現政府に問題が生じたときに政権交代可能な選択の幅を持たず，現在の代理人を信じていられなくても，替えは存在しない。もはや「交代するドライバー」がいるから国としての発展が期待できる，という二大政党制の期待はない。その状況において顕在化したのが茫漠とした統治の不安である。アジア的システムから離脱し，リベラルな民主主義を十分に受け容れ，日本に特異な部分は限定的となったものの，現在，山積する政治や社会の問題に対処，対応すべき統治者に対して感ずる先行きの不安感は尋常とは言えないレベルにある。将来における下落の予感が人々の間に広く行き渡っている。この先どこに連れて行かれるのか，あるいは現状の問題は改善されぬまま放置されるのかが，われわれには不透明な時代である。現在を覆う不安感に対処する道筋が見えていない。

　ここで政治のリアリティの語を用いるなら，為政者に感ずる統治の不安は，社会環境・政治環境・コミュニケーション環境の変貌に由来する不透明さと合わせて，国が何をするか，国は何がなしうるのか，われわれに何ができるかがわからない，というリアリティ感覚の喪失と言えるだろう。平成の政治のリアリティは，行き着く先をコントロールできない不全感である。おりしも令和初の国政選挙，2019年参院選の直前，年金だけでは老後資金が不足するという「老後2千万円問題」が争点に急浮上したのは，統治の不安の根深さを象徴している。新たな令和の時代に出口はあるのだろうか。

　最後にあえて暴論を述べる。55年体制成立後の安保闘争の時代から，15年ほどの間隔で日本の政治にはヤマが来るように見える。1960年の日米安全保障条約改定を巡る激しい闘争，1974年末から数年間続いた田中内閣以後の自民党内の疑似政権交代の暗闘，1993年の政治改革関連法案廃案を契機とした保守系新三党成立と非自民連立・自社連立と続く政権交代，そし

て2009年の民主党への政権交代，である。では，この先の2020年代中葉には何が起きるのか，この不透明なリアリティの下でその胎動はまだ見えない。人々の選択の幅が増え，統治の不安は解消されているのだろうか。統治の不安，これをどう扱い，どのように人々を安心させるかのすべを政党や政治家，そして市民自身が見出していくのか。このすべを最後まで学ばぬ為政者は支持を失い，国や社会の力を弱める。このすべに貢献する選択肢や方法を見出せない市民は未来に光を失う。だからこそ，今，われわれは統治の不安を見つめ，解消の道を模索し，その彼方にある可能性を真に追求すべきなのである。

付表：分析に用いた日本の

主要政党の相対得票率(%)[1]

調査年	調査名略号	対象選挙	投票率(%)	自民党	社会党/社民党	公明党	民社党	共産党	新生党	日本新党
1976	JABISS	衆院選	73.5	41.8	20.7	10.9	6.3	10.4		
1983	JES	参院選	57.0	35.3	16.3	15.7	8.4	8.9		
1983	JES	衆院選	67.9	45.8	19.5	10.1	7.3	9.3		
1993	JESII	衆院選	67.3	43.6	13.7	10.0	2.9	2.9	10.1	6.9
1995	JESII	参院選	44.5	27.3	16.9			9.5		
1996	JESII/JEDS96 (CSES1)	衆院選	59.6	32.8	6.4			13.1		
2000	JEDS2000	衆院選	63.5	28.3	9.4	13.0		11.2		
2001	JESIII	参院選	56.4	38.6	6.6	15.0		7.9		
2003	JESIII/ABS1	衆院選	59.8	35.0	5.1	14.8		7.8		
2004	JESIII (CSES2)	参院選	56.5	30.0	5.3	15.4		7.8		
2005	JESIII	衆院選	67.5	38.2	5.5	13.3		7.3		
2006	ABS2	- - -								
2007	JESIV/CSES3	参院選	58.6	28.1	4.5	13.2		7.5		
2009	JESIV	衆院選	69.3	26.7	4.3	11.5		7.0		
2010	JESIV/WASC (WVS)	参院選	57.9	24.1	3.8	13.1		6.1		
2011	WASC (ABS3)	- - -								
2012	WASC (network)	- - -								
2013	WASC (CSES4)/JESV	参院選	52.6	34.7	2.4			9.7		
2016	ABS4/JESV	参院選	54.7	39.9	0.5	7.5		7.3		
2018	CSES5	衆院選[2]	53.7	33.3	1.7	12.5		7.9		

注　衆院選の結果は太字表示
"/"で区切った調査はそれぞれ別個の調査
"()"に入っている調査は、パネル調査等で( )内調査が含まれることを
1) 衆院選の96年以後は比例代表区での率。参院は比例代表の率。いず
2) 2017年衆院選を2018年初に調査。

略号	略号の意味	本書で用いた同一系統
JABISS	参加研究者の名前の頭文字を主に並べたもの:	
	Joji, America, Bradley, Ichiro, Scott, Shinsaku	
JES	Japanese Election Study	JES, JES II, JES III,
JEDS	Japanese Elections & Democracy Study	JEDS96, JEDS2000
WASC	実施した4調査の頭文字を並べた：WVS6,	
	ABS3, Social Network Survey, & CSES4	
CSES	Comparative Study of Electoral Systems	CSES1, CSES2, CSES3
ABS	Asian Barometer Survey	EAB (ABS1), ABS2
WVS	World Values Survey	WVS6

付表 247

全国調査の一覧

新進党	民主党	自由党	みんなの党	希望の党	日本/おおさか維新の会	立憲民主党
30.8						
28.0	16.1					
	25.2	11.0				
	16.4	7.7				
	37.0					
	37.8					
	31.0					
	39.5					
	42.4		4.3			
	31.6		13.6			
	13.4		8.9		11.9	
					5.8	
				17.4	6.1	19.9

示す
れかの選挙で5％を越えない政党は非表示。

の研究

JES IV, JES V

CSES4, CSES5
ABS3, ABS4

引用文献

Anderson, Benedict (1983) *Imagined Communities: Reflections on the Origin and Spread of Nationalism*, Verso. 白石隆・白石さや訳(1987)『定本 想像の共同体：ナショナリズムの起源と流行』, 書籍工房早山.

Atkin, Charles, & Smith, Sandi W. (2008) Social judgment theory, in Wolfgang Donsbach (Ed.) *The International Encyclopedia of Communication*, New York: Wiley, pp.4682-4685.

ベフ・ハルミ(1997)『イデオロギーとしての日本文化論(増補新版)』, 思想の科学社.

ブロンデル, ジャン・猪口孝(2008)『アジアとヨーロッパの政治文化:市民・国家・社会価値についての比較分析』, 岩波書店.

Boase, Jeffrey and Ikeda, Ken'ichi (2012) Core discussion networks in Japan and America, *Human Communication Research*, 38, 95-119.

Burt, Ronald (1984) Network items and the general social survey, *Social Networks*, 6, 293-339.

Casado, Esteban, & Ferrer, Juan-Carlos (2013) Consumer price sensitivity in the retail industry: Latitude of acceptance with heterogeneous demand, *European Journal of Operational Research*, 228, 418-426.

カーチス, ジェラルド (山岡清二訳)(1983)『代議士の誕生：日本式選挙運動の研究』, サイマル出版会.

Dalton, Russell J. (2004) *Democratic Challenges, Democratic Choices: The Erosion of Political Support in Advanced Industrial Democracies.* Oxford, UK: Oxford University Press.

Diamond, Gregory A. & Cobb, Michael D. (1996) The candidate as catastrophe: Latitude theory and the problems of political persuasion, in Diana C. Mutz, Paul M.Sniderman, & Richard A. Brody (Eds.) *Political Persuasion and Attitude Change.* Ann Arbor, MI: University of Michigan Press, pp. 225–247.

Diamond, Gregory A. (2001) Implications of a latitude-theory model of citizen attitudes for political campaigning, debate, and representation, in James H. Kuklinski (Ed.) *Citizens and Politics,* Cambridge, MA: Cambridge University Press, pp. 289-312.

Diamond, Jared M. (1997) *Guns, Germs, and Steel: The Fates of Human Societies*, W.W. Norton. 倉骨彰訳(2000)『銃・病原菌・鉄：1万3000年にわたる人類史の謎』(上・下), 草思社.

Dunbar, Robin (1997) *Grooming, Gossip, and the Evolution of Language*, Harvard University Press. 松浦俊輔・服部清美訳(1998)『ことばの起源：猿の毛づくろ

い，人のゴシップ』．青土社
遠藤晶久・ジョウ，ウィリー（2019）『イデオロギーと日本政治：世代で異なる「保守」と「革新」』，新泉社．
Fiorina, Morris P. (1981) *Retrospective Voting in American National Elections*, New Heaven : Yale University Press.
Flanagan, Scott C. (1991) Mechanisms of social network influence in Japanese voting behavior, in Scott C. Flanagan, Shinsaku Kohei, Ichiro Miyake, Bradley M. Richardson, & Joji Watanuki. *The Japanese Voter*, New Haven: Yale University Press, pp.143-197.
Helgesen, Geir (2006) Japan: East-West, or uniquely unique? in Geir Helgesen & Soren Risbjerg Thomsen (Eds.) *Politics, Culture and Self: East Asian and North European Attitudes*. NIAS Copenhagen: Press, pp.183-209.
Helgesen, Geir, & Thomsen, Soren Risbjerg (Eds.) (2006) *Politics, Culture and Self: East Asian and North European Attitudes*, Copenhagen: NIAS Press.
Hillygus, D. Sunshine, & Shields, Todd G. (2008) *The Persuadable Voter: Wedge Issues in Presidential Campaigns*, Princeton: Princeton University Press.
平林紀子(2014)『マーケティング・デモクラシー』，春風社．
平野浩(2011)「選挙・投票行動：政策本位に変われるか」，佐々木毅・清水真人編『ゼミナール現代日本政治』，日本経済新聞社，pp.421-469.
Huckfeldt, Robert & Sprague, John (1995) *Citizens, Politics, and Social Communication: Information and Influence in An Election Campaign,* Cambridge: Cambridge University Press.
Huckfeldt, Robert, Johnson, Paul E. & Sprague, John (2002) Political environments, political dynamics, and the survival of disagreement, *The Journal of Politics*, 64, 1-21.
市川伸一編(1993)『ネットワークのソフィストたち：「数学は語りうるか」を語る電子討論』，日本評論社．
池田謙一(1988)「選挙報道はアナウンスメント効果をもちうるか」，『新聞研究』，1988.6号，66-73.
池田謙一(1991)「投票行動のスキーマ理論」，『選挙研究』，6, 137-159.
池田謙一(1993)「情報環境のメタモルフォーゼとコンピュータ・コミュニケーション」，川上善郎・川浦康至・池田謙一・古川良治『電子ネットワーキングの社会心理』，誠信書房，pp.1-24.
池田謙一(1997)『転変する政治のリアリティ：投票行動の認知社会心理学』，木鐸社．
池田謙一(2000)『コミュニケーション』（社会科学の理論とモデル５），東京大学出版会．

池田謙一（2002）「2000年衆議院選挙における社会関係資本とコミュニケーション」,『選挙研究』, 17, 5-18.

池田謙一（2004）「2001年参議院選挙と『小泉効果』」,『選挙研究』, 19, 29-50.

池田謙一（2005）「2003年衆議院選挙・2004年参議院選挙の分析：期待の政治の帰結と有権者」,『年報政治学』, 2005-I, 36-65.

Ikeda, Ken'ichi（2006）Political culture and "social capital": Eastern and Western perspectives.（In）Geir Helgesen & Soren Risbjerg Thomsen（Eds.）*Politics, Culture and Self: East Asian and North European Attitudes*, Copenhagen; NIAS Press, pp.235-253.

池田謙一（2007）『政治のリアリティと社会心理：平成小泉政治のダイナミクス』, 木鐸社.

池田謙一（2010）「行政に対する制度信頼の構造」『年報政治学』, 2010-I, 11-30.

池田謙一編（2010）『クチコミとネットワークの社会心理：消費と普及のサービスイノベーション研究』, 東京大学出版会.

池田謙一（2012）「アジア的価値を考慮した制度信頼と政治参加の国際比較研究：アジアンバロメータ第2波調査データをもとに」,『選挙研究』, 28, 99-113.

Ikeda, Ken'ichi（2013）Social and institutional trust in East and Southeast Asia. *Taiwan Journal of Democracy*, 9（1）, 13-45.

池田謙一編（2015）『震災から見える情報メディアとネットワーク』（震災に学ぶ社会科学シリーズ8巻）, 東洋経済新報社.

池田謙一編（2016）『日本人の考え方　世界の人の考え方：世界価値観調査から見えるもの』, 勁草書房.

池田謙一（2016）「グローバル時代における日本人の価値観」, 池田謙一編『日本人の考え方　世界の人の考え方：世界価値観調査から見えるもの』, 勁草書房, pp.297-306.

Ikeda, Ken'ichi & Boase, Jeffrey（2011）Multiple discussion networks and their consequence for political participation, *Communication Research*, 38, 660–683.

Ikeda, Ken'ichi & Kobayashi, Tetsuro（2008）Making democracy work via the functioning of heterogeneous personal networks: An empirical analysis based on a Japanese election study, in Ray-May Hsung, Nan Lin, & Ronald Breiger（Eds.）*Contexts of Social Capital: Social Networks in Communities, Markets and Organizations*, London: Taylor and Francis, pp.72-90.

Ikeda, Ken'ichi. & Huckfeldt, Robert（2001）Political communication and disagreement among citizens in Japan and the United States, *Political Behavior*, 23, 23-51.

池田謙一・唐沢穣・工藤恵理子・村本由紀子（2010）『社会心理学』, 有斐閣.

池田謙一・小林哲郎 (2017)「オンライン・ディスカッションは政治的寛容性をもたらすか：意見と世代の異質性に関する実験研究」,『レヴァイアサン』, 61, 32-60.

Ikeda, Ken'ichi, Liu, James, Aida, Masahiko, & Wilson, Marc (2005) Dynamics of interpersonal political environment and party identification: Longitudinal studies of voting in Japan and New Zealand. *Political Psychology*, 26, 517-542.

池田謙一・西澤由隆 (1992)「政治的アクターとしての政党：８９年参議院選挙の分析を通じて」,『レヴァイアサン』, 10 (1992春号), 62-81.

Ikeda, Ken'ichi & Richey, Sean E. (2005) Japanese network capital: The impact of social networks on Japanese political participation, *Political Behavior*, 27, 239-260.

Ikeda, Ken'ichi & Richey, Sean (2011) *Social Networks and Japanese Democracy: The Beneficial Impact of Interpersonal Communication in East Asia*, London: Routledge.

池田謙一・柴内康文 (1997)「カスタマイズ・メディアと情報の『爆発』：電子ネットワークの外部条件」, 池田謙一編『ネットワーキング・コミュニティ』, 東京大学出版会, pp.26-51.

Ikeda, Ken'ichi & Takemoto, Keisuke (2016) Examining power in hierarchical social networks in East Asia, in Gill Steel (Ed.) *Power in Contemporary Japan*. Palgrave Macmillan, pp.143-166.

Ikeda, Ken'ichi, Takemoto, Keisuke, & Yasuda, Yuki (2016) ABS Japan study 4-waves: Asian value stability in Japanese context, Presentation prepared for Asian Barometer Conference and Planning Meeting, August 8-11, 2016, College of Social Sciences Tower, NTU, Taipei.

池田謙一・竹本圭祐(2018)「『東アジア的』な価値観とソーシャルネットワークは民主主義と両立するか」, 池田謙一編『「日本人」は変化しているのか：価値観・ソーシャルネットワーク・民主主義』, 勁草書房, pp.45-79.

Inglehart, Ronald (1977) *The Silent Revolution : Changing Values and Political Styles among Western Politics*, Princeton, NJ: Princeton University Press. 三宅一郎・金丸輝男・富沢克訳 (1983)『静かなる革命』, 東洋経済新報社.

Inglehart, Ronald (1990) *Culture Shift in Advanced Industrial Society*. Princeton, NJ: Princeton University Press. 村山晧・富沢克・武重雅文訳(1993)『カルチャーシフトと政治変動』, 東洋経済新報社.

石川真澄(2004)『戦後政治史 新版』, 岩波新書.

蒲島郁夫(1988)『政治参加』(現代政治学叢書６), 東京大学出版会.

蒲島郁夫(1998)『政権交代と有権者の態度変容』, 木鐸社.

蒲島郁夫(2004)『戦後政治の軌跡：自民党システムの形成と変容』, 岩波書店.

蒲島郁夫・今井亮佑(2001)「2000年総選挙：党首評価と投票行動」『選挙研究』,

16, 5-17.

蒲島郁夫・竹中佳彦(2012)『イデオロギー』（現代政治学叢書８），東京大学出版会．

蒲島郁夫・綿貫讓治・三宅一郎・小林良彰・池田謙一(1998)『JESIIコードブック』，木鐸社．

金子智樹・三輪洋文（2018）「テキスト分析による新聞のイデオロギー位置の推定」，日本政治学会2018年度研究大会報告論文．

苅部直（2017）『日本思想史への道案内』，NTT出版．

川上善郎・川浦康至・池田謙一・古川良治（1993）『電子ネットワーキングの社会心理：コンピュータ・コミュニケーションへのパスポート』，誠信書房．

小林哲郎・稲増一憲（2011）「ネット時代の政治コミュニケーション：メディア効果論の動向と展望」，『選挙研究』，27, 85-100.

Kobayashi, Tetsuro & Inamasu, Kazunori（2014）The knowledge leveling effect of portal sites, *Communication Research*, 42, 482-502.

Kobayashi, Tetsuro, Ogawa, Yuki, Suzuki, Takahisa, & Yamamoto, Hitoshi（2018）News audience fragmentation in the Japanese Twittersphere, *Asian Journal of Communication*, https://doi.org/10.1080/0 1292986.2018.1458326.

河野啓・小林利行（2014）「自民大勝の背景と有権者の受け止め方：『参院選後の政治意識・2013』調査から」，『放送研究と調査』，2014.1号，30-47．

Kornhauser, William（1959）*The Politics of Mass Society*. Glencoe, Ill.: Free Press. 辻村明訳（1961）『大衆社会の政治』，東京創元社．

Kunczik, Michael（2008）Latitude of acceptance, in Wolfgang Donsbach（Ed.）*The International Encyclopedia of Communication*, New York: Wiley, pp.2666-2668.

Liu, James, Ikeda, Ken'ichi, & Wilson, Marc（1998）Interpersonal environment effects on political preferences: The 'middle path' for conceptualizing social structure in New Zealand and Japan, *Political Behavior*, 20, 183-212.

前田幸男（2018）「政治状況と内閣支持」，池田謙一編『「日本人」は変化しているのか：価値観・ソーシャルネットワーク・民主主義』，勁草書房 pp.141-175．

前島和弘（2016）「アメリカ政治とソーシャルメディア」，遠藤薫編『ソーシャルメディアと＜世論＞形成』，東京電機大学出版会，pp.170-193.

Merton, K. Robert（1957）*Social Theory and Social Structure: Toward the Codification of Theory and Research*（*Revised edition*）. New York: Free Press. 森東吾・森好夫・金沢実・中島竜太郎訳（1961）『社会理論と社会構造』，みすず書房．

御厨貴（2006）『ニヒリズムの宰相：小泉純一郎論』，PHP新書．

三宅一郎（1985）『政党支持の分析』，創文社．

三宅一郎(1989)『投票行動』(現代政治学叢書5),東京大学出版会.
三宅一郎(1998)『政党支持の構造』,木鐸社.
三宅一郎・木下富雄・間場寿一(1967)『異なるレベルの選挙における投票行動の研究』,創文社.
三宅一郎・西澤由隆・河野勝(2001)『55年体制下の政治と経済:時事世論調査データの分析』,木鐸社.
森裕城(2010)「政権交代前夜における団体-政党関係の諸相:弱体化しながらも持続していた自民党一党優位の構造」,辻中豊・森裕城編『現代社会集団の政治機能』,木鐸社,pp.180-194.
中道薫(2017)「1日4000本の記事と向き合う『Yahoo!ニュース トピックス編集部』のすべて」,https://news.yahoo.co.jp/ newshack/newshack/how_to_yahoonews.html(2018年10月9日最終参照).
Nisbett, Richard E., & Ross, Lee(1980)*Human Inference : Strategies and Shortcomings of Social Judgment,* Englewood Cliffs, NJ; Prentice-Hall.
西田亮介(2013)『ネット選挙とデジタル・デモクラシー』,NHK出版.
Noelle-Neumann, Elisabeth(1993)*The Spiral of Silence*(*2nd edition*), University of Chicago Press. 池田謙一・安野智子訳(2013)『沈黙の螺旋理論:世論形成過程の社会心理学(改訂復刻版)』,北大路書房.
野中尚人(2011)「政党:新たな使命と競争へ」,佐々木毅・清水真人編『ゼミナール現代日本政治』,日本経済新聞社,pp.263-325.
Norris, Pippa(Ed.)(1999)*Critical Citizens: Global Support for Democratic Governance.* Oxford University Press.
大隅昇・モリノウ アラン・馬場康維・ルバール ルドヴィック・ケネス M. ワーウィック(1994)『記述的多変量解析法』,日科技連.
岡本哲和(2017)『日本のネット選挙』,法律文化社.
奥村倫弘(2010)『ヤフー・トピックスの作り方』,光文社新書.
朴チョルヒー(2000)『代議士の作られ方:小選挙区の選挙戦略』,文春新書.
Pharr, Susan J.(2000)Official's misconduct and public distrust: Japan and the trialateral democracies, in Susan J. Pharr, & Robert D. Putnam(Eds.)*Disaffected Democracies: What's Troubling the Trilateral Countries?* Princeton NJ: Princeton University Press, pp.173-201.
Pharr, Susan J. & Putnam Robert D.(Eds.)(2000)*Disaffected Democracies: What's Troubling the Trilateral Countries?* Princeton NJ: Princeton University Press.
Putnam, Robert D.(2000)*Bowling Alone: The Collapse and Revival of American Community,* New York: Simon & Schuster. 柴内康文訳(2006)『孤独なボーリング:米国コミュニティの崩壊と再生』,柏書房.

Raudenbush, Stephen W., and Bryk, Anthony S. (2002) *Hierarchical Linear Models: Applications and Data Analysis Methods (Advanced Quantitative Techniques in the Social Sciences) 2nd Edition,* Thousand Oaks, CA: Sage.

Rheingold, H. (1993) *Virtual Community: Homesteading on the Electronic Frontier,* (free in HTML form) ISBN 0-201-60870-7, 会津泉訳 (1995)『バーチャル・コミュニティ：コンピューター・ネットワークが創る新しい社会』, 三田出版会.

Richardson, Bradley M. (1991a) Japanese voting behavior in comparative perspective, in Scott C. Flanagan, Shinsaku Kohei, Ichiro Miyake, Bradley M. Richardson, & Joji Watanuki. *The Japanese Voter*, New Haven: Yale University Press, pp.3-46.

Richardson, Bradley M. (1991b) Social networks, influence communications, and the vote, in Scott C. Flanagan, Shinsaku Kohei, Ichiro Miyake, Bradley M. Richardson, & Joji Watanuki. *The Japanese Voter*, New Haven: Yale University Press, pp.332-366.

佐々木裕一 (2018)『ソーシャルメディア四半世紀：情報資本主義に飲み込まれる時間とコンテンツ』, 日本経済新聞社.

Schmitt, Hermann & Wessels, Bernhard (2005) Meaningful choices: Under which conditions do general elections provide a meaningful choice set, and what happens if they don't? Paper submitted for the CSES3 (The 3rd wave of the Comparative Study of Electoral Systems) planning committee: http://www.cses.org/plancom/module3/CSES_Module3_ StimulusPaper_20050812.pdf.

瀬川裕貴 (2018)「ソーシャルメディアにおける公共圏の成立：公共圏の関係論的定式化の提唱とTwitter政治場の経験的分析」, 遠藤薫編『ソーシャルメディアと公共性：リスク社会のソーシャル・キャピタル』, 東京大学出版会, pp.63-95.

Shehata, Adam & Stroembaeck, Jesper (2018) Learning political news from social media: Network media logic and current affairs news learning in a high-choice media environment, *Communication Research*, https://doi.org/10.1177/0093650217749354

Sherif, Muzafer & Hovland, Carl I. (1961) *Social Judgement: Assimilation and Contrast Effects in Communication and Attitude Change,* New Haven, CO: Yale University Press.

Sheeran, Paschal (2002) Intention behavior relations: A conceptual and empirical review, *European Review of Social Psychology*, 12 (1), 1-36.

司馬遼太郎 (1986)『アメリカ素描』, 新潮文庫.

Simon, Herbert A. (1945) *Administrative Behavior: A Study of Decision-making Processes in Administrative Organization,* New York, NY: McMillan. 松田武彦・高柳

暁・二村敏子訳(1965)『経営行動』,ダイアモンド社.
Sokhey, Anand E., & Djupe. Paul A. (2014) Name generation in interpersonal political network data: Results from a series of experiments. *Social Networks*, 36, 147-161.
Stevens, Joseph J., & Schulte, Ann C. (2016) Testing and Interpreting Interaction Effects in Multilevel Models. Paper presented at the annual AERA (American Educational Research Association) conference, Washington, DC, April, 2016.
高橋文博(2012)『近代日本の倫理思想:主従道徳と国家』,思文閣出版.
竹本圭祐 (2016a)「社会不安」,池田謙一編『日本人の考え方 世界の人の考え方:世界価値観調査から見えるもの』,勁草書房,pp.150-161.
竹本圭祐 (2016b)「近所の治安」,池田謙一編『日本人の考え方 世界の人の考え方:世界価値観調査から見えるもの』,勁草書房,pp.139-150.
竹中治堅 (2006)『首相支配:日本政治の変貌』,中公新書.
竹中治堅編 (2017)『2つの政権交代:政策は変わったのか』,勁草書房.
竹中佳彦(2010)「団体リーダーのイデオロギーと利益の組織化」,辻中豊・森裕城編『現代社会集団の政治機能』,木鐸社,pp.90-114.
田中愛治 (2009)「自民党衰退の構造:得票構造と政策対立軸の変化」,田中愛治・河野勝・日野愛郎・飯田健・読売新聞世論調査部『2009年,なぜ政権交代だったのか:読売・早稲田の共同調査で読みとく日本政治の転換』,勁草書房,pp.1-26.
谷口将紀(2012)『政党支持の理論』,岩波書店.
堤英敬・上神貴佳(2011)「民主党の政策:継続性と変化」,上神貴佳・堤英敬編『民主党の組織と政策:結党から政権交代まで』,東洋経済新報社,pp.225-253.
丁偉偉(2018)『領土問題の現実構築における報道の役割:尖閣/釣魚諸島問題に関する日中両国間における新聞報道の比較研究』,同志社大学大学院社会学研究科博士号学位取得論文.
上ノ原秀晃 (2018)「2017年衆院選とソーシャルメディア:オンラインでは何が議論されたのか」,2018年度日本政治学会発表論文,於 関西大学.
Vowles, Jack (2008) Does globalization affect public perceptions of 'Who in power can make a difference? Evidence from 40 countries, 1996-2006, *Electoral Studies*, 27 (1), 63-76.
Vowles, Jack (2010) Making difference? Public perceptions of coalition, single-party, and minority governments, *Electoral Studies*, 29 (3), 370-380.
Wessels, Bernhard, and Hermann Schmitt (2008) Meaningful choices, political supply, and institutional effectiveness, *Eelectoral Studies*, 27 (1), 19–30.
Wu, Shaomei, Hofman, Jake M., Mason, Winter A., & Watts, Duncan J. (2011) *Who*

says what to whom on Twitter. WWW '11 Proceedings of the 20th International Conference on World Wide Web, pp.705-714. Hyderabad, India, March 28 - April 01, 2011.

山田真裕(2016)「社会・政治行動」,池田謙一編(2016)『日本人の考え方 世界の人の考え方:世界価値観調査から見えるもの』,勁草書房,pp.114-127.

山田真裕 (2017)『二大政党制の崩壊と政権担当能力評価』,木鐸社.

山田真裕 (2018)「投票外参加と価値観」,池田謙一『「日本人」は変化しているのか:価値観・ソーシャルネットワーク・民主主義』,勁草書房,pp.177-203.

山崎聖子(2016)「自国に対する意識」,池田謙一編(2016)『日本人の考え方 世界の人の考え方:世界価値観調査から見えるもの』,勁草書房,pp.273-293.

安野智子(2016)「民主主義および政治制度に関する意識」,池田謙一編(2016)『日本人の考え方 世界の人の考え方:世界価値観調査から見えるもの』,勁草書房,pp.240-272.

綿貫譲治 (1986)「選挙動員と候補者要因」,綿貫譲治・三宅一郎・猪口孝・蒲島郁夫『日本人の選挙行動』,東京大学出版会,pp.137-164.

綿貫譲治・三宅一郎 (1997)『環境変動と態度変容』,木鐸社.

善教将大(2013)『日本における政治への信頼と不信』,木鐸社.

善教将大(2019)「市民社会への参加の衰退?」,後房雄・坂本治也編『現代日本の市民社会:サードセクター調査による実証分析』,法律文化社,Pp39-251.

Zuckerman, Alan S., Dasovic, Josip, & Fitzgerald, Jennifer (2007) *Partisan Families: The Social Logic of Bounded Partisanship in Germany and Britain,* Cambridge, MA: Cambridge Univ. Press.

後書き

　本書の締めくくりとして，理論的バックグラウンドからも実証データの分析からも，ハイブリッドな本書の上梓に至るまでの研究上のパーソナル・ヒストリーを紹介させていただき，本書の立ち位置を示す。何よりも学生時代以来，多くの共同研究の中で育てていただいたことに深い感謝の念を込めたい。

　まず，三宅一郎先生，蒲島郁夫先生との仕事に育てていただいた。現在，三宅先生は日本学士院会員，蒲島先生は熊本県知事と，ご活躍の範囲を発展させておられるが，両先生は1990年代初め，日本の投票行動・政治参加研究の中心人物でいらした。

　筆者は，当時の彼らの研究に政治学の外からいきなりかみついた。まことに青かった。

　蒲島先生にはマスメディアの効果を巡る論争的な論文(池田, 1988)を書いた。先生に向かって当初，批判的な手紙をお送りしたところ，ならば，ということで日本新聞協会の研究誌『新聞研究』上で筆者らの研究の公表を勧めてくださった。三宅先生には，政党支持概念を批判して，政党スキーマの論文(池田, 1991)を書いた。先生は，実証政治学のインフォーマルな東西合同「三宅一郎チーム」(略してMIT)の会合を通して交流してくださり，その上でなおかつ批判を正面から受けとめてくださった。

　お二人からのさらに大きな贈り物は，1993年に始まるJES IIチーム5人のメンバーへの参加であった。それは科学研究費特別推進研究(1993～1997年度)への参加であり，ろくろく政治学の実績もない筆者に対して，破格のお招きだった。この経緯がなければ，いまの自分はなく，今日，この本をとても書けたとは思えない。生涯の研究歴に対して決定的な機会と刺激をいただいた。その後JES III (2001～2005年度，研究代表者)，JES IV (2007～2011年度，研究分担者)と，メンバーを変えながら17年あまり日本を代表する選挙研究に関わり，実証データの蓄積と継続と発展とを両立させる困難さを実感した。自分の研究分野も拡大し，この線上に，本書も含めた木鐸社刊行の三冊の本が位置するばかりではなく，Ikeda & Richey (2011)の共著書な

どもJES IIIのデータに基づき上梓できた。JES IVを代表し，今回のシリーズ本の筆者の遅筆を辛抱強く待っていただいた平野浩教授(学習院大学)に厚く御礼を申し上げる。また同時にメンバーだった三宅先生，蒲島先生，故綿貫譲治先生はじめ，小林良彰(慶應義塾大学)，山田真裕(関西学院大学)各教授にも感謝を申し上げる。

話題を戻して，後年へのインパクトという点では，飽戸弘先生にも大きな機会を拓いていただいた。彼は筆者の指導教員だったのではとよく間違われるが，そうではない。筆者の研究の目指す方向をおおらかに見守ってくださった故辻村明指導教授のもとで，筆者は学部時代はメディアとイノベーションの普及研究，大学院時代は災害時のコミュニケーションと意思決定をテーマにしており，前者の延長上で博士課程に進んだ頃から，ケーブルテレビの普及研究のチーム(竹内郁郎教授主催)に加わっていた。飽戸先生はそのチームの一員だったが，筆者が助手になった頃，日本のマスメディアの国際共同研究チームに誘って下さった。そこで早大政経の故内田満先生，東大駒場の故佐藤誠三郎先生，京大法の村松岐夫先生，ハーバード大(当時はウィスコンシン大)のスーザン・ファー先生，オハイオ州立大の故ブラドリー・リチャードソン先生ら蒼々たる研究者と知己を得た。ネットワークがぐんと拡がり，その後の日米共同研究であったJEDS調査もこの先生方とのご縁で参加できた(JEDS: 1996～1998年度。JEDS2: 1999～2001年度)。

これと並行して飽戸・リチャードソン先生に連れられて加わった研究は，日米英独西の国際比較調査であるCNEPプロジェクト(1990～1999年度)だった。CNEPには当時インディアナ大にいたロバート・ハックフェルト，カリフォルニア州立大アーバイン校のラッセル・ダルトン両教授が参加しており，この二人がそれぞれソーシャルネットワーク研究／社会関係資本研究と国際比較研究への道へと導いてくださった。20世紀末のサバティカルはインディアナで過ごし，21世紀初頭にはダルトン教授の招きで世界価値観調査の比較研究ワークショップに参加し，これらの経験が次の研究へとつながっていった。

このワークショップの前後にさらに新たな機会を拓いてくださったのは，台湾中央研究院のユンハン・チュー（朱雲漢）教授である。彼が主導するアジアンバロメータ調査の日本チームのヘッドとして2002年にEAB（ABS1

調査の日本代表へと誘っていただいたのみならず，選挙制度のインパクトの国際比較研究プロジェクトCSESで2003～2014年の間，CSES全体のプランニング委員会委員として活動したのも彼の推薦を通じてだった。その上で日本代表としてCSES2，CSES3，CSES4のデータを取得することとなった。畏友田中愛治(早稲田大学総長)，西澤由隆(同志社大学)，平野浩の三教授と三宅先生のCSES1のチームには筆者も加わっており，違和感はなかった。

　ABSとCSESの２つの国際比較調査には，いまも深く関わっており，本書でも重要な役割を果たしてくれた(ABS5は現在池田を主査に2019年夏にデータを取得予定，CSES5は山田真裕教授ヘッドで2018年にデータ取得済み)。ABSは政治文化に対する比較の視点を与えてくれ，日本では電通が調査を担当していた世界価値観調査(WVS)への参加にも道を開いてくれた。WVSで快く協同を受け容れていただいた電通総研山崎聖子氏には記して感謝したい。ABSではチュー教授以外にも多くのメンバーにお世話になった。とりわけラリー・ダイアモンド(スタンフォード大)，アンドリュー・ネーサン(コロンビア大)，ドウチュル・シン(カリフォルニア大アーバイン校)，チョンミン・パク(高麗大)の各教授からは多くを学ばせていただいた。また，CSESは制度が持つ人間行動への制約に対して目を向けるのにどれだけインパクトがあったか，わからない。主要なメンバーだったイアン・マカリスター教授(オーストラリア国立大)，ベルンハルト・ウェッセルズ教授(ベルリン社会科学研究所)らに記して感謝したい。これら３つの国際比較調査と日本人のソーシャルネットワークを対象としたパネル調査をWASCプロジェクトとして実現させた基盤研究(S)（2009～2013年度)は，一つの到達点だった。

　実のところ，これまでの研究の経路と範囲は，自分で特にこれ，といって積極的に選び取ってきたわけではない。そのときどきに声をかけてくださった研究者の方々からのオファーや姿勢，あるいは自分が無謀に勘を頼りに関与させていただくような経緯を通して，複数の研究の糸が紡がれてきた。流されてきたと言ってもよいかもしれない。大学助手時代に研究所長命で加わったアナウンスメント効果の研究は，蒲島教授とのやりとりの中で30年を優に超える選挙研究への道となり，キャリア上もまずは法学部で教える契機となった。20代の時の災害研究は，四半世紀以上後の東日本大震災後の社会科学研究プロジェクトで村松教授に導かれ，改めてメディア研究との間

で『震災から見える情報メディアとネットワーク』(2015)というチャレンジを行うこととなった。ハックフェルト教授のところに行った時期は、ソーシャルネットワークを重要な要素として含む社会関係資本研究の勃興期でそれに相乗りした。それを機会にネットワークのみならず、対人信頼や制度信頼の研究と関連して行政信頼の研究(明大中邨章教授主催)、はては安心工学(東大堀井秀之教授主催)への参加にまでに導かれた。ダルトン教授の流れには5年後に新しい世界価値観調査WVS6の日本調査担当者を筆者が引き受けたため、改めて関わることとなった。ケーブルテレビ研究から進めて1990年代に乗り入れたインターネット研究(古くはパソコン通信研究)は、いくつかのサイバーコミュニティ研究や普及のマルチエージェントシミュレーション研究(池田編, 2010など)を経て、インターネット選挙を包括的に見る視点を本書では提供してくれた。さらに1990年代から2012年度まで同僚だった山口勧教授(東京大学)とともに参加した北欧-東アジアの政治文化比較はABSやEASS（East Asian Social Survey; 日本では大阪商業大学の岩井紀子教授が主査)における価値やネットワークの持つインパクトの研究へとつながり、本書でも重要な一章を構成した。

関西大学の安田雪教授には、こうした筆者のふわふわ遊泳型の研究と文章に対し、手強い批判者としていつも「たが」を締めるような刺激を与えていただいている。2013年春に京都に移住した後のいくつかの研究ではご一緒させていただいているが、本書では具体的な研究の中味というよりは、筆者はいったい誰に何を語りかけようとしているのか、本書の訴えたい点は何なのか、と執筆途上で何度もムチを入れてくださった。そして最後まで苦読して幾多の問題点を指摘し、サジェスチョンを多くいただいた。そのことに感謝申し上げたい。

本書は、当初目的としては2012年か13年に出版されていなければならなかった。プロジェクトJES IVの成果の一冊だったが、諸事万般で後れを取った。最大の理由は、1997年のJES II本や2007年のJES III本と同様の文脈と系統の著書にしたくなかったというわがままであり、お詫び申し上げたい。また2013年度から筆者は大学を現在の同志社大学に移籍、それに被さる時期に東日本大震災パネル調査とその著書の執筆、自分が主査となったWASC研究および科学研究費基盤(A)の継続した2研究(2014～2017年度、

2018〜2020年度）の遂行，といった喫緊の研究調査を伴なう課題に次々とエネルギーを投入せざるをえなかった。こうして，前著からは干支で一回りしてしまうことになった。まだまだ修行不足であるが，本書ではWASCや他の研究のデータも分析の対象とすることができた。本書をさらに次の研究への橋頭堡となるよう，まとめることが可能となった。

　まことに幸いなことに，2018年度は移籍から6年目でしかないものの，はや1年間のサバティカルを同志社大学からいただき，幸運な時間を得た。前任校では21年間の勤務の中で半年のみ，それも1998年以来取得できていなかった研究のためのまとまった時間をやっといただけたことに，同志社大学社会学部や同メディア学科の同僚諸先生への感謝を申し上げる。

　最後に，この遅れをずっと温かい目で見守ってくださり，おもしろいからしっかり書け，といつも励ましてくださったのは，木鐸社の坂口節子さんであった。1997年，2007年に続いて拙著をまた出版してくださり，筆者にとっては四半世紀にまたがる日本政治のリアリティの三部作となった。この長年のご恩に改めて感謝申し上げたい。

　　　　　　　古都の春風が花冷えとなった一日　平成の終わりが近づく4月10日

　　　　　　　　　　　　　　　　　　　　　　　　　　　　　　池田謙一

索引（アルファベット順）

A

Anderson, B. 101
アジア的価値 10, 13, 178, 179-182, 184-185, 187-189, 195-201, 240
　調和志向 13, 178, 180, 181, 184-185, 187, 195-200, 240
　垂直性強調 13, 178, 180-182, 184-185, 187, 195-200, 240

B

ベフ・ハルミ 10, 177
Blondel, J. 177
Burt, R. 31

C

中間集団 20, 28, 41, 43, 242-243
Curtis, G. 41

D

Dalton, R. 186, 206
脱物質主義／物質主義 179, 223, 227, 228-231, 233, 235, 241-242
Diamond, G.A. 64-65
Diamond, J. 101
動員 22-23, 28, 30, 37, 41-45, 47, 53-54, 57, 106, 114-116, 120, 122-124, 129-132, 137, 141, 143, 146, 152-159, 161-166, 173, 197, 237, 239, 242-243
Dunbar, R. 101

E

エコーチェンバー 105
エンパワーメント 12, 24, 55, 220-221, 243
遠藤晶久 18
Engelbert, D. 104

F

Fiorina, M. 71

Flanagan, S.C. 22, 25

H

古川良治 108
Helgesen, G. 175, 211
日野愛郎 24
平林紀子 108
平野浩 17, 40
保革イデオロギー（自己認知） 45, 69, 70, 71
Hovland, C.I. 63
Huckfeldt, R. 21, 32, 34, 52
Hyllygus, D.S. 107

I

市川伸一 108
イデオロギー距離 71-72, 83, 85, 91-93
飯田健 40
池田謙一 15, 17, 20, 21, 24, 27, 32, 34-35, 52, 71, 102, 108, 175, 178, 187, 189, 212-213, 243
今井亮佑 37
意味ある選択 9, 12, 24-27, 55-56, 58-99, 238-239, 243
稲増一憲 17, 30, 105
Inglehart, R. 178-179
猪口孝 177
インタラクティブメディア 12, 108-109, 116-118, 120, 132-138, 147, 168, 173, 239
インターネット選挙 12, 42, 100-174, 239-240, 242
一般的信頼 13, 20, 183-185, 189, 191-196, 200-202, 204-205, 210, 240
石川真澄 61

J

事態対処の代理人 243-244
ジョウ, ウィリー 18

K

蒲島郁夫 18, 20, 23, 25, 37, 39

感情温度（計）　37-39, 44, 63-68, 73-78, 80, 91-92, 158, 164
苅部直　176
川上善郎　108
川浦康至　108
小林哲郎　17, 21, 105, 108, 173
小林良彰　17, 40
河野啓　112
河野勝　61
Kornhauser, W.　28
Kunczik, M.　65, 79
国に対する誇り　231, 233-235
拒否政党　63-68, 74-78, 91, 92

M

前田幸男　17, 24
前島和弘　108
マニフェスト（評価）　12, 18-19, 37-38, 41-45, 47, 52, 54-55
マスメディア　12, 22, 101-107, 111-114, 120-123, 125-126, 138-139, 166-167, 169-173, 231, 242
松林哲也　24
Merton, R.　219
御厨貴　36
民主主義評価　13, 183, 187-193, 198-203, 210-211, 222-223, 226-227, 229-231, 233, 235-236, 240-242
三宅一郎　12, 23, 36, 45, 61-65, 243
森裕城　41

N

内閣業績評価　71, 83, 85
名取良太　40
日本人としての誇り　223, 227, 229, 241
日本特殊論／特異論　10, 175-211
Nisbett, R.E.　100, 102
西田亮介　109
西澤由隆　15, 61
Noelle-Neumann, E.　52
野中尚人　37
Norris, P.　186, 212
能力拡張メディア　10, 12, 100-101, 103, 110

O

大隅昇　75

P

朴チョルヒー　41
パーソナルネットワーク／ソーシャルネットワーク　21-23, 31-35, 43, 46, 51-52, 55, 57, 115, 120, 122, 125, 130-131, 143, 156-157, 237
Pharr, S.　20, 22, 24, 212
プルメディア　12, 104-106, 110, 112-114, 118-119, 121-122, 126, 166-168, 172, 239, 242
プッシュメディア　12, 106-108, 110, 114-116, 118, 120-121, 151, 159, 173, 239, 242
　選択的接触的なプッシュメディア　108, 111, 114, 116, 120-121, 138-141, 148-151, 153, 156-157, 159, 162-166, 173, 239
Putnam, R.　20, 28, 56, 187, 212, 242

R

Raudenbush, S.　189
Rheingold, H.　108
Richardson, B. M.　22, 24, 187, 242
Richey, S.　21

S

佐々木裕一　109
Schmitt, H.　12, 64, 68-71
制度信頼　13, 20, 21, 27, 43, 46, 51-57, 183, 185-186, 189, 191-193, 196-197, 200, 202-203, 205-211, 222, 226, 228-230, 232, 237-238, 240-241, 243
政治不信　14, 212-213, 220-221
政治のリアリティ　14, 237, 242, 244
政治参加　12, 21, 28, 30-31, 41, 45-47, 49, 51-54, 56, 60, 145-146, 158-163, 166, 168-173, 183, 187, 189-190, 192-193, 197, 200, 202-203, 209-212, 238, 240, 244
政治的アクター／政党アクター　9, 11, 16, 26, 36-44, 47, 56, 237
政治的バイアス　21, 46, 57
　政党バイアス／党派的バイアス　29, 126-128, 138, 146-147

政治的効力感　21, 24, 27, 57, 68, 220
政権担当能力（評価／認知）　12, 18, 27, 37, 39-41, 44, 47, 52, 54, 60, 71, 83, 93, 238
政党選択の幅　9, 12, 14, 59-99, 238-239, 243-245
　政党支持の幅　12, 62-64, 75-77, 243
　態度の幅　62-65, 70, 238-239
政党支持　61, 63, 97-98, 123, 128, 131-132, 147, 150
世界カルチュラルマップ　10, 13, 178-179, 182-183, 186, 188, 240
　自己表現価値　13, 178-179, 182-183, 185-187, 191, 204-211, 223, 240
　世俗的価値　13, 179, 182-183, 185-187, 204-211, 223, 240
制度的自由度（フリーダムハウス評価）　158, 186, 189, 196-198, 202, 204, 206-210, 215, 218, 232-233
戦争に対する態度　223, 227-229, 231, 234-236, 241-242
選択的情報接触　105
社会関係資本　9, 11, 12, 14-16, 20, 22-23, 27, 28, 35, 37-38, 41, 43, 45-47, 52-58, 60, 109, 175, 177, 183, 190, 198, 211, 219, 237-238, 242-244
社会参加／団体・組織参加　12, 23, 28-29, 41, 45-46, 49, 52-54, 57, 60, 190, 192, 195-198, 204-205, 209-210, 238
社会的寛容性　12, 16, 35-37, 43, 45, 51, 53-54, 56-57, 237-238
Sherif, M.　63-64
柴内康文　102
Simon, H.A.　66
相対的剥奪　219, 236
Sprague, J.　32, 52

Stevens, J.J.　208

T

田中愛治　24
竹本圭祐　21, 178, 189, 214-215
竹中佳彦　18, 41
竹中治堅　19, 36
瀬川裕貴　132
谷口将紀　40, 98
谷口尚子　17
統治の不安　10, 14, 213-236, 241-242, 244-245
党首評価／党首効果／リーダー評価　37-39, 44, 47, 52, 54, 71, 83, 87, 91, 93, 95, 238-239
堤英敬　37

U

内田満　24
上神貴佳　37
上ノ原秀晃　171

W

綿貫譲治　20, 23, 25
Welzel, C.　178, 182
Wessells, B.　12, 68-71
Wu, S.　106

Y

山田真裕　17, 24, 37, 40, 71, 212
安田雪　30, 189
安野智子　17, 30, 212

Z

善教将大　21, 30
Zuckerman, A.S.　62, 82

著者略歴

池田　謙一（いけだ　けんいち）

1955年生。現在同志社大学社会学部・大学院社会学研究科教授。博士（社会心理学）。1978年東京大学文学部卒業，1992年東京大学文学部助教授，2000年東京大学大学院人文社会系研究科教授などを経て，2013年より現職。

著書に『コミュニケーション』（2000年共著，東京大学出版会），
『政治のリアリティと社会心理：平成小泉政治のダイナミックス』（2007年共著，木鐸社），
Political Discussion in Modern Democracies（2010年共編著，Routledge），
Social Network & Japanese Democracy（2011年共著，Routledge），
『新版 社会のイメージの心理学』（2013年単著，サイエンス社），
The International Encyclopedia of Political Communication, 3 Volume Set.（2015年共編著，Wiley-Blackwell），
『震災から見える情報メディアとネットワーク』，（2015年編著，東洋経済新報社），
『日本人の考え方　世界の人の考え方：世界価値観調査から見えるもの』（2016年編著，勁草書房），
『「日本人」は変化しているのか：価値観・ソーシャルネットワーク・民主主義』（2018年編著，勁草書房，日本社会心理学会第20回出版賞），
『補訂版 社会心理学』（2019年共著，有斐閣），他，専門誌掲載論文含め多数。

統治の不安と日本政治のリアリティ

2019年7月20日第1版第1刷　印刷発行　©

著者との了解により検印省略	著　者	池　田　謙　一
	発 行 者	坂　口　節　子
	発 行 所	㈲　木　鐸　社

印　刷　フォーネット＋TOP印刷　製　本　高地製本所

〒112-0002　東京都文京区小石川 5-11-15-302
電話 (03) 3814-4195番　FAX (03) 3814-4196番
振替 00100-5-126746　http://www.bokutakusha.com

（乱丁・落丁本はお取替致します）

ISBN978-4-8332-2531-1 C3031